本书是2014年安徽省高等教育振兴计划——重大教学改革研究项目“地方高师院校转型发展期非师学科专业培育与生长机制的研究与实践”（项目编号：2014zdjy082）的最终研究成果

地方高师院校
转型发展的实践探索

房正宏　著

DIFANG GAOSHI YUANXIAO DE SHIJIAN TANSUO

合肥工业大学出版社

序

教育的根本目的是立德树人，促进人的全面发展。高等院校是高等教育目标和任务的承担者，致力于为社会培养高素质的创新型、复合型和应用型人才。随着经济社会的不断发展，高等教育必须与时俱进，以适应经济社会的发展变化。一个显著的变化是，进入21世纪以来，我国高等教育事业的转型发展随着经济社会的转型而清晰地提上了日程。一般而言，高等教育的转型主要是指构成高等教育的诸要素包括学科、专业、学术组织、管理体制以及教育理念等在一定的内外部条件作用下所发生的变化，并不断优化提升的过程。作为高等教育转型发展的主要承担者，高等学校推动转型发展主要从两个层面着手：一是观念和理念，二是体制和机制。具体来说，在发展理念上，应推动由规模化扩张向内涵式发展转型；在学科建设层面，应推动由传统的单一型学科向多科类转型；在专业结构方面，应推动教师教育（师范性）专业向应用型专业转型。其中，学科建设的核心是知识创新和人才培养，最终服务于经济社会的发展，因而促进经济社会发展往往被看成是学科的必备功能，也是其根本属性；专业则主要面向市场，它以学科为基础、为支撑，在高等院校的结构体系中两者密不可分。同样，地方性高师院校要实现转型发展，学科的转型及专业结构的调整乃是根本举措。基于这一立论基础，房正宏教授撰写了《地方高师院校转型发展的实践探索》，对上述系列问题进行了深入探讨。

综观《地方高师院校转型发展的实践探索》一书，有以下几个鲜明特点：

一是坚持唯物主义观点，从经济基础与社会存在出发分析我国高等教育的发展现状及问题成因，使整个分析路径和对策措施符合马克思主义的方法论。自20世纪80年代始，我国开始了经济学意义上的转型发展，即从计划经济体制向市场经济体制转变，逐渐从不发达国家迈向现代化国家。经济基础决定上层建筑，经济体制的转型发展势必推动其他领域，特别是政治体制和文化教育体制的深刻变革。事实上，这一历史时期的中国高等教育，正伴随着我国经济的转型发展而转型。随着我国经济体制改革的深入推进，为适应高等教育的形势发展，教育部于2012年6月印发了《国家教育事业发展第十二个五年规划》，在分析教育发展环境时指出："教育要发展，根本靠改革。推进教育科学发展迫切要求把重大教育制度的改革创新作为着力点，改变一切不利于教育科学发展的观念和体制机制，积极引领教育的变革和转型。"2013年11月，党的十八届三中全会通过了《中共中央关于全面深化改革若干重大问题的决定》，明确提出"深化教育领域综合改革"，并对改革提出了总体要求，这无疑为深化高等教育的综合改革指明了改革方向。

二是篇章结构严谨，逻辑性强。作者在书中首先回顾了我国高等教育的历史发展阶段，从高等院校转型发展所面临的历史机遇与挑战着手，分析地方性高校转型发展的历史必然性，并按照逻辑推导出地方高师院校适应形势、实现转型升级的必要性。在此基础上，作者认为地方高师院校首先应优化学科结构，构建切合学校实际的学科培育生长机制；其次，深化综合改革以推动地方高师院校的专业转型，其工作重点是围绕人才培养目标优化专业结构；最后，加强条件和机制建设，以保障地方高校的学科专业转型发展。其中，既厘清了学科专业两者的关系，突显学科建设在高校中的龙头地位，又强调专业结构调整对人才培养的重要性，提出精办教师教育专业和分类推进非师范类专业建设的若干思路。鉴于学科制度、学位制度与研究生教育彼此间的密切关系，书中还分析了学科建设与学位点建设的相关性。总体上看，该书篇章结构间的逻辑关联性强、结构严谨。

三是案例典型，具有实践性和推广价值。"十二五""十三五"期间，不少地方性高校包括高等专科学校都确立了升格大学或实现大学更名的目标，但在具体的工作思路和举措方面各有特点，可相互借鉴。无论如何，其核心是加强内涵建设而非盲目跟风。但是，当学科布局及专业结构臻于完善、内涵建设不断丰富，已在实际上和逻辑上朝着综合性大学的目标发展演进，顺势而为推进学校升格或实现大学更名也是符合高等教育的发展规律，没有必要故步自封、墨守成规。本书作者以阜阳师范学院为具体分析案例，回顾了该校学科学位建设的历史，总结了该校深化综合改革及专业结构调整的成功经验，科学论证了学校把大学更名创建工作作为“十三五”时期发展目标的合理性，为其他若干专科学校升格本科或本科院校实现大学更名规划了一条切实可行的路径，从而具有应用推广价值。

当然，由于房正宏教授并非专业从事高等教育领域的研究，著作中关于高等教育及管理方面的论述、其专业理论的系统性有所缺失就在所难免了；而且，书中个别观点还有待商榷。但瑕不掩瑜，作为地方性高师院校推进转型发展的理论思考与实践探索，该书都做了难能可贵的理论分析与总结。至于有些探索中存疑的问题，将会留待进一步的实践检验并期待作者进行更加深入的思考。

遵嘱，为斯序。

朱家存

2017 年 12 月 8 日

目　录

第一章
高师院校转型发展的历史机遇

中华人民共和国成立初期的高等教育，主要是在对旧中国高等学校进行接管、接收、接办及初步改造的基础上发展起来的，其后，又学习苏联的经验创办了新中国的高等学校。《中国人民政治协商会议共同纲领》在第四十六条中提出："人民政府应有计划有步骤地改革旧的教育制度、教育内容和教学方法。"① 根据《共同纲领》的规定，1949 年 12 月在北京召开的第一次全国教育工作会议提出"以老解放区新教育经验为基础，吸取旧教育有用经验，借助苏联经验"来创建新中国的教育事业。在高等教育领域学习苏联创办新型高等学校，由中国人民大学和哈尔滨工业大学作为试点先行。1950 年 6 月召开的全国第一次高等教育会议，讨论了新中国的高等教育方针、任务等重要问题，并经政务院批准实行。至此，新中国的高等教育体系逐步建立并得到不断发展。

从党的八大召开到 1965 年短短十年，新中国的教育事业有了很大的发展。虽然期间也不可避免地进行了高等教育的"大跃进"运动，但经过中共中央不断调整、充实，我国的高等教育在继续探索中得到不断提高。总

① 《中国人民政治协商会议共同纲领》，联益出版社 1950 年版，第 16 页。

之，中华人民共和国成立后17年来的探索，为建立符合新中国实际高等教育的学校教育体制奠定了坚实的基础。然而，1966年开始的“文化大革命”，对我国刚刚发展起步的高等教育事业造成了严重的破坏作用。“文化大革命”的结束，特别是党的十一届三中全会召开以后，我国各个领域经过拨乱反正，高等教育事业也迅速得到恢复并迈出了发展的步伐。1978年4月，教育部在北京召开的全国教育工作会议对于高等学校拨乱反正、正本清源起了积极的推动作用。此后，在“调整、改革、整顿、提高”方针指导下，我国的高等教育事业不断发展，高等学校的各项建设都取得了突出的成绩。1985年5月，中共中央、国务院在北京召开了改革开放以来第一次全国教育工作会议，并于会后公布了《中共中央关于教育体制改革的决定》(以下简称《决定》)，其中，对高等教育的重大改革提出了8个方面的要求。全国教育工作会议闭幕和《决定》的公布，标志着我国的高等教育体制的改革全面铺开。1992年邓小平“南方谈话”和党的十四大胜利召开，开创了我国高等教育的新局面。1993年2月13日，中共中央、国务院正式颁布了《中国教育改革和发展纲要》，对中华人民共和国成立40多年来教育工作的成绩进行了分析，第一次明确提出了建设中国特色社会主义教育的基本原则，从而为我国的高等教育体制改革指明了目标和方向。

20世纪80年代，中国开始从计划经济体制向市场经济体制转变，逐渐从不发达国家迈向现代化国家，即开始了经济学意义上的转型发展。“转型发展是指一个国家既要实现体制的转变，又要实现经济的发展。”①经济基础决定上层建筑，经济体制的转型发展势必推动其他领域，特别是政治体制和文化教育体制的深刻变革。综观这一历史时期的中国高等教育，也必将随着我国经济的转型发展而转型。随着我国经济体制改革的深入推进，为适应高等教育的形势发展，2012年6月，教育部印发了《国家教育事业发展第十二个五年规划》，在分析教育发展环境时指出：“教育要发展，根本靠改革。推进教育科学发展迫切要求把重大教育制度的改革创新作为着力点，改变一切不利于教育科学发展的观念和体制机制，积极引

① 厉以宁：《转型发展理论》，《经济学动态》1997年第4期。

领教育的变革和转型。”[①] 2013 年 11 月，党的十八届三中全会通过了《中共中央关于全面深化改革若干重大问题的决定》，明确提出“深化教育领域综合改革”，并对改革提出了总体要求，这无疑为深化高等教育的综合改革明确了改革方向。

进入 21 世纪，我国高等教育事业的转型发展随着经济社会的转型而清晰地提上了日程。所谓高等教育转型，简单地说，就是构成高等教育的诸要素如学科、专业、学术组织、管理体制以及学生、教师、教学等在一定的内外部条件作用下所发生的部分质变或量变的过程。[②] 作为高等教育转型发展的主要承担者，高等学校推动转型发展主要从两大方面着手：一是观念和理念；二是体制和机制。遵循这一思路，本书将从 3 个方面对地方高师院校的转型发展进行探讨：一是发展理念上，由规模化扩张向内涵式发展转型；二是学科建设层面，由传统的单一型学科向多科类转型；三是专业调整层面，由师范类（性）专业向应用型专业转型。

第一节　地方高师院校转型发展的必要性

地方高校或地方性高校并不是一个内涵确定的概念，一般是相对于中央和部属院校而言的，或称其为地方所属高校。它是指隶属于各省（自治区或直辖市）、大多数靠地方财政供养，并由地方行政部门划拨经费的普通高等学校，也是我国高等教育体系的主体部分。如果根据这个标准来分类，广义上说，我国的地方高校应该包括省属国家“211 工程”大学、“省部共建大学”、地方性直属高校 3 种类型。即使在这 3 种类型的高校之间，地方性直属高校由于经费划拨渠道、额度及其在整个高等教育体系和结构中所处的位置等都与前两类高校存在很大的差别，更不用说和一些中央和

① 《国家教育事业发展第十二个五年规划》，中华人民共和国中央人民政府网站：http://www.gov.cn/gongbao/content/2012/content_2238967.htm.

② 参见胡建华：《论近年来的我国高等教育转型》，《南京师大学报》（社会科学版）2008 年第6期。

部属高校甚至“985”工程大学相比，因此，狭义上的地方高校一般只是指那些仅由省级及以下行政部门提供财政经费的普通高校，多数是地处非省会等中心城市的非综合性本科院校及普通高等专科学校。这类学校以服务区域经济社会发展为目标，着力为区域地方培养高素质人才。2013 年 11 月，应用技术大学（学院）联盟和地方高校转型发展研究中心向教育部提交了一份《地方本科院校转型发展实践与政策研究报告》，认为：“所谓地方本科院校是指隶属于各省、自治区、直辖市，以地方财政供养为主，承担着为地方（行业）培养人才、提供服务的普通本科院校。”目前，我国共有 1055 所非“211”地方本科院校，包括 1999 年以来新设的本科学校 647 所。[①] 在地方高校系列中，既包含一些综合性大学，也包含众多的专门学院。其中，师范类院校因数量多而占有重要的地位。这类师范院校，主要包括有本科层次的师范大学、学院或专科层次的高等师范专科学校。本书为表述方便而统称之“高师院校”者，如无特别说明，即指地方性普通本科师范学院。

一、地方高师院校转型发展是世界高等教育发展的必然趋势

高等学校要适应形势变化实现转型发展，已成为中外教育领域专家学者的共识。美国的高等教育专家伯顿·克拉克较早关注大学转型问题，他于 1994—1996 年十次访问欧洲，研究英国、荷兰、瑞典、芬兰等国 5 所大学的创业经验，于 1998 年出版了《建立创业型大学：组织上转型的途径》一书，认为大学主要是通过 5 条转型路径来实现的，即一个强有力的驾驭核心、一个拓宽的发展外围、一个多元化的资助基地、一个激活的学术心脏地带、一个整合的创业文化，而且这几个方面彼此联系、缺一不可。伯顿·克拉克的研究即以大学转型为主旨，提出“大学的转型已经提到了现

① 应用技术大学（学院）联盟，地方高校转型发展研究中心：《地方本科院校转型发展实践与政策研究报告》，http：//old. moe. gov. cn//publicfiles/business/htmlfiles/moe/s271/201401/161967. html.

代大学的议事日程的顶端"[①]。我国的教育界早已敏锐地把握到高等教育的形势变化，从21世纪初就有学者纷纷开展相关研究。特别是，国务院于2017年1月印发了《国家教育事业发展"十三五"规划》，强调要调整我国的高等教育结构，"推动具备条件的普通本科高校向应用型转变。推动各地开展转型发展试点，加强对改革试点的统筹指导，加快推进配套制度改革，总结推广试点典型经验"[②]。所以，为顺应高等教育的转型发展趋势，地方性高校在办学层次、办学内涵、办学思路、办学理念、办学职能、发展路径，以及在学科专业设置与建设、师资队伍建设模式、人才培养定位与培养模式、课程设计与评价、教学管理模式、文化建设模式、校地合作方式、学生指导方式等方面必然要发生适应性变革，[③] 通过转型实现内涵式发展。

（一）地方高师院校转型发展与大学基本职能变迁

"大学职能是大学作为社会机构，对内对外所具有的职责和功效以及发挥这职责和功效的能力的总称，即大学对人和人类社会发展所能发挥的作用。"[④] 它是大学与社会发展关系的一个基本问题。基于不同的历史阶段和各自的研究视角，学者们对大学职能内涵的认识莫衷一是。"如雅斯贝尔斯认为，大学三职能是科研、传授学问和教育、文化；赫钦斯把大学三职能归结为提供优越的教学、领导教育发展、促进知识；舒尔茨认为，大学三职能是发现人才、从事教学和进行研究；施瓦茨曼认为，大学是专业训练，普遍教育和生产新知识；永井道雄认为，大学是研究、专业教育、专门教育和基础教育。我国学者徐辉认为，大学具有保存知识、传授知识、培养人才、传播知识、增进知识、应用知识，社会批判与监督6个职能；邓耀先认为，培养人才、发展个性、文化创新与文化深化、社会批判

① ［美］伯顿·克拉克：《建立创业型大学：组织上转型的途径》，人民教育出版社2003年版，第3页。

② 《国家教育事业发展"十三五"规划》，中华人民共和国中央人民政府网站：http://www.gov.cn/zhengce/content/2017－01/19/content_5161341.htm.

③ 顾永安：《关于新建本科院校转型发展的思考》，《教育发展研究》2010年第3期。

④ 张桨：《大学职能的历史发展及其规律性》，《云南行政学院学报》2012年第5期。

是大学职能，等等。”①

大学职能与社会发展紧密相连，与社会分工密不可分。从理论上说，大学职能实际上应该是多元的，不是单一的。基于不同学者的差异认识，理论界聚焦大学基本职能的研究虽然观点不尽相同，但无实质性分歧。有学者提出，大学基本职能界定需要考虑4个维度，即适应社会发展的需要、遵循大学自身的逻辑、长期的历史沉淀和印证，以及保持大学职能的逻辑统一。② 即大学应该做什么、大学能够做什么、大学实际做了什么，以及各职间能既不互相重复也不互相损害。同时，大学基本职能的界定，需要综合考虑大学在长期的社会进程中承担的历史责任和使命，注重大学职能历史与逻辑的统一。

从高等教育的历史发展来看，大学的基本职能先后经历两次重大变迁，即由单一职能观向双重职能观转变，由双重职能观向三重职能观转变。自大学诞生至17世纪之前，学界基本秉持人才培养的单一基本职能观，即认为大学的“学”基本含义是学校，它的基本职能是培养人才，只是在不同的历史阶段对于“培养什么样的人”和“怎样培养人”有着不同的认识。古希腊哲学家柏拉图创办的阿卡德米学园将“为社会培养精英”作为办学主要目的；在中世纪欧洲古典大学形成时期，捷克教育家夸美纽斯认为大学应培养“具备百科全书式知识的人”，西班牙的加塞特强调大学的基本职能就是把普通人培养成为优秀的职业活动家。17世纪末到19世纪中期，大学的基本职能发生了第一次重大变迁。这一时期伴随着政治、经济的变革与长足发展，天文学、生物学、化学、物理学等自然科学领域的重大突破引起了社会各个领域的深刻变革。这种情况下，大学受到了来自自然科学领域的极大挑战，迫使大学改弦更张，许多大学开始更加注重科学研究，并设立了专门的自然科学研究所。19世纪初，德国教育家威廉姆·冯·洪堡创办柏林大学，并推行“大学自治和学术自由”“教学与学术相统一”，科学研究第一次成为大学的基本职能。洪堡的办学思想和柏林大学的改革成为现代大学的典范，并深刻影响着世界各国的高等教

① 袁广林：《大学职能的界说依据》，《现代教育管理》2010年第5期。

② 袁广林：《大学职能的界说依据》，《现代教育管理》2010年第5期。

育。此后，大学的“学”兼具“学校”和“学术”的双重含义，大学的基本职能从“培养人才”向“科学研究”拓展，大学除了要承担为社会培养高级人才的基本功能之外，还真正发展成为学术研究机构。

19世纪中后期，大学的基本职能发生了第二次重大变迁。这一时期，主要是资本主义国家完成了工业革命，致使资本主义工业、农业现代化迅速发展，这就要求大学为社会培养大量的工业、农业等方面的专门技术人才，促使大学积极向着为社会服务方面发展。1862年，美国颁布《莫雷尔法》，要求地方政府以划拨土地等方式加大对高等教育发展的支持。藉此，美国出现了一大批致力于服务地方经济社会发展的“增地学院”。其中，最著名的是威斯康星大学，在这一时期，威斯康星大学确立了“大学发展必须与整个社会的进步紧密联系，大学只有在服务于社会各种需要的基础上才可能走向兴盛”“州立大学应直接有利于促进农业，使工业效率更高和有利于政府”的办学思想。“威斯康星思想”后来影响了整个美国高等教育界，并为世界各国的高等学校所效仿。[①] 社会服务成为大学的第三大基本职能被世界高等教育界广泛认可，并得到了各国政府的支持与鼓励。当社会服务被认可为大学的基本职能之后，它对大学的发展提出了新要求，无论是其学科专业建设、学术研究，还是人才培养，均是以满足社会的需要为出发点和归宿。同时，社会服务职能的出现也改变了大学与世隔绝的“高楼深院”形象，把处在“象牙塔”里的大学带进了工农业生产第一线，解决了教学、科研和应用相互脱节的问题，使大学更深入、更广泛地融入社会生活中。大学功能发展的历史表明：只有适应社会的变化，不断实现职能内涵的更新与外延的拓展，大学的作用才能得到充分的发挥，大学的发展才会获得有力的社会支持。

从大学基本职能变迁的脉络中，我们可以清晰地看出，现代大学与社会发展是紧密相连的，社会服务职能是现代大学的基本特点，现代大学只有根植于时代发展，融入社会进程，服务社会进步，才能找准自己的定位，才能获得生机活力，不断促进自身的发展。转型发展反映了地方高师

---

① 朱国仁：《从“象牙塔”到社会“服务站”：高等学校社会服务职能演变的历史考察》，《清华大学教育研究》1999年第1期。

院校进一步强化社会服务职能的进程，既是时代的需求、社会的需要，更是大学职能变迁规律的深刻体现和必然要求。

（二）地方高师院校转型发展与高等教育大众化

“大众化”最早称之为“大众教育”，最初大众教育指向的是初等教育。20 世纪上半叶，西方发达国家大力扩张高等教育规模，“大众化”被引入到高等教育领域。1962 年，美国教育社会学家马丁·特罗，基于对西方发达国家高等教育发展实践的研究，提出“大众高等教育”的概念，并于 1973 年在其论文《从精英到大众高等教育转变中的问题》中系统阐述了高等教育大众化理论，探讨了高等教育发展过程中量变和质变的关系。他以高等教育毛入学率为指标将高等教育发展历史分为 3 个阶段，即精英阶段、大众化阶段和普及阶段。他认为，“一些国家的精英高等教育，在其规模扩大到能为 15%左右的适龄青年提供学习机会之前，它的性质基本上不会改变。当达到 15%时，高等教育系统的性质开始发生改变，转型大众型；如果这个阶段过度成功，大众高等教育可在不改变其性质下，发展规模直至其容量达到适龄人口的 50%。当超过 50%时，即高等教育开始迈向普及时，它必然再创新的高等教育模式”①。他进一步分析了精英、大众、普及三个阶段高等教育观念、功能、管理等方面质的变化。

审视世界高等教育发展的历史进程，可以看到，西方的一些地方性高校在高等教育大众化阶段曾走过转型发展的一段历程。在高等教育大众化发展阶段，西方各国普遍重视应用型技术大学的发展，积极推动地方高等院校（含地方高师院校）向应用型技术大学转型。应用型技术大学的发展理念最早来源于“威斯康星思想”。1904 年，范海斯（G. R. VaniHse）在威斯康星大学校长就职演讲中提出：“教学、科研和服务都是大学的主要职能。更为重要的是，作为一所州立大学，它必须考虑每一项教育职能的实际价值。换句话说，它的教学、科研和服务都应考虑到州的实际需要。

---

① 转引自谢作栩：《马丁·特罗高等教育大众化理论述评》，《现代大学教育》2001 年第 3 期。

大学为社会、州立大学为州的经济发展服务。”[①] 他宣称“服务应该成为大学的唯一理想”，认为一所州立大学就是一个州的必要组成部分，正如手臂是人的身体的一部分一样。它既然接受了州的土地捐赠和受到州政府的资助，那它就应该是全州所有人的机构，是为州服务的机构。范海斯甚至说，威斯康星大学校园的边界就是威斯康星州的边界。因为“州立大学的生命力在于她与州的紧密关系。州需要大学来服务，大学对于州负有特殊的责任。教育全州的男女公民是州立大学的任务，州立大学应该促成对本州发展有密切关系的知识的迅速增长。州立大学的教师应该用其学识专长为州作出贡献，并把知识普及于人民”[②]。20 世纪早期，威斯康星大学比较彻底地实现了与美国州立大学相关的一个重要理想，这就是为民主社会所有需要提供服务的理想。这一观点后来影响了整个高等教育界，并为世界各国的高等学校所效仿。

20 世纪 60－70 年代，西方发达国家进入经济发展稳步增长期，工业化、城镇化进程明显加快，产业结构调整升级逐渐加快，高等教育进入大众化发展阶段。在“威斯康星思想”的影响下，各国普遍重视通过高等教育结构调整，加强高等教育与经济社会的紧密联系，增强大学服务经济社会发展的效用。[③] 为了建立与经济产业结构相适应的高等教育结构，西方国家前后经历了多元扩张→横向整合→纵向整合三大发展阶段。在多元化扩张阶段，政府对高等教育的改革主要侧重于扩大办学规模；在横向整合阶段，侧重于推动高等教育机构的横向合并与重组，优化教育结构；在纵向整合阶段，侧重于强化“双元”结构（综合性大学和应用技术大学）之间的联系。[④] 所谓“双元”结构，指把高等教育分为学术型的综合大学和应用技术型的应用技术大学两大类，理论和科学研究型人才的培养主要由综合性大学承担，培养层次到博士；应用技术型人才则主要由应用技术大

---

① 肖海涛：《大学的理念》，华中科技大学出版社 2001 年版，第 67 页。

② 转引自单中惠：《范海斯“为社会服务”的大学理念简论》，《合肥师范学院学报》2008 年第 1 期。

③ 曹晔：《地方本科高校转型发展是应势之举》，《河北师范大学学报》2015 年第 1 期。

④ 应用技术大学（学院）联盟，地方高校转型发展研究中心：《地方本科院校转型发展实践与政策研究报告》，教育部网站：http：//old. moe. gov. cn//publicfiles/business/htmlfiles/moe/s271/201401/161967. html.

学培养，培养层次到硕士。[①] 应用技术大学的建立和发展，得到了各国教育立法的确认和制度的保障。例如，1966 年，英国教育与科学部颁布《关于多科技术学院及其他学院的计划》白皮书，对独立学院和高等技术学院进行合并，建立了 30 所多科技术学院。1976 年，德国联邦政府颁布《高等教育总纲法》，使应用型科技大学有了应有的法律地位，推动了应用型科技大学健康快速发展。1995 年，联邦政府出台了《应用科技大学联邦法》，应用型科技大学取得了法律地位，政府依法将各地的工程类、设计类、经济类、管理类、艺术类的 50 多所专业院校合并成 7 个州立应用科技大学，成为一种突出实践导向的新型大学。[②] 荷兰《高等职业教育法案》确立了应用技术大学与大学教育同等的法律地位。在此基础上，各国均大幅度调减了传统的学术型大学的比例，高等教育更多向培养高层次创新人才和培养应用型、技能型人才的方向转变。目前，欧洲发达国家应用技术型人才与学术型人才培养的比例一般在 8∶2。应用技术大学的建立和发展为实体经济发展提供了应用技术型人才保障。瑞士、芬兰、荷兰、德国等国家的应用技术大学在校生占高等教育总在校生的比例也比较高，分别为：34%、46%、65%、29%，有效地支撑了实体经济的发展。据了解，德国 1/3 的工程师、2/3 的企业经济师、1/2 的计算机工程师都是应用技术大学的毕业生，他们在产品开发和技术创新方面发挥着重要作用。

从西方高等教育大众化进程可以看出，在高等教育大众化向普及化过渡阶段，西方各国普遍重视应用型技术大学的发展，积极推动地方院校向应用型技术大学转型。我国高校自 1999 年开始全面扩招，到 2003 年高等教育毛入学率迅速达到了 17%，实现高等教育精英化向大众化的过渡。截至 2016 年，我国高等教育毛入学率已经超过 40%。当前，我国高等教育正处在大众化向普及化迈进的关键阶段，推动一些地方高等院校向应用型技术大学转型符合高等教育发展的阶段性规律。

---

① 李燕、张国儒：《部分地方本科高校转型发展的政策解读及对策建议——以保山学院为例》，《保山学院学报》2015 年第 3 期。

② 曹晔：《地方本科高校转型发展是应势之举》，《河北师范大学学报》2015 年第 1 期。

（三）地方高师院校转型发展与教师教育大学化

教师教育大学化是欧洲教师教育联合会于1997年提出的一个探讨性概念，其核心思想是大学应该在教师培养和培训中扮演重要角色。事实上，自20世纪中叶始，西方国家已经普遍开展教师教育大学化进程。从历史上看，作为一种专业领域，教师教育并不是随着大学的建立而出现的，而是现代教育发展的产物。[①] 早期的大学与教师培养存在着一定的联系，大学的主要目标是培养牧师、医生、教师和官员，教师在其人才培养目标中占据着相当大的比重，但这时还没有出现专门培养教师的机构，大学和教师教育无意识地结合在一起。随着工业革命的进行和科技的快速发展，高等教育哲学的理论基础发生了从认识论到政治论、从人本主义到理性主义的转向，大学无论在课程设置方面还是在人才培养方面都将国家和社会的需要考虑在内。另一方面，学校教育的不断发展也需要受过专门训练的人员担任教师的角色，因此出现了专门培养教师的师范学校和师范学院。

但是，作为一种专业的教师教育，是伴随着大工业生产和公共教育普及化的浪潮而产生的，标志是专门的师范教育机构和相关制度的出现。今天，人们呼唤教学必须是一个专业性的职业，要提高教学的学术性，首先要将教师教育植根于大学的土壤中，使教师教育从一元封闭走向多元开放的模式，于是提出了"教师教育大学化"这一命题。[②] 教师教育大学化的"大学"，指的不是专门性的师范大学，而是学科门类比较齐全、学术声誉较高的综合性大学。"教师教育大学化"就是将教师教育纳入大学的空间，并按大学的运行规律办事，即教师教育除了要注意发挥教师的职业功能之外，还应提高教师教育的学术性及其社会服务功能。[③] 在高等教育发达的美国，甚至没有独立的师范教育体系，而一般由综合大学的教育院系负责培养师资。从20世纪80年代开始，美国的众多州就要求师范生先接受4

---

① 朱旭东：《教师教育大学化：为何？何为?》，《科学时报》（大学周刊）2002年8月22日。
② 朱旭东：《教师教育大学化：为何？何为?》，《科学时报》（大学周刊）2002年8月22日。
③ 郄海霞：《西方"教师教育大学化"研究述评》，《外国教育研究》2004年第2期。

年的大学教育，然后再接受1～2年的教育专业训练；法国从1986年秋季开学始，师范学校不再面向高中毕业会考合格者招生，而直接招收普通大学第一阶段毕业者。从1990年起，设在综合大学里的“教师培训学院”就取代了各类师范学校，承担起培养中小学师资的责任；日本从1949年起，实行了新的教师培养制度，结束了师范学校培养教师的历史，由国立大学（或系）开设教师培养课程，同时允许一般大学承担培养教师的任务。从世界高等师范教育发展的趋势看，师范教育体系在形式上独立性的下降，也即意味着教师教育大学化的加强。

教师教育大学化意味着大学教育学院功能的重新整合，教育学院实质上成为大学培养和培训教师、颁发学历文凭的专业学院，其主要职能应体现在以下五个方面：一是教师教育的组织管理职能。“教育学院”不仅是一个教学单位，而且是一个管理部门。二是教师教育的课程设计职能。“教育学院”承担教师职前培养的课程体系建设，包括教师教育课程目标、课程框架、课程领域，甚至是课程模块等，规定教师教育课程学习资格、教师教育课程所应达到的学分标准、课程标准和毕业标准。三是教师教育的教学实施职能。教师教育课程的实施主体为大学教育学专业教师，学科教学法师资；他们参与实施教师教育课程，包括课程目标、课程大纲、教案编写、课堂教学、课程评价等。四是教师教育的教材编写职能。教师教育课程体系是一个综合而复杂的体系，需要教师教育学院全体成员集体攻关，进行课程开发与资源利用。以教师教育学院教师为主体，参与国家级、省级教师教育课程编写和申报工作、参与建设教师教育课程资源包建设工作。五是教师教育的评价认证职能。

美国是最早开展教师教育大学化进程的国家。从20世纪50年代开始，州立教师学院从培养目标单一的学院转变为综合性州立学院或大学教育学院的教师教育系。这个进程是通过两个系统来完成的，一个是作为独立的大学制度系统，也就是大学层次上的师范大学和师范学院向综合性大学发展；另一个是作为大学教育制度的一个重要组成部分的系统，也就是大学内部的教育系、教育学院和教师学院。20世纪中后期，美、英、德等国改变以往由专门的师范院校培养教师的模式，规定所有师资一律由综合大学采取开放式、非定向型模式培养，由此导致工业化国家的师范教育逐步由独立型、定向型、封闭型向综合型、非定向型、开放型转变。日本也于1949年实行新教师培养制度，要求国立大学必须开设相关院系培养教师，教师教育纳入综合性大学的办学范围。从欧美国家推进教师教育大学化的进程看，其过程主要集中在20世纪六七十年代。如德国在20世纪70年代新大学建立的浪潮中同时把所有教师教育学院并入到大学当中；英国从20世纪70年代末起，单独建制的师范院校逐步消失；美国在20世纪70年代早期，单一培养目标的教师学院完成了它的历史使命，逐渐发展成为州立综合性大学教育学院的教师教育系。到20世纪80年代后，美国的独立师范学院已所剩无几，95%的中小学教师来源于综合性大学教育学院或文理学院。其后，法国从1990年起由综合性大学教师培训学院全面取代独立的师范学校；瑞典在1997年高等教育改革的时候，就把所有的教师教育变成新的大学结构的一个部分。从上述发达国家教师教育发展的历程来看，一般都经历了从独立设置的师范院校转移到综合大学教育学院的发展阶段，完成这一转变是与国民经济发展水平的提高、教师需求由量向质转变，以及与高等教育由大众化向普及化阶段转变等背景紧密相关。可见，教师教育大学化以及高师院校综合化是世界高等教育发展的必然趋势。

历史地看，在高等教育由大众化向普及化迈进的阶段，地方高等院校向技术性大学转型、地方高师院校向综合化发展两个趋势十分显著。当前我国高等教育正由大众化向普及化迈进，有学者预测2030年前，我国高等教育将实现大众化向普及化的过渡。因此，在这一阶段，我国高等教育向技术型、综合型的转型发展符合世界高等教育发展的应然趋势。

二、地方高师院校转型发展是我国经济社会发展的必然要求

1952年，教育部颁布的《关于1952年全国高等教育院系调整的计划》指出，要以培养工业建设人才和师资为重点，发展专门学院，整顿和加强综合大学，此后，在全国范围内进行了高等学校的院系调整工作。此次调整的原则之一，是依据苏联高等学校的类型结构调整我国高等教育类型结构，分为综合大学（设文理学院）和专门学院（按工、农、医、师范、财经、政法、艺术、语言、体育等学科分别设置）两种。为了适应国家对专

门人才的急需，保留一些专科学校。[①] 其中，在综合大学的调整中，新建学科考虑了地缘特色和靠近地区经济建设发展的特点，加强了学科建设与经济建设服务两者的关系。这次调整的另一个重点是“加强师范院校的建设”，培养师资人才。为适应中小学教育的巩固提高与大发展的需要，迅速解决师资问题，中央教育部于1949年底就提出了改进北京师范大学和各地区大学中的师范学院或教育学院的任务，并于1951年8月召开了第一次全国师范教育会议，提出要为“培养百万人民教师”而奋斗的目标。1952年7月颁布了《关于高等师范学校的规定（草案)》，1952年院系调整又将师范院校列为调整重点之一。这次调整涉及北京师范大学、山西大学、华东师范大学、南京师范大学等12所院校，考虑了地区分布的特点，基本上是在各地区师范教育中起重要作用的院校。它们实力的加强，扩大了学校规模、增强了培养师范人才的能力。调整后的师范院校共33所，比1950年增加了21所。[②] 由于师范教育是教育事业的“工作母机”，师范院校的调整、发展与转型，必将深刻地影响我国教师教育人才的培养，必将有力地推动中国基础教育的改革与发展，从而也会影响到我国经济社会的发展。

（一）地方高师院校转型发展与我国经济社会发展

自1978年改革开放以来，我国综合国力不断增强。2010年，我国国内生产总值（GDP）已超过日本，仅次于美国，成为世界第二大经济体；2010年，我国制造业产出占世界比重达19.8%，跃居世界第一。近年来，我国现代企业的比例不断提高，经济外向度和参与国际市场竞争能力不断增强。特别是“十二五”以来，我国经济社会发展进入到转型升级的新常态。2014年5月，习近平总书记在河南考察时指出：“我国发展仍处于重要战略机遇期，我们要增强信心，从当前我国经济发展的阶段性特征出发，适应新常态，保持战略上的平常心态。”2014年底召开的中央经济工作会议，对新常态进行了系统阐述。新常态下，尽管面临较大下行压力，但我国仍处于发展的重要战略机遇期。经济发展长期向好的基本面没有

---

① 郝维谦、龙正中主编：《高等教育史》，海南出版社2000年版，第85页。
② 郝维谦、龙正中主编：《高等教育史》，海南出版社2000年版，第88－89页。

变，经济韧性好、潜力足、回旋余地大的基本特质没有变，经济持续增长的良好支撑基础和条件没有变，经济结构调整优化的前进态势没有变。因此，我国仍应积极主动应对经济下行压力、动力转化阵痛和结构调整带来的挑战，推进供给侧结构性改革，培育经济发展新动能。[①] 2015 年 10 月，十八届五中全会审议通过《中共中央关于制定国民经济和社会发展第十三个五年规划的建议》，并于 2016 年 3 月正式颁布了《中华人民共和国国民经济和社会发展第十三个五年规划纲要》（以下简称《纲要》）。《纲要》在分析发展环境时，肯定了“十二五”期间“积极应对国际金融危机持续影响等一系列重大风险挑战，适应经济发展新常态，不断创新和完善宏观调控，推动形成经济结构优化、发展动力转换、发展方式转变加快的良好态势”。明确“十三五”的发展主线，包括“贯彻落实新发展理念、适应把握引领经济发展新常态，必须在适度扩大总需求的同时，着力推进供给侧结构性改革，使供给能力满足广大人民日益增长、不断升级和个性化的物质文化和生态环境需要。必须用改革的办法推进结构调整，加大重点领域关键环节市场化改革力度，调整各类扭曲的政策和制度安排，完善公平竞争、优胜劣汰的市场环境和机制，最大限度激发微观活力，优化要素配置，推动产业结构升级”[②]。我国教育事业的发展必须坚持服务导向，服务国家发展和人民群众是对教育改革发展的基本要求。“教育发展要适应中国特色社会主义现代化建设需要，服务全面建成小康社会和中华民族伟大复兴目标，主动适应和引领经济发展新常态，为国家现代化建设厚植人才优势，培育创新动力”，为此，“推动具备条件的普通本科高校向应用型转变。推动各地开展转型发展试点，……充分发挥试点高校改革创新的主动性、积极性和示范引领作用，引导高校从治理结构、专业体系、课程内容、教学方式、师资结构等方面进行全方位、系统性的改革，把办学思路真正转到服务地方经济社会发展上来，把办学定位转到培养应用型和技术技能型人才上来，转到增强学生就业创业能力上来，把办学模式转到产教融

---

① 徐豪：《中国经济新方位是“关键节点”》，人民网：http：//world.people.com.cn/n1/2017/0207/c1002－29062204.html.

② 《中华人民共和国国民经济和社会发展第十三个五年规划纲要》，新华网：http：//news.xinhuanet.com/politics/2016lh/2016－03/17/c_1118366322_2.htm.

合、校企合作上来，到‘十三五’末，建成一批直接为区域发展和产业振兴服务的中国特色高水平应用型高校，形成科学合理的高等教育结构”①。可见，无论从当前推进经济转型升级，还是从长远促进经济和社会协调发展来看，高等教育特别是高等学校承担的历史使命均义不容辞、责无旁贷。

经济基础决定上层建筑。马克思曾指出：“人们在自己生活的社会生产中发生一定的、必然的、不以他们的意志为转移的关系，即同他们的物质生产力的一定发展阶段相适合的生产关系。这些生产关系的总和构成社会的经济结构，即有法律的和政治的上层建筑竖立其上并有一定的社会意识形式与之相适应的现实基础。物质生活的生产方式制约着整个社会生活、政治生活和精神生活的过程。……随着经济基础的变更，全部庞大的上层建筑也或慢或快地发生变革。”② 近些年来，世界经济的激烈竞争使各国不约而同地通过发展高等教育，尤其是通过研究生教育来寻求经济增长的新动力。无论是作为一种教育制度还是一种事业发展，教育在整个社会结构中归属于上层建筑的范畴，它服务于特定社会的经济基础。发展高等教育以适应社会主义公有制为主体的经济基础的要求，即是以适应社会主义生产关系的方式适应社会主义生产力的发展，并在这种适应关系中不断推动社会的发展。因此，高等教育必然受到特定社会经济基础的制约并反作用于这个经济基础。自 20 世纪 80 年代中后期以来，我国从计划经济体制逐渐转型到市场经济体制，这种经济基础的变化必然要求竖立其上的上层建筑跟着发生变化。进入 21 世纪后，我国正处于产业结构转型升级加速期，制造业由大国向强国转变，人力资源由大国迈向强国的战略转折期，经济发展处于“转方式、调结构”的战略关键期，加之工业化、信息化、城镇化进程逐步加快，现代农业和战略性新兴产业的迅猛发展，这些重大变化迫切需要高等教育加速培养数以千万计的技能型应用型人才，迫切要求高等学校加速培养具有创新能力的高素质应用型人才。因而，我国经济体制的转型及经济社会的发展，决定了我国高等教育承载主体——高等学

① 《国务院关于印发国家教育事业发展“十三五”规划的通知》，国务院门户网站：http://www.gov.cn/zhengce/content/2017－01/19/content_5161341.htm.

② 《马克思恩格斯选集》第三版第 2 卷，人民出版社 2012 年版，第 2－3 页。

校包括众多地方高师院校必须加快转型发展。

（二）地方高师院校转型发展与人力资源强国建设

人力资源是现代化国家最宝贵的财富，中华民族要实现伟大复兴、实现“中国梦”，需要深入实施科教兴国战略和人力资源强国战略。人力资源强国不仅是人力资源总量做大做强，而且也是一个人力资源结构不断调整和优化的过程。伴随着工业化进程进一步加快以及产业结构调整和升级的驱动，中国制造业的应用技术和应用技能人才需求将有一个巨大的空间。《人力资源和社会保障事业发展“十三五”规划纲要》提出发展目标之一是“到‘十三五’期末，专业技术人才总量达到7500万人，高、中、初级专业技术人才比例为10∶40∶50；高技能人才总量达到5500万人”[①]。《高技能人才队伍建设中长期规划（2010—2020年）》提出的发展目标之一是“到2020年，全国技能劳动者总量达到1.4亿人，其中高级工以上的高技能人才达到3900万人（高级技师180万，技师820万，高级工2900万），占技能劳动者的比例达到28%左右……拥有特殊操作法或技能革新、发明专利的高技能人才占所在单位高技能人才的比例不低于80%。使高技能人才数量同经济和社会发展目标基本相适应，高技能人才结构和素质同产业、行业发展需求基本相适应”[②]。而我国目前的技术技能人才队伍，与这些目标还有很大的距离。

世界高等教育发展的进程表明，当前已到了实施高等教育分类办学、分类管理的新的历史发展时期。经济发展方式的转变和产业结构的转移升级，要求提高劳动者的受教育年限、技术和技能水平。尽管在30多年经济快速发展的推动下，我国已建成了世界上规模最大的高等教育体系。但是，由于路径依赖等因素，高等教育适应市场经济体制的能力不足，培养的人才类型单一，难以适应人才市场多样化的需求；专业设置不符合行业

① 《人力资源社会保障部关于印发人力资源和社会保障事业发展“十三五”规划纲要的通知》，人力资源和社会保障部网站：http：//www.mohrss.gov.cn/gkml/xxgk/201607/t20160713_243491.html.

② 《高技能人才队伍建设中长期规划（2010—2020年）》，民政部网站：http：//jnjd.mca.gov.cn/article/zyjd/zcwj/201109/20110900179107.shtml.

企业需求，一些专业还停留在满足计划经济管理体制的要求；学科专业结构与产业结构不适应，多学科交叉和复合型、高新技术专业设置比例小，难以适应国民经济“转方式、调结构”的需要；服务“大国”变“强国”能力还有待提高，等等，解决这些问题的关键，迫切要求地方高师院校实现转型发展。

（三）地方高师院校转型发展与现代职业教育体系

国际经验证明，国家实体经济竞争力的基础是技术技能人力资源，是健全的现代职业教育体系。目前，作为高层次技术技能人才培养主要载体的职业教育的层次还停留在专科阶段，不能满足现阶段经济发展的需要。因此，《现代职业教育体系建设规划（2014—2020 年）》（以下简称《规划》）强调要优化高等职业教育结构，提出：“鼓励举办应用技术类型高校，将其建设成为直接服务区域经济社会发展，以举办本科职业教育为重点，融职业教育、高等教育和继续教育于一体的新型大学……引导一批本科高等学校转型发展。支持定位于服务行业和地方经济社会发展的本科高等学校实行综合改革，向应用技术类型高校转型发展。鼓励独立学院转设为独立设置的学校时定位为应用技术类型高校。”并具体规划了高等职业教育在职业教育体系中的层次结构：“在办好现有专科层次高等职业（专科）学校的基础上，发展应用技术类型高校，培养本科层次职业人才。应用技术类型高等学校是高等教育体系的重要组成部分，与其他普通本科学校具有平等地位。高等职业教育规模占高等教育的一半以上，本科层次职业教育达到一定规模。建立以提升职业能力为导向的专业学位研究生培养模式。根据高等学校设置制度规定，将符合条件的技师学院纳入高等学校序列。”① 对照《规划》的相关指标要求，我国目前的技术技能人才结构与经济社会发展不相适应。另据《中国职业教育发展报告 2012》表明，我国高中阶段教育中的中等职业学校毕业生比例，与发达国家平均水平相比持

① 《教育部等六部门关于印发〈现代职业教育体系建设规划（2014—2020 年）〉的通知》，教育部网站：http://old.moe.gov.cn//publicfiles/business/htmlfiles/moe/moe_630/201406/170737.html.

平或略高，与欧盟 21 国 52.4%的水平相比略低，与 OCED（经济合作与发展组织）国家 45.9%的水平相比略高，与 20 国集团 37.6%的平均水平比较高；我国高职高专毕业生占普通高校毕业生的比例为 45%，而世界平均为 24%，发达国家为 22%，① 明显高于世界平均水平。随着资本密集型和技术密集型产业的发展，由于其以技术装备多且投资量巨大为主要特点，因而对技术技能型人才的需求越来越大，但我国劳动力素质的结构既跟不上资本密集型产业的发展需求，也不适应技术密集型产业的发展趋势。

应用技术类型高等院校主要承担本科阶段职业教育，是现代职业教育体系的重要组成部分，是增强国家实体经济竞争力不可或缺的力量。在地方经济社会发展需求的推动下，师范院校已经开始由服务于基础教育的单一职能向服务基础教育、经济社会和科学研究等方面的多样化职能转变，正迅速地由纯粹培养中小学教师的院校向培养各类社会人才的综合化高校转化。因此，有理由相信地方政府在进行地方经济建设整体规划中期望高师院校在服务地方基础教育的同时，能为当地的经济与社会建设承担更多的责任。

三、地方高师院校转型发展是我国高等教育改革的必然选择

师范院校转型发展，既要符合高师院校长期形成的发展传统，遵循自身的发展规律，同时又要学习借鉴各类、各级大学成功转型的经验做法，坚持为我所用，努力推进学校在转型中发展、在发展中转型。地方高师院校的转型发展，最核心的要实现由传统的学科专业的单一性向综合化转变、由传统的单科性大学逐步向多科性大学转变。其实，每一所高校的综合化发展都有其历史的必然性。顺着历史发展的脉搏，人类的教育大致走过了这样一条道路：占绝对优势的古典文科教育→古典文科教育传统受到动摇、科学教育逐渐兴起→科学教育与人文教育的过渡平衡→科学教育独领风骚、人文教育备受冷落→人文教育与科学教育趋于融合。这表明，大学的综合化发展也已成为当今世界高等教育的发展潮流。追根溯源，高校的综合化发展不仅仅是大学自身发展规律的使然，也是人类文明向前进

① 孙诚：《中国职业教育发展报告 2012》，教育科学出版社 2013 年版，第 7－8 页。

化、人类社会向前发展的需要。正确认识和把握这种现象，对促进我国高等教育事业的健康发展具有重要意义。甚至可以说，地方高师院校由单科向多科发展，既同社会生产方式的历史性进化和新技术革命带来的挑战有关，又受现代大学，尤其是世界一流大学发展模式的影响。地方高师院校从单一学科向多学科发展转型已成为不可逆转的趋势，但这一过程又是一种复杂的全局性运作，不仅需要正确把握多科性大学的内涵与特征，还要合理地控制转型发展的进度，更要在学科门类趋向齐全的过程中坚守自己的传统与特色。由此看来，在我国高等教育综合改革的整体进程中，地方高师院校的转型发展任重道远。

（一）地方高师院校转型发展与我国高等教育改革

中华人民共和国成立后，按照苏联的社会主义模式，国民经济实行计划经济体制，社会资源由政府配置。为适应计划经济体制下国民经济有计划按比例分配的要求，大中专院校培养的人才毕业后主要是管理国民经济的技术人才和管理干部。为了有计划地培养人才，采取了“谁使用、谁培养”的原则，实行部门办学、部门管理。20 世纪 50 年代初，我国高等院校开始按照苏联高校系科设置模式进行首次大规模院系调整，其原则是“专门化”“单一化”，目的在于加快建立工业化体系的要求、满足国民经济主要部门人才需求。1951 年 10 月，国家政务院发布了《关于改革学制的决定》，把高等学校分为大学、专门学院和专科学校三类。此次院系调整，大量减少综合大学，更多增设培养各种高级技术人才的专门学院。统计资料表明，1947 年我国综合大学 55 所，而 1953 年仅为 14 所，1983 年也只有 36 所。有学者总结：“实际上自 1952 年起以后的几十年中，中国可以说没有一所学科设置完备或较为完备的多学科综合性大学，而多数单科或多学科的独立学院，离开了作为大学母体的文、理两个学院，其基础课的教学必大为削弱。这样，从各综合性大学独立出来的学院，实际上都变成为技术性学校。”①

20 世纪 70 年代末，我国开始拉开深化高等教育改革的大幕，加快了

---

① 刘敬坤、徐宏：《中国近代高等教育发展历程回顾》（下），《东南大学学报》（哲社版）2004 年第 2 期。

高等教育改革进程。1985年5月，《中共中央关于教育体制改革的决定》就提出了诸如大众化的高等教育目标："要造就数以亿计的工业、农业、商业等各行各业有文化、懂技术、业务熟练的劳动者。要造就数以千万计的具有现代科学技术和经营管理知识，具有开拓能力的厂长、经理、工程师、农艺师、经济师、会计师、统计师和其他经济、技术工作人员。"[①] 1999年1月，国务院批转了教育部《面向21世纪教育振兴行动计划》（以下简称《计划》），《计划》指出，"到2010年，在全面实现'两基'目标的基础上，城市和经济发达地区有步骤地普及高中教育，全国人口受教育年限达到发展中国家先进水平；高等教育规模有较大扩展，入学率接近15%"[②]。1999年6月，中共中央、国务院发布的《关于深化教育改革全面推进素质教育的决定》则进一步明确地表述了这一政策目标："通过多种形式发展高等教育，到2010年，我国同龄人口的高等教育入学率要从现在的9%提高到15%左右。"为了尽快迈入大众化阶段，一度出现了地方普通本科院校大量兼并高（中）等职业院校、专科学校和成人高校组建成本科院校、重点大学实现强强联合或兼并普通院校等潮流，同时还出现了高等教育领域的"圈地运动"——扩大校区建设。这一时期的"兼并"与"升格"激情，反映了不同类型的高校均具有强烈的赶超意识，旨在建立多科性综合大学（学院），多数学校还提出要创建一流高校的发展目标；加之高校评估没有按类型进行，致使全国本科高校均朝着高水平、大规模、全学科的"高、大、全"目标发展。

由于我国高等教育在计划经济体制下部门办学的秩序已经打破，而适应市场经济体制的新的秩序又没有建立起来，高等院校从计划经济体制下的专门学院这一极端又走向办大规模、综合性学校的极端，致使许多地方本科高校办学陷入"高不成、低不就"的困境。有数据表明，2015年我国高校在校生规模达到3700万人，居世界第一，高校数量为2852所，居世界第二。但是，随着世界经济格局的调整和我国经济社会发展变化，我国

① 《十二大以来重要文献选编》（中），人民出版社1986年版，第721-722页。

② 《面向21世纪教育振兴行动计划》，教育部网站：http：//old. moe. gov. cn//publicfiles/business/htmlfiles/moe/s6986/200407/2487. html.

高等教育发展中的一些体制性障碍和结构性矛盾也日益突出。最突出的问题是学术性高校比例过大，高校人才培养重理论、轻实践，重知识、轻技能，重文凭、轻本事的现象普遍存在，而能直接服务于经济建设与社会发展的应用型技能型高中层次人才却严重不足。解决的一个重要途径就是调整现行高等教育结构，迫切要求国家建立高等教育分类体系，对高等学校实行分类管理，鼓励地方高等学校要根据自己办学历史、办学条件和社会需求，理性思考各自的办学定位和人才培养目标，加强与行业企业的联系，培养区域经济社会发展所需的实用性、应用型人才，在遵循教育发展规律及适应社会发展需求的前提下，制定转型发展战略。

（二）地方高师院校转型发展与我国教师教育改革

一直以来，我国地方高师院校在长期的发展过程中，已经形成了一种比较固定的模式：有相对独立的系统，专门的主管部门，大致相同的学科结构与培养方式。1999 年，《中共中央、国务院关于深化教育改革全面推进素质教育的决定》提出，“鼓励综合性高等学校和非师范类高等学校参与培养、培训中小学教师的工作”。综合性院校参与教师教育人才培养，是发达国家教师教育人才培养的成功经验，有利于充分配置优质教师教育资源，建设高素质专业化教师队伍。高师院校学科专业“综合化”和教师教育“大学化”，客观上给地方高师院校人才培养带来三种挑战。

一是综合性院校和重点师范大学形成招生就业的外部竞争。一方面，综合性院校培养教师教育人才，对高师院校教师教育专业招生和就业形成了直接冲击；另一方面，在现行的教育制度下，综合性院校非教师教育专业毕业生在校修读完成教师资格证相关课程，如教育学、心理学和普通话等，即可申请办理（获得）教师资格证，参加教师岗位竞聘，这对高师院校师范生就业形成竞争。而且，部属师范大学和省属重点师范大学形成的竞争依然严峻。二是本校非教师教育专业形成资源配置的内部竞争。地方高师院校综合化所带来的结果是“学校职能多元化削弱了教师教育职能，一个举全校之力培养教师的时代一去不返”[①]，客观上挤压了教师教育专业

---

① 刘益春：《协同创新　培养卓越教师》，《中国高等教育》2012 年第 23 期。

的生存空间。主要表现为：办学定位上，地方高师院校由师范大学（学院）向多学科（综合性）大学转变；专业设置上，积极增设应用型非教师教育专业，停招或停办部分教师教育专业；资金分配上，主要办学资金用于应用型非教师教育专业或新办专业建设，教师教育专业办学资金同比增长率低；师资引进上，着力引进非教师教育应用型专业人才；招生规模上，压缩师范生招生人数，扩大非教师教育应用型专业招生人数。三是教师教育转型对地方高师院校的教师教育专业提出新的诉求。教师教育大学化、一体化、标准化和培养重心后移等对地方高师院校教师教育专业建设提出了新的诉求：培养理念上，强调师德为先、学生为本、能力为重、终身学习，由注重教学技能培养向更加注重可持续的教师专业发展转变；培养体系上，加强职前培养、入职考核和职后培训一体化，由注重教师的职前培养向更加注重对教师的入职后培训转变；培养模式上，加强高校、地方教育行政部门和中小学校协同培养教师，由高校培养主体向多主体协同培养转变；课程建设上，强调课程的实践取向，由注重系统知识向更加注重培养学生的实践能力转变；在教学方法上，强调交互式、启发式教学，由注重教师传授知识向学生学习知识转变；师资队伍上，强调教师的实践经验，由注重教师的学术知识向更加注重教师的实践性知识转变；在标准体系上，强调以标准引领课程、专业和师资队伍建设，由无标准、淡化标准向标准引领转变。

地方高师院校的教师教育专业是教师教育人才培养的主体，是实现全面提高教师教育质量、培养造就高素质专业化教师队伍的基础阵地。教师教育专业是地方本科高师院校学科专业的主体构成，地方高师院校教师教育专业发展面临“质量提升之困”“内涵建设之困”“转型发展之困”三重困境，[①] 亟待处理好教师教育专业和非教师教育专业的关系，因此，要积极探索、创新发展模式，推动学校转型，按照教师教育大学化的方式推进教师教育改革。

---

① 范小虎：《地方高师院校教师教育专业发展的困境与出路》，《阜阳师范学院学报》（社科版）2014年第3期。

（三）地方高师院校转型发展与高等学校内部改革

自20世纪末教师教育改革以来，我国地方高师院校经历了由快速发展到被动转型两个阶段。地方高师院校的办学定位、办学特色、人才培养服务面向、学科专业结构、人才培养模式、师资队伍建设等方面均发生了重大转变。许多高师院校在被动转型的过程中迷失了方向，丢失了特色，找不准发展出路，在转型发展与坚守特色中徘徊不定、裹足不前，或者是盲目跟风、迷失自我。地方高师院校从最初的主动改革到后期的被动转型，产生了诸多问题，迫切需要根植历史，立足现实，着力破解。

首先是办学定位的趋同与错位。高等学校的办学定位体现了学校的办学指导思想、治校理念和策略，对学校的办学行为、学生发展、学校未来发展等具有引领作用。从20世纪80年代末开始，高师院校纷纷改变传统师范教育的“纯体”，不断向“综合化”发展，实现自身的转型。但是，“非师范化”的自身扩张，即在高师院校中通过扩设非师范专业、使学科结构“综合化”，这带来了很多问题。高师院校都想通过“综合化”转型，有效提高人才培养质量，扩大人才培养范围，拓宽学校社会服务职能，增强学校社会竞争力，这无可厚非，但是，从众多地方本科院校的发展规划可以看出，过多地在教学型、教学研究型、研究教学型、研究型这些名词上做文章，把自己定位于教学研究型或研究教学型，甚至于研究型大学，定位趋同，发展错位。比如说，安徽师范大学的办学定位是“省属重点综合性大学”、江苏师范大学的办学定位是“综合性教学研究型大学”、安徽省阜阳师范学院的办学定位是“地方性综合型高水平大学”，等等。类似的许多高校办学定位趋同“综合性”，丢失了“师范性”，一定程度上显示了办学定位的错位与趋同。部分学校虽然定位明确，但惯性发展，尚处于自发自为探索阶段，尽管有强烈的转型愿望，但未找到突破口，困难较多，在实际办学中仍然沿袭传统本科办学思路，亟须指导和支持。

其次是转型的盲目随从。为适应地方经济建设和社会发展需要，地方高师院校为谋求新的生存及发展空间，形成了一股高师院校“转型”风。许多高师院校在“综合化”转型中表现出很大的盲目随从性，没有从地方经济实力水平与社会发展需求出发，不顾及地方高等教育发展水平与基础教育实际，大力增设非师范专业或推动某些专业非师范化，力图通过这一举动改变自身纯师范的形象，都在你追我赶地走一条共同的带有普遍性的改建或升格的“综合化”转型之路。由于高师院校突发式、急进式的转型，开设的非师范专业往往是社会需求比较大、相对比较热门的专业，加上这些新专业往往不能从传统的师范专业中得到课程资源的共享，所以师资队伍建设短时间内很难跟进，课程资源不足状况尤为严重，使学校相应的课程资源配备跟不上整体发展的速度。这都会导致一些高师院校“综合化”转型的“求快求变”，明显力不从心。

再次是师范性的弱化。由于高师院校综合性的发展战略和多样化的发展策略，容易导致传统优势教师教育的定位、改革、发展问题被淡化、被忽略，对教育科学建设热情不高、投入不力，把工作重点放在了非师范专业的发展建设上，其非师范类学科专业数毫无例外地均超过师范类学科专业数，有的出于短期效益考虑，在发展非师范专业上就表现出很大的盲目性。过多、过快地发展非师范专业，就会使师范专业被无形弱化或变相弱化，极易诱发教师教育质量的下降，出现了高师院校毕业生教师专业化程度低和素质不高的现象。在教学与科研关系的处理上，为强调综合性院校的学术性和直接体现学校的实力，表现出超乎常规地向科研和学术研究倾斜。在学科带头人的选拔、职称评定、评优、奖励等方面无不显示出科研学术成果的巨大魔力，由此又容易导致“重科研，轻教学”现象，影响师资的培养质量，同时也会压制甚至否定师范性。在教师教育的培养模式、课程体系等系列改革中，往往动力不足、措施乏力，开办教师教育专业一般采取“公共基础课＋学科专业课＋教育学科课”的混编模式，普遍存在师范特色“校本课程”明显不足的现象，师范性弱化趋势明显。此外，这些师范院校转型后，校名一般都改为“××大学”或“××（去师）学院”，使其原有教师教育的主体行业标识被隐藏，潜伏着社会对其办学性质的认知不清晰和对教师教育的认可隐患。

此外，还不同程度的存在如下问题：学科专业无特色，与地方产业结构脱节，地方性、区域性特征不明显；人才培养“重理论、轻实践”，人才培养体系不完善；科学研究“重科学、轻技术”，服务地方经济发展能力低；师资队伍“重学历、轻能力”，教师专业实践能力低；产学研合作教育不深入，企业参与合作育人的机制缺乏必要保障；等等。这些方面存在的问题严重制约了地方高师院校的人才培养质量，削弱了地方高师院校的竞争力。所以，地方高师院校的转型发展，务必加强论证、科学规划，切不可盲目为之。

第二节　地方高师院校转型发展的可行性

事物运动发展的规律表明，在外部有需要的情况下，如果内部具备必要的条件一般来说就是可行的。高师院校的“综合化”并不等于是把现有高师院校办成“综合性”大学，也不是取消师范教育和“师范”名称，而是实行“大学＋师范”的新范式。它具有与传统师范院校相区别，又与国际教师教育体系接轨的特征；既顺应时代潮流，又具有促进传统师范院校的定位转型和师范教育范式的转型特征。高师院校综合化发展，对教师教育的发展以及高等教育的发展具有巨大的推动作用，也是着眼于未来经济、科技、教育发展的需求和未来竞争的需要。因此，必须转变教育发展思想和观念，改革教育发展的体制和模式，积极创造条件，推进高师院校转型发展，走综合化发展之路。对此，高师院校要科学定位，要充分考虑自己的教育资源条件，统筹可行与重点的关系，科学制定具有自身特色的综合化发展目标。当然，这一目标必须以现实可行为前提。那么，在转型发展过程中，地方高师院校就应根据实际情况，结合自身优势，改革内部管理体制、调整学科专业结构，通过重点发展带来优势提升，通过以重点突破实现特色提炼，从而推动学校的整体发展。

一、推动地方高校转型是国家的重大战略部署

综观世界各国高等教育发展的历史，都是由单一化的教育体制过渡到多样化的教育体制，由传统大学的制度过渡到多层次、多种类型的高等教育制度。这是对科学技术进步和生产发展、现代高等教育和人才培养提出

的客观要求，它反映着当代高等教育发展的规律与必然趋势。英国是世界上高等教育发展最早且非常发达的国家，英国高等教育由单一传统大学体制过渡到多重的教育体制就是高等教育适应生产和科学技术进步的结果。英国在 20 世纪 60 年代建立了数十所多科性工艺学院，就是为了在当时的经济、文化生活中，去适应、满足扩大人才培养、促进经济发展和直接服务社会的需要。[①] 在美国，1876 年，约翰斯·霍普金斯大学成立。该校仿效德国大学，大力开展科学研究，但美国人更偏重与实际生活密切相关的应用性研究，而有别于德国人重视的纯理智性研究。1966 年和 1971 年，美国社会学家塔尔科特·帕森斯分别出版了两本书：《社会：进化与比较的观点》和《现代社会的体系》。书中提出“美国第一”论，认为美国坚持教育革命，并将它与发源于英国的工业革命和发源于法国的民主革命紧紧结合在一起，因而远远超过了英、法及其他国家。1984 年，詹姆斯·博特金等美国学者又出版了一本名为《全球的赌注》的著作，引起美国政府和公众的关注，推动了美国的教育，尤其是高等教育的改革。该书分析了高等教育与高技术的关系，反映了这种教育改革理念，美国建立和发展高技术产业，总是把高等学校作为主要依托。比如说，在美国著名大学的周围都建立有一些高技术工业企业，如以斯坦福大学为主要依靠的“硅谷”。[②] 比较而言，我国的高等教育发展历史相对较短。中华人民共和国成立后，我国高等教育的调整和提高工作是随着 1961 年中共八届九中全会确定对国民经济实行“调整、巩固、充实、提高”而展开的。这一时期的主要任务是对高校的专业设置进行调整，并修订了高等学校通用专业目录，一个明显特点是扩大了工科等应用性专业目录。这可以看成我国高等教育改革探索及高校专业设置调整走出的第一步。

（一）高校转型发展的政策依据

改革开放以后，我国的高等教育事业在拨乱反正基础上得到了较为长

---

① 杨德广、王一鸣主编：《世界教育兴邦与教育改革》，同济大学出版社 1990 年版，第 124－131 页。

② 杨德广、王一鸣主编：《世界教育兴邦与教育改革》，同济大学出版社 1990 年版，第 153－180 页。

足的发展。1985年5月27日，《中共中央关于教育体制改革的决定》颁布，标志着我国社会主义教育事业进入全面改革的新历史时期。伴随着高等院校学科专业综合化和专科院校升格本科院校的发展趋势，我国高等院校分类发展的呼声愈发高涨，高等院校自身转型的需求愈发强烈。2010年5月5日，时任国务院总理温家宝主持召开国务院常务会议，审议并通过了《国家中长期教育改革和发展规划纲要（2010—2020年）》（以下简称《纲要》）。《纲要》确立了未来10年教育改革的方向，明确了以提升质量为核心的高等教育发展路径，将增强社会服务能力、优化结构办出特色作为高等教育改革重要战略举措。《纲要》提出，“高校要牢固树立主动为社会服务的意识，全方位开展服务。推进产学研用结合，加快科技成果转化，规范校办产业发展”，“建立高校分类体系，实行分类管理。发挥政策指导和资源配置的作用，引导高校合理定位，克服同质化倾向，形成各自的办学理念和风格，在不同层次、不同领域办出特色，争创一流”。① 《纲要》关于高等教育“提升社会服务能力”“优化结构办出特色”“克服同质化倾向”的战略举措，为地方高等院校转型发展提供了政策依据。

此后，在《纲要》的指引下，我国地方高等院校转型发展迈出坚实步伐。2013年6月，在教育部的指导下，应用技术大学（学院）联盟成立。此联盟致力于促进中国高等教育的分类管理，完善现代职业技术教育体系；联盟成员单位定位于应用技术型人才培养，首批35所高校加入，截至2016年10月，联盟已有正式会员154所高校，包括公立的地方本科院校、民办本科院校、独立学院、职业教育园区。2013年11月12日，党的十八届三中全会通过了《中共中央关于全面深化改革若干重大问题的决定》，强调要深化教育领域综合改革，“加快现代职业教育体系建设，深化产教融合、校企合作，培养高素质劳动者和技能型人才”。2014年4月底，在河南省驻马店市召开了由应用技术大学（学院）联盟、中国教育国际交流协会主办，以“建设中国特色应用技术大学”为主题的首届“产教融合发展战略国际论坛”，论坛以“建设中国特色应用技术大学”为主题，178所高校通过了《驻马店共识》，提出要引导一批本科高校，包括地方高师院

---

① 《教育规划纲要辅导读本》，教育科学出版社2010年版，第26－27页。

校向应用技术型高校转型。2014 年 6 月，国务院印发的《关于加快发展现代职业教育的决定》，提出“引导普通本科高等学校转型发展。采取试点推动、示范引领等方式，引导一批普通本科高等学校向应用技术类型高等学校转型，重点举办本科职业教育”。为了贯彻落实党中央、国务院关于引导部分地方普通本科高校向应用型高校转变的决策部署，推动地方普通本科高校实现转型发展，2015 年 10 月 21 日，中华人民共和国教育部、中华人民共和国国家发展和改革委员会、中华人民共和国财政部联合印发了《关于引导部分地方普通本科高校向应用型转变的指导意见》。该意见的出台，标志着我国地方高校转型发展的大幕正式拉开。2017 年 1 月，国务院印发了《国家教育事业发展“十三五”规划》，强调要调整我国的高等教育结构，“推动具备条件的普通本科高校向应用型转变”，这必然要求地方高师院校调整自身的学科专业结构，实现由单科型向多科型转变、部分师范类专业向应用型专业的转型。

（二）省级人民政府的积极作为

在深化教育综合改革、推动转型发展的宏观背景下，各省纷纷开始行动，贯彻国家的整体部署和工作要求，推动地方高等院校转型。安徽、浙江、湖北、江西、江苏、山东等省先后制定推动高等院校分类发展、转型发展的指导意见，遴选改革试点院校推进转型。

《安徽省高等教育振兴计划》（皖教办〔2013〕8 号）提出的建设目标之一就是“支持若干高校转型发展，支撑区域经济社会发展”。《安徽省中长期教育改革和发展规划纲要（2010—2020 年）》明确提出，要“提升教育社会服务水平。适应加快转变经济发展方式的要求，加大布局结构、学科专业结构调整力度，加大经济社会发展紧缺人才的培养力度”。2014 年，湖北省出台《关于在省属本科高校中开展转型发展试点工作的通知》，提出力争用 4 年左右的时间，引导试点高校以培养高层次应用型人才为主要任务，形成产教融合、校企合作的办学模式，主动服务区域发展、产业振兴和技术进步，支持建设一批办学水平高、应用技术特色鲜明的省属普通本科高校，构建普通教育与职业教育有效融通、本科教育与高职教育有机衔接的人才培养立交桥。试点高校可以在本省招生考试制度改革总体框架内自主制定招生考试与选拔录取方案；试点高校按照国家有关规定自主设置目录内专业或确定专业方向，可以在完善新专业设置制度的基础上自主设置新专业；试点高校可以自主聘用教师、引入专业技术人才和高技能人才担任兼职教师；允许试点高校采取市场融资的办法引进先进技术装备，建设生产化实习实训基地。2014 年，江西省教育厅决定支持建设一批办学水平高、应用技术特色鲜明的普通本科高校，构建普通教育与职业教育相融通、本科教育与中高职教育相贯通、应用型本科教育与专业研究生教育相衔接的人才培养"立交桥"。2015 年，贵州省决定将贵州工程应用技术学院、黔南民族师范学院、铜仁学院、遵义师范学院、六盘水师范学院等 5 所学校确定为普通本科高校向应用型高校转型发展的试点学校。《浙江省人民政府关于推动我省高等教育新一轮提升发展的若干意见》引导一批普通本科院校、独立学院向应用型本科院校转型，并遴选确定浙江师范大学、浙江中医药大学、浙江科技学院等 41 所普通本科院校（含独立学院），加强试点应用型建设，鼓励学校整体进行试点，也鼓励学校选择若干二级学院或专业（群）进行先行先试。2014 年，安徽省印发《关于地方高水平大学立项建设分类发展的意见》，将省内高等院校划分为地方特色高水平大学（主要指老牌本科院校）、地方应用型高水平大学（主要指新升本院校）、地方技能型高水平大学（主要指高职高专院校），要求各高校按照立足地方、依靠地方、面向地方、融入地方、彰显地方特色、服务地方发展等思路，办学定位符合地方战略需求，学科专业支撑地方支柱产业和战略性新兴产业；推进校地深度对接，推广高新实用技术，解决经济社会发展难题，培养下得去、用得上、留得住的人才。此后，更多的省（市、区）先后出台系列政策措施，积极落实国家的战略部署，统筹规划本区域内高校的分类建设、积极推动本区域内地方高校向应用型转型，均取得了不错的成绩。

二、推动地方高校转型是相关主体的利益诉求

高等教育发展既受社会和科技等发展的影响和制约，同时又给予社会和科技以巨大的促进作用，这是已经被实践证明的一条教育基本规律。任

何教育活动，包括高等学校教育教学工作的方方面面，都不能脱离社会环境而独立存在和发挥作用。事实上，高等学校也从来没有真正离开过社会，绝对的自由和独立在任何时代、任何社会条件下都是不可能实现的。因为教育是一种社会现象，与社会经济、政治、文化等各方面以及科技的发展紧密相关。无论哪种适应，均是以社会评价为评判标准的，即高校的发展、服务均须适合社会的需求。

（一）推动地方高校转型是政府的职责所在

教育部承担有“拟订教育改革与发展的方针、政策和规划”“负责各级各类教育的统筹规划和协调管理，指导各级各类学校的教育教学改革”“指导高等教育发展与改革，承担深化直属高校管理体制改革的责任”，有责任统筹地方性高校的分类建设与转型发展。在推进地方高校转型发展方面，其主要利益目标包括：第一，深化教育综合改革，全面提升教育质量；更好地满足人民群众高质量、个性化、多样化的学习需求，使教育发展成果更公平地惠及全民；提升高等教育发展普及化水平，提高继续教育参与率，使全民终身学习机会进一步扩大。第二，提升人才供给和高校的创新能力。着力提高创新型、复合型、应用型和技术技能型人才的培养比例，形成合理的人才培养结构，提高高等教育发展水平，推动若干所大学和一批学科进入世界一流行列、若干学科进入世界一流学科前列；在高校建成一批服务国家战略的创新基地和新型智库，全面提升其创新服务能力，促进一批重大创新成果不断涌现；培育新动能、推动文化繁荣和社会进步，增强国家核心竞争力。第三，健全现代教育体系，推动教育结构的战略性调整，更好地履行人才培养和人力资源开发职能，解决高校毕业生就业难和企业高层次技术技能人才紧缺的结构性矛盾。第四，推进产教深度融合，培养出更多更优秀的高素质劳动者和技术技能人才；进一步提升教育服务构建现代产业发展新体系的能力，创造更大人才红利，为经济社会发展做出更大贡献。当然，随着高等教育管理体制改革的深入，地方政府统筹本地区高等教育事业发展的权力得到进一步扩大和充实。特别是一些行政审批权的下放，比如说，教育部官方网站公布的“职责调整”的第一项，就是“取消已由国务院公布取消的行政审批事项”，这也意味着高等学校将逐渐获得更多更大的办学自主权。

对于多数地方高校而言，其发展离不开地方政府的支持与帮助，而服务与贡献社会就是赢得支持的重要理由，同时支持地方高等教育发展也是地方政府的职责所在。地方政府推进地方本科高校转型，其主要利益诉求：第一，使地方本科高校培养产业转型升级急需人才，融入地方经济社会发展，提高高等教育对产业发展的支撑能力；第二，增强本地区高等教育统筹权力，构建适应本地经济社会发展的区域高等教育体系；第三，获得转型试点政策红利，提高生均经费基本标准，以及更多中央财政专项奖补经费支持；第四，增加硕士、博士学位或专业学位授权点，改善地方高等教育结构；第五，解决本地区高校毕业生就业难问题。

（二）地方高师院校实现转型是社会的要求

社会是一个包罗万象的系统，它是人类生活的共同体，是全部社会关系的总和。人是社会系统中最基本的要素，正是人与人的多方面联系才形成了整个社会系统；同时，社会又是以人们的物质生产活动为基础而联系起来的有机总体，它不仅能够按照一定的文化模式而组织起来，而且具有主动性、创造性和改造自然的能力。① 社会的存在有赖于社会运行，社会运行必须依赖人以及人与人之间结成的社会群体、组织或关系。如此看来，地方高师院校实现转型升级发展，必定是广大学生及其家长、行业及企业、地方政府以及其他各级各类社会组织的共同企盼和要求。

其中，行业企业是地方本科高校的主要“人才用户”。行业企业对地方本科高校转型发展的关注点主要是有无人才可用、可用人才多少、可用人才水平怎么样，以及研发创新支撑能力大小等。其主要利益诉求：第一，提供人才市场需求，提高地方本科高校人才培养的有效性和针对性的参照及评价标准，减少人力资源使用成本；第二，制定行业从业标准，参与地方本科高校理事会（董事会），扩大高等教育发言权，提升企业社会影响力；第三，通过地方本科高校培训企业在职职工，加强企业人力资源

---

① 郑杭生主编：《社会学概论新修》（第三版），中国人民大学出版社 2003 年版，第 52－54 页。

开发；第四，直接举办学校或组建职业教育集团，实现行业企业多元化发展；第五，获得中央、地方财政必要的经费支持、税收优惠、扶持技术创新研发机构建设等资源；第六，通过参与地方本科高校管理和高素质技能技术人才培训，获得必要的效益，包括经济利益。

此外，作为高校本身，转型升级是地方高师院校的发展动力。面临形势、迎接挑战，地方高师院校必须深化教育综合改革，推动转型升级，为学校发展提供源源不竭的动力支持。毋庸置疑，实现学校的转型升级将是全体教职工高度一致的发展愿景。

以上各利益相关者的目标函数并不一致：教育主管部门的首要利益诉求是解决毕业生就业问题和建立现代大学教育体系；地方政府主要是为了获得更大的产业发展人才支撑和区域高等教育统筹权力；地方本科高校则是为了提升办学层次，改变不利竞争地位；行业企业主要是为了减少人力资源成本，获得必要话语权；学生及其家长的主要利益诉求可能是实现充分就业和高质量就业，毕业后找到一份与其教育投入和身份尊严相匹配的工作。

三、地方高师院校转型发展具备良好实践基础

当下，地方高师院校所承担的主要任务，一方面要为基础教育培养合格师资，另一方面也要为地方经济社会发展提供力所能及的人才支撑和智力支撑。一直以来，师范院校的历史性责任，在于开发利用好充沛的基础教育人力资源，在于加大培养各类专门教师人才，在于着力提高广大基础教师的专业素养，实现教师人力资源开发的教育战略目标。那么，地方高师院校的转型发展，既要依据所服务的区域教育需求，也要依据全国和国际教育需求；既要服务于培养大量应用型专业人才，也要服务于广大受教育者，能够充分利用国际和区域外教育市场。事实上，前些年来一些地方高师院校的改革和探索、实践在学科专业结构调整优化、人才培养模式改革、应用型课程体系建设等方面，均取得了一定的成效。这些高校成功的探索经验，为更多地方高师院校的转型发展提供了非常好的实践案例。

（一）从办学定位的多科性看地方高师院校转型发展

高校的定位主要是指高校向社会提供人才和社会服务的数量和质量，

包括人才培养、科学研究和社会服务3个主要方面。根据对不同教育价值观的侧重，高校可以分为3类：侧重于“人才本位”的高校；侧重于“知识本位”的高校；侧重于“社会本位”的高校。按照这种分类，地方高师院校应更多侧重于“人才本位”和“社会本位”的结合，即以育人为中心，强调教育为社会服务的功能。地方高师院校以促进学生个人知识与理智的发展以及个性的完善为目的，重视与服务对象——基础教育以及经济建设和社会发展的联系。高师院校在整个高等教育系统中的办学类型定位，主要考虑其办学的结构类型。实践中，对于大多数高师院校来说，其办学类型定位在多学科、综合性，而且目前高师院校综合化的趋势已是势不可挡；在办学层次定位方面，主要指学术贡献和人才培养的层次。按照国内的传统分类法，地方高师院校大多应以教学型为主；在办学特色定位方面，是指某一高校与其他高校相比所表现出来的独特的办学内涵，具体体现为办学理念、办学风格、培养目标、学科水平、课程体系和管理方式等。特色就是水平，地方高师院校办学特色定位是形成办学多样化的有效途径，是核心竞争力形成的基础和前提。

进入21世纪以来，许多地方高师院校主动适应我国高等教育的大众化趋势，纷纷提出转型发展战略，这一点从各高师院校的办学定位、人才培养定位来看，十分明显。

部分地方高师院校办学定位如下：①

江苏师范大学：建设高水平、有特色、有品位的综合性教学研究型大学。

江西师范大学：特色鲜明、全国一流的高水平师范大学。

四川师范大学：建设成国内一流的教师培养培训基地和特色鲜明的教学研究型大学。

曲阜师范大学：建设国际有影响、国内先进、省内一流大学。

淮北师范大学：建设成为一所多科性省属重点大学。

阜阳师范学院：建设地方性综合型高水平大学。

合肥师范学院：坚持“师范性，应用型”的办学定位，坚定“举行知

① 注：以下内容摘自相关高校的官网资料。

旗，走应用路，创师范牌”，建设特色鲜明的地方应用型高水平大学。

淮南师范学院：建设地方应用型高水平大学。

长春师范大学：建成国内知名、省内一流的教学型、综合性省属重点大学。

郑州师范学院：建设中原一流、区域知名的高水平院校。

湖北师范大学：大力推进转型发展，努力创建特色鲜明、省属一流、高水平的地方应用型师范大学。

部分地方高师院校人才培养定位如下：

安徽师范大学：加强专业内涵建设，优化课程体系和教学内容，深化人文素质和实践创新能力培养，着力打造国内一流本科教育，努力培养“厚基础、宽口径、强能力、高素质”德智体美全面发展的高级专门人才。

淮南师范学院：为基础教育和区域经济社会发展培养“实基础、强技能、重应用、能创新”的高素质应用型专门人才，努力提高人才培养对社会需求的符合度。

安庆师范（学院）大学：着力培养学生的创新精神、实践能力、学习能力和就业竞争力，进一步彰显文化育人特色，不断提升人才培养水平，努力造就信念执着、品德优良、知识丰富、本领过硬的高素质人才。

合肥师范学院：主动对接基础教育改革对于专业化教师队伍建设需求和区域经济发展方式转型、产业结构升级对于高素质应用人才需求，培养新型师资和应用型人才。

阜阳师范学院：培养信念执着、品德优良、知识宽厚、本领过硬、适应区域经济社会发展的基础教育师资和应用型高级专门人才。

淮北师范大学：以培养“厚基础、强能力、高素质的复合型、应用型专门人才”为目标。

尽管许多地方高师院校办学定位尚不明晰，仍徘徊在综合性院校和师范性院校以及加强应用型专业建设和强化教师教育优势的十字路口，但从上述办学定位和人才培养定位可以看出，转型发展已经成为地方高师院校的自觉行动，并上升为学校的发展战略。部分地方高师院校在办学定位中保留了“师范性”，部分则去除了“师范性”，但“综合性”“多科性”“应用型”“高水平”正在成为办学定位的关键词，教师教育人才和应用型人才“双轮驱动”“双轨并进”的人才培养定位也已成为地方高师院校的主要培养面向。

（二）从学科专业结构综合化看地方高师院校转型发展

学科专业结构是指高等院校学科专业的布局及其各学科专业内在的比例构成，既是高校办学定位的集中体现，同时也实质性决定了高校自身的特点和发展方向。在20世纪末，我国高等教育扩招之前，地方高师院校学科专业结构呈现出较为单一、数量整体偏少、师范性特点突出的态势，学科专业建设主要是对接基础教育的学科类别。伴随着近20年的高等教育大众化进程，地方高师院校学科专业结构经历了从量变到质变的过程，学科专业迅速增加，综合化特点逐渐形成，从内部催生了地方高师院校转型发展；同时，地方高师院校学科专业综合化以及在此进程中的持续改革，为地方高师院校转型发展奠定了良好的基础。综合化的学科专业结构既是地方高师院校转型发展之需，也是转型发展之基。以安徽省教师教育联盟中6所本科师范院校为例，无论是学科门类、教师教育专业和非教师教育专业的比例，还是师范生和非师范生的比例均呈现出明显的综合化态势。(见表1-1、表1-2)

表1-1　省内部分本科院校教师教育类专业和师范在校生人数情况统计表

序号	校　名	专业总数（个）	教师教育类专业数（个）	教师教育专业比例	在校生人数（人）	师范在校生人数（人）	师范在校生比例
1	安徽师范大学	86	16（2）	18.60%	21548	6963	32.31%
2	阜阳师范学院	58	26（8）	44.83%	18505	9612	51.94%
3	淮北师范大学	68	17（15）	25.00%	17000	5000	29.41%
4	安庆师范学院/大学	67	23（5）	34.33%	22656	8086	35.69%
5	淮南师范学院	60	14	23.33%	18261	5747	31.47%
6	合肥师范学院	50	12（6）	24.00%	18930	8813	46.56%

备注：括号内为师范兼非师范专业数。数据统计截止时间为专业数2014年4月，学生数2013年底。其中，学生数不含三本，设有专科的学校统计数据含专科学生和专业。

表 1－2　阜阳师范学院近四年教师教育类专业和师范在校生人数变化情况统计表

序号	年度	专业总数（个）	教师教育类专业数（个）	在校生人数（人）	师范在校生人数（人）	师范在校生比例
1	2010	45	22	16222	10104	62.29％
2	2011	46	22	16935	10090	59.58％
3	2012	49	22	17631	9883	56.05％
4	2013	56	24	18505	9612	51.94％

表 1－1 所示，在安徽省 6 所本科师范院校学科专业结构中，6 所院校专业总数最少的合肥师范学院设有 50 个专业，专业总数最多的安徽师范大学设有 86 个专业；教师教育专业占专业总数比例最低的也是安徽师范大学，仅为 18.60％；教师教育专业所占比例最高的是阜阳师范学院为 44.83％。值得注意的是阜阳师范学院 26 个教师教育专业中有 8 个是师范和非师范兼招专业。师范在校生比例最高的阜阳师范学院为 51.94％，最低的为淮南师范学院为 31.47％。表 1－2 所示，阜阳师范学院专业总数逐年递增，教师教育专业数保持稳定（2013 年教师教育专业总数增至 24 个，同时师范和非师范兼招专业增加 6 个，源于 2012 年教育部颁布新版本科专业目录，调整专业性质形成），增设的新专业基本为非教师教育专业，师范在校生比例也呈逐年下降的态势。一项针对安徽省高等院校教师教育专业建设情况的调查表明，安徽省师范生培养整体规模偏大，就业形势严峻，2014 年安徽省师范生在校生总人数约为 9 万人，同年将毕业的师范生总人数约为 2.4 万人，同年安徽省各级教育机构所能提供的教师就业岗位不足 1.2 万个，这不包括外省学生应聘、省内中师以及“3＋2”专科所培养的学生即将占据的就业岗位。安徽省高校特别是高师院校继续压缩师范生比例已成必然之势。

可见，多数地方本科高师院校专业综合化趋势明显，教师教育专业数量稳中有降，应用型专业数量大幅提升，师范生规模逐步减少，非师范生规模适度增加，已是既定事实。这既是地方本科高师院校转型发展的背景主因，也是地方高师院校转型发展的客观基础。

（三）从发展战略的多维性看地方高师院校转型发展

地方本科高师院校向综合化转型，着力提升服务经济社会发展能力，加强应用型人才培养，已成为发展事实和改革实践。从地方本科院校的整体发展态势来看，转型之势愈发坚定，转型之路愈发明确，转型之举愈发有力，转型发展已成为共同目标。各地方本科师范院校纷纷在“十三五”发展规划中谋改革、强内涵、明特色、促转型。主要体现在以下方面：

第一，在总体战略方面，强化社会服务功能。在国家推进地方本科院校向应用型转型、创新创业战略、“一带一路”倡议的大背景下，地方本科高师院校普遍提升了对服务社会能力的认识，将提升社会服务能力作为学校发展战略举措。如山东师范大学在“十三五”规划中分析学校发展瓶颈部分指出，“人才培养质量与应用型人才培养体系建设亟须加强，师范教育特色不鲜明”“学科和学院布局需要加快优化整合”“服务区域经济社会文化发展能力和智库建设有待加强”；江苏师范大学将“服务增效”作为学校“十三五”发展的六大战略之一；贵州师范学院提出“转型发展的压力增大。引导部分新建本科院校向应用型转型发展是国家高等教育发展的重要战略部署，也是教育领域的一项重大改革，‘十三五’时期，学校如何结合实际，进一步解放思想，快速行动起来，在办学观念、人才培养、服务社会等方面实现转型跨越，时间紧、要求高、压力大”。韩山师范学院提出“加强与地方政府、行业企业的合作，在巩固发展优势传统学科的基础上，重点培育若干与地方社会经济发展关联度高、在省内外具有较强竞争力的重点学科及特色学科，培育一批在区域内具有较大影响力的智库、研究基地及创新平台，在服务地方经济、推动行业发展方面取得重大突破，进一步提升学校的学科建设水平和对地方经济社会发展的贡献度”①。就本书抽样统计的15所地方本科高师院校的发展战略来看，强化社会服务职能，提升对经济社会发展的贡献度，均已成为地方高师院校“十三五”发展的重大战略目标。

第二，在学科专业方面，实施分类分层建设。面对学科专业性综合

① 以上有关内容分别摘自相关高师院校的官网。

化、应用型专业数远超师范类专业的事实，地方本科高师院校积极谋划学科专业发展转型举措，一方面强化教师教育优势，另一方面加强应用型专业建设内涵。于是，一些师范大学纷纷提出了相关的指导思想和发展战略，如山东师范大学着力以分类分层建设强化学科专业内涵，提出“实行本科专业分类管理，扶持优势专业，突出特色专业，强化应用专业，淘汰限制性专业，加强专业动态调控，提升专业竞争力”“实行学科分类分层建设，健全学科预警机制，对学科水平持续低下、脱离社会需求的学科实行预警乃至取消。紧靠学科发展前沿，推进高水平科研协作，推动科研成果转化，提升社会服务水平”；[①] 阜阳师范学院提出“统筹构筑学科专业分类体系，实行学科专业动态调整，大力培育优势学科，精办教师教育专业，兴办非教师教育专业”“制定专业分类建设指导意见，建立需求导向的专业结构调整新机制，探索目录内专业自主设置，实施分类建设、分类评估，重点打造传统优势专业、特色应用专业和紧缺新办专业”；韩山师范学院提出“到2020年，在广东省地方高校中率先完成向应用型大学的转型发展，把学校建设成为既符合应用型大学标准，又具有鲜明办学特色、较高知名度和较大影响力的应用型本科院校”。在学科专业发展定位上，“优化学科布局，提升学科水平，巩固发展已具有一定发展优势的传统学科，重点发展与区域文化和地方经济社会发展关系密切的应用型学科、理工类学科……突出与增强教师教育专业优势，重点发展与地方经济关联度高、就业渠道广的应用型专业集群，实现学校的专业群与地方行业产业链的对接，把我校建设成为粤东支柱产业、特色产业所需专业人才的主要培养基地”[②]。

第三，在人才培养方面，加强社会协同培养。协同培养、强化应用能力是地方高师院校在人才培养方面的主要目标。如贵州师范学院将“紧扣人才培养目标，更新人才培养观念，创新人才培养模式，提升人才培养质量。深入研究经济社会发展对人才的需求，细化人才培养规格，制定人才

---

① 《山东师范大学“十三五”发展规划》，http：//sdnu. cuepa. cn/show _ more. php? doc _ id=1473468.

② 《韩山师范学院“十三五”事业发展规划》，http：//www. hstc. edu. cn/zt/content－xxgk. jsp? urltype=news. NewsContentUrl&wbtreeid=1113&wbnewsid=10286.

质量标准，优化人才培养方案。大力推进产教融合，加强与地方、行业、企业的联系，不断创新合作育人体制机制”[①] 作为人才培养的发展战略。杭州师范大学将学科专业结构矛盾突出，与地方经济社会发展紧密结合的应用性专业比例偏低，应用性人才培养探索力度不够；课堂教学模式较为传统，学术含量较低；各种办学优势向人才培养转化的渠道、机制和方式有待探索，“教研结合”“产学研结合”机制亟待完善等，列为人才培养的主要问题，并提出“以适应社会需求为导向，以提高人才质量为核心，以深化创新创业教育改革和建立协同育人机制为切入点和突破口，完善符合产业转型升级和社会需要的学科专业结构动态调整机制，推进基于‘互联网＋教育’的教学资源共享和教育教学方式方法变革，健全以专业论证和专业评估为重点的人才培养质量持续改进制度，推动学校人才培养水平上新台阶”的人才培养战略目标。[②] 阜阳师范学院将“坚持走以质量提升为核心的内涵式发展道路，进一步改革人才培养模式和体制机制，不断完善以行业企业为主导的需求驱动的人才培养体系。创新人才分类培养模式，建立人才分类培养制度。依托学术性学科基础，提升理论研究水平，以创新能力培养为主要目标，探索拔尖创新人才培养模式；依托应用性学科基础，提升实践应用水平，以实践能力培养为主要目标，探索卓越人才培养模式”，作为人才培养的主要发展目标。

综上所述，由单一“师范性”向“多科性”“综合性”“综合型”转型，强化“应用型”、提升服务经济社会发展职能，构成地方本科高师院校共同的发展目标，同时，大多数高师院校特别是一些“老牌”师范本科院校的转型发展已具备坚实的学科专业基础。站在高等教育深化改革促进大发展的历史关头，地方高师院校既迎来了挑战也面临难得的机遇。深化教育综合改革、把握机遇，迎接挑战、实现转型发展，地方高师院校将在内涵式发展的道路上不断扬帆远行。

---

① 《贵州师范学院“十三五”改革和发展规划》，http：//www.gznc.edu.cn/info/1073/12705.htm.

② 《杭州师范大学“十三五”事业发展规划》，http：//xxgk.hznu.edu.cn/c/2016－10－13/850701.shtml.

第二章
优化地方高师院校的学科结构

高等学校是培养高层次人才的基地，建立学科学位制度主要是为了适应培养高层次人才的需要。一方面，就学科本身而言，它是大学科学研究、人才培养和社会服务三大功能实现的基本单元和有效载体。学科发展水平是衡量高校科研水平、教学水平和整体竞争力的重要参照，代表大学的整体办学水平，因此学科建设始终是高等院校各项建设工作的核心。也正是从这个意义上说，学科建设在高等学校必然居于龙头地位。另一方面，学科建设的核心是知识创新和人才培养，最终服务于经济社会的发展，因而促进经济社会发展往往被看成是学科的必备功能，也是其根本属性。有学者认为，大学最基本的属性是学科性，“大学的生存是以学科为基础的，每一位教师或研究者的教学与研究工作都是归属于某个或某些个学科的；大学的管理也是以学科建制为基本特征的，大学的教学、科研和社会服务是以学科的形式来组织和管理的”①。可见，加强学科建设、优化高等学校的学科结构，既是大学的本质属性规定，又是培养人才的实际需要。鉴于学科建设对于学校发展的重要性，地方高校

① 杨亦鸣、徐杰：《语言学应该调整为一级学科》，《语言科学》2010 年第 1 期。

必须立足传统的优势学科和特色专业，积极探索构建符合学校实际的学科培育与生长机制。

第一节　构建切合实际的学科培育生长机制

中华人民共和国成立以后，国家对学科专业进行了数次调整。“文化大革命”结束后不久，教育部于1977年10月在北京召开重点高等学校应用科学和新技术学科规划会议，研究制定了机械学、电子学、计算机科学和材料科学等14门应用科学和新技术学科的科学规划草案，填补了一些我国高等学校新兴学科的空白。1979年6月，教育部又召开了直属综合大学理科专业调整会议，要求“根据当前科学技术的发展和建设‘四化’的需要，适当增设或试办一些新兴学科和边缘学科的专业”。此后，一大批新兴边缘学科和社会急需的专业，如计算机科学、电子与信息科学、环境科学、材料科学与工程、医疗技术、生物工程与科学等都得到了长足发展。本轮的高等教育科类结构调整，重点工作之一是积极发展文科。之前的1978年6月，教育部在武汉召开了全国高等学校文科教学工作座谈会议，会议高度肯定了高等学校文科专业的重要性，强调“文科一般应按学科设置专业，要适当放宽口径，使学生毕业后有较大的适应性”。教育部会同财政部、中国人民银行、外贸部、商业部、全国供销合作总社和国家统计局于1979年8月召开的全国高等财经教育会议，以及司法部于1981年7月召开的政法学院教育工作会议为标志，我国高等教育的政法、财经、管理等文科的学科专业得到了很大的发展。[①] 至此，经过几次学科专业的调整，专业逐渐与学科进行了适当分离，同时，广大教育工作者对学科建设和学科学位制度等认识也日渐深化。

---

① 郝维谦、龙正中主编：《高等教育史》，海南出版社2000年版，第358－360页。

一、学科的内涵及其建设重点

我国高校早期的学科分类和学科组织的设置主要是受苏联的影响。1952 年开始，全国高校普遍出现了从“学习苏联经验”到“全面照搬苏联的做法”。随后经过院校调整，高等院校除了少数几所综合性大学（实际就是基础学科的文理学院）外，其他院校都成为单科或多科性的专门学院或大学。学校在学科组织的设置上，也完全按照苏联的做法，取消了 1949 年前我国大学的学院设置，新设工、农、医、师范、政法等系科，系科中设专业。当时规定，文理和医科一律按一级学科设置专业；工科则按部门、工艺、设备、产品、岗位设置专业，其结果是针对性极强、专业面极窄。1954 年 11 月，高等教育部颁布《高等学校专业目录分类设置（草案)》，这一草案根据国家的 11 个建设部门把学科划分为 40 个大类和 257 个专业，这 11 个建设部门包括工业、建筑、运输、农业、林业、财政经济、保健、体育、法律、体育、法律、教育、艺术等。可见，这一时期得到强化的是“专业”而不是“学科”，“学科”只是在少数学校的学科设置中得到了体现，而大部分学校都强化了专业的重要性。经过“大跃进”运动，到 1962 年我国高校的专业数增至 627 种。为了纠正这一专业划分过细、人才口径过窄的不合理现象，1963 年 9 月经国务院批准颁布了《高等学校通用专业目录》和《高等学校绝密和机密专业目录》，专业种数压缩到 432 种；经过“文化大革命”，高校学科、专业设置方面暴露出“窄、乱、缺”的诸多问题。为了较好地解决这些问题，修订专业目录势在必行。于是，为适应新形势、新任务的要求，教育部对《高教六十条》进行了修改，并于 1978 年 10 月通知试行《全国重点高等学校暂行工作条例》。该条例指出，“系是按照学科性质设置的教学行政组织”“教研室是按专业或课程设置的教学组织”。[1] 教育部的这个条例，在对“系”与“教研室”的性质和职能进行区分的同时，也对“学科”和“专业”进行了明确区

---

① 谢维和等主编：《学位与研究生教育：战略与规划》，教育科学出版社 2011 年版，第 270 - 271 页。

分。总而言之，“文化大革命”结束后，我国的高等教育获得了发展生机，一批具有时代性和应用性的专业应运而生，一些单科性和多科性院校也通过设置新的学科和专业来拓展自己的学科门类和专业，逐步向多科性或综合性发展。可以认为，直到1980年2月《中华人民共和国学位条例》的颁布，学科在高等教育体系中的重要性以及在高等学校中的地位才日益突显。

（一）学科的内涵及其发展

一般认为，“学科”一词译自西文的discipline。其含义繁难与discipline的含义复杂有关，英文的discipline，名词指：（1）（智力的、道德的）训练、训导；（2）纪律；（3）处罚、惩罚；（4）学科、（大学里的）科目；动词指调教、训诫和惩罚。法文（discipline）、德文（disiziplin）以及拉丁语（disciplina）中都有相类似的情况：学科，一方面指知识的分类和学习的科目，另一方面又指对人进行的培育（并且尤其侧重于指带有强力性质的规范和塑造）。当discipline主要被译为“学科”时，这一词语的其他层面的意义就被忽略了，人们是在互不关联的情况下分别使用它的“知识门类”与“规范”的含义。① 美国学者伯顿·克拉克认为，“学科明显是一种联结化学家与化学家、心理学家与心理学家、历史学与历史学家的专门化组织方式。它按学科，即通过知识领域实现专门化”②。所以，也有外国学者强调“discipline”兼有“学科”和“规范”的双重含义——20世纪极富挑战性和反叛性的法国思想家米歇尔·福柯（Michel Foucault）就认为，任何学科都是一种社会的规范，如“精神病理学”“社会学”和“犯罪学”等就是在社会监控、规训大众、惩罚罪犯的实践中产生的专门研究领域，同时，这些学科的研究结果又会成为强化和改进社会规训及控制的手段。③ 他还认为，“在任何社会里，话语一旦产生，即刻就受到若干程序的控制、筛选、组织和再分配”，学科则“构成了话语生产的一个控制体系，它通

① 鲍嵘：《学科制度的源起及走向初探》，《高等教育研究》2002年第4期。

② ［美］伯顿·克拉克：《高等教育系统——学术组织的跨国研究》，杭州大学出版社1994年版，第33－35页。

③ ［法］米歇尔·福柯：《性经验史》，上海人民出版社2000年版，第10页。

过同一性来设置其边界”[①]。针对上述外国学者的一些见解，北京大学的吴国盛教授进行了概括：“一个学科之所以成为一个学科，就在于它有自己独特的范式（paradigm）。范式有观念层面的，也有社会建制和社会运作层面上的。学科建设就要在这两个层面上进行范式的建构。观念层面上的范式建构，目的在于形成一种知识传统或思想传统（intellectual tradition），或者具体地说是一种研究纲领（research program），以便同行之间相互认同为同行，以便新人被培养训练成这项学术事业的继承者；社会建制和社会运作层面上的范式建构，目的在于形成一个学术共同体（academic community），它包含学者的职业化、固定教席和培养计划的设置、学会组织和学术会议制度的建立、专业期刊的创办等。这后一方面，我们称之为学科的制度建设。”[②]

在我国，《辞海》对学科解释是：一是指学术的分类，即一定科学领域或一门科学的专业分支，如自然科学中的物理学、生物学，社会科学中的史学、教育学等；二是教学科目，学校教学内容的基本单位，它是依据一定的教育理论组织进行的科学知识体系。[③] 我们说《辞海》对学科含义作了比较完整的解释，因为它没有涉及 discipline 所包含的“规训”之意。此外，我国还有不少学者对“学科”内涵及学科制度等问题进行了深入的研究和探讨。一种观点认为，从传递知识、教育教学的角度看，学科的含义指的是“教学的科目”（subjects of instruction），即“教”的科目或“学”的科目；从生产知识、学问研究的角度看，学科的含义则是指“学问的分支”（branches of knowledge），即科学的分支或知识的分门别类；从大学教学与研究组织的角度看，学科又可作为学界的或学术的组织单位（units of institution），即从事教学与研究的机构。[④] 另一种观点认为，学科制度是知识的生产制度，但却不限于此，它还是一种专门人才的生产制度，即学科中的人——“专家”与“新手”的培养制度。学科制度完整的

---

① Michel Foucault. The Archaeology of Knowledge and Discourse on Language. New York: Pan-theon, 1972: 216, 224.

② 吴国盛：《学科制度的内在建设》，载《中国社会科学》2002 年第 3 期。

③ 《辞海》，上海辞书出版社 1988 年版，第 1126 页。

④ 孔寒冰：《高等学校学术结构重建的动因》，转引自胡建雄：《学科组织创新》，浙江大学出版社 2001 年版，第 243 - 244 页。

意义应既是知识的生产制度，又是高级专门人才的塑造和规范制度。更进一步说，学科制度是一种知识生产与高级专门人才培养同步进行的整合性制度。大专院校“出人才、出成果”，其他非大专院校的学术组织则往往是“出成果、出人才”，不论秩序的先后，都是知识生产与人才生产同步进行，不重视学科人才培养的学科知识生产体系是难以为继的。只有把握住这一点，才能更好地理解学科的含义，理解高等学校在现代学科制度形成中的作用和地位，以及高等教育在近现代知识生产中的地位变迁。① 以上两种观点对学科进行了广义的概括，从中可以看出它们包含了3个方面的基本含义：一是分类的知识体系，二是人才规训制度，三是一类学术组织机构。

综合各家观点，学科主要有2个基本含义：一是指分类后的知识体系，这同时也有对一定的对象就某一门类的知识体系、相关方法、规则等进行训练之意，以便使学习者在某一学术领域遵循共同的学术标准与规则，并使之成为一种制度，起到规范的作用；二是指某一特定领域的知识共同体，这种知识共同体既包含已有的同行和学术规范，也包括对本领域“专门人才的生产”②。

学科的发展推动了学科制度的形成。外国有学者认为，自18世纪后半叶开始，伴随着自然科学的强大、人文社会科学的兴起和现代意义上的学科体系的确立，特别是当3种新的高等教育场所登上历史舞台时，学科制度已到了呼之欲出的时候。这3种新的精英教育场所是：研讨班（seminar，1737年始于德国大学），实验室（1780年始于法国高等学府），课室（1760年始于苏格兰的格拉斯哥大学）。在这3种教育场所进行的教育实践，不仅分别促成了一些新的人文学科、自然学科和社会学科的诞生，形成了诠释性理论、自然科学和社会科学的研究范式，而且培养了学科新人。③ 可以说，知识的分门别类虽然由来已久，但是学科制度的真正

---

① 鲍嵘：《学科制度的源起及走向初探》，《高等教育研究》2002年第4期。

② 谢维和、王孙禹主编：《学科与研究生教育：战略与规划》，教育科学出版社2011年版，第266-267页。

③ ［美］华勒斯坦等：《学科·知识·权力》，生活·读书·新知三联书店1999年版，第58页。

形成却有待于知识分门别类地生产与专门人才（包括学科新人）生产的有机结合，这也构成了学科制度的最基本特征。美国学者华勒斯坦还认为，学科制度就是一种知识的生产制度，是学术组织和大专院校依据排他性的方式，掌握各种资源和权力，左右学科发展方向的建制过程。在这样的制度下，学术体制的内部组织、知识发展和拓宽的规划都受制于学科门类的偏见，以及相对应的权力和利益关系。学科制度的优点是能够建立完整的理论体系和严格的方法学训练，缺点则是有可能使学术体制成为偏见的生产地，以服务私利为尚，建立虚假权威。[①] 不过，照此看来，他对学科制度的分析似乎并没有考虑到学科与人才生产的关联性。鉴于此，鲍嵘博士在《学科制度的源起及走向初探》一文中提出，“学科制度是知识的生产制度，但却不限于此，它还是一种专门人才的生产制度，即学科中的人——‘专家’与‘新手’的培养制度。学科制度完整的意义应该既是知识的生产制度，又是高级专门人才的塑造和规范制度，更进一步地说，学科制度是一种知识生产与高级专门人才培养同步进行的整合性制度”。

从学科发展及学科制度形成的时间过程来看，17 世纪起（今天所称谓的）自然科学、社会科学和人文学科领域的一些基础学科逐渐从哲学中产生和分化出来，大约可以认定公元 18 世纪是学科制度由非正式制度向正式制度的过渡阶段，在 19 世纪逐渐完成了由不成文的非正式制度走向正式的制度安排。也正是在 19 世纪，各种规范标准进一步强化，社会建制不断增多，各门学科逐渐确立并形成了鲜明的学科特色。20 世纪后期，关于学科的研究再次勃兴，到 21 世纪初我国学者越来越关注学科制度的探讨。北京大学方文教授在其论文《社会心理学的演化：一种学科制度视角》中较早提出了学科制度的概念。他认为，虽然“学科制度”概念仍有待学理上的仔细辨析，但它可粗略地界定为，秉承确定的职业伦理体系的知识行动者，在特定学科的知识生产和知识创新过程中所建构的制度体系。其基本要素，涵盖知识行动者群体及其职业伦理体系、学科培养制度、学科评价与奖惩制度和学科基金制度……学科制度，因为其研究者的社会行动者的身份，其培养制度、评价制度和基金资助制度，必然与宏大的社会制度发

---

① ［美］华勒斯坦等：《学科·知识·权力》，生活·读书·新知三联书店 1999 年版，第 5 页。

生联系。因此，如何在宏大的社会结构和过程的背景下，建构良好的学科制度，同时又能保证学科制度自身的自主性、权威和尊严，值得持续关注。① 中国人民大学郑杭生教授则认为，“所谓学科制度就是学科规范体系及其物质体现；在学科的规范体系及其物质体现背后，还有某种深层的理念支撑着。所以，从层次来看，学科制度是否可以分为三个层次：处在第一层次的是学科的深层理念；处在第二层次的是学科规范体系；处在第三层次的是学科物质体现”②。此外，北京大学的吴国盛教授也探讨了学科的制度建设问题，指出“学科的研究纲领与学科的制度创设有着内在的关联，而且前者对于后者具有决定性的作用”。他认为，制度建设包括外在与内在两个方面，外在建设主要是争取外部社会资源，比如争取社会舆论的重视、政府的重视、投资者和慈善家的重视等；而学科的制度建设应以内在建设为主，以“内”定“外”，外在的制度创设应该大体符合学科内在制度建设的水平。③ 当然，从其他角度探讨并表述学科制度的观点还有很多。王建华博士在对诸多学者的研究进行梳理后，认为对学科制度可以有多种理解。第一种理解是，在高等教育研究领域，人们一般认为学科制度即是与学科相关的制度，比如学科准入制度、学科划分制度、学科评价制度、学科奖惩制度、学科资助制度、专业人才培养制度等。在这种解释框架下，学科制度本身并无确切含义。④ 第二种对学科制度的理解，大体上相当于我们常说的学科建设。清华大学蔡曙山教授说，“讲到学科体制或学科制度，其成熟的标志与合理性又体现在二级学科的划分、学术评价指标、一定数量得到承认的学术成果、特别是经典性学术著作以及学科的历史（学术史）这样一些规范之上”⑤。第三种对学科制度理解，即是方文教授基于学科发展史的考察而提出的，所谓学科制度就是“规范特定学科科学研究行为准则体系和支撑学科发展和完善的基础结构体系”⑥。总之，

① 方文：《后学的养成、评价和资助》，《中国社会科学》2002 年第 3 期。
② 郑杭生：《学科发展与学科制度建设》，《新华文摘》2002 年第 9 期。
③ 吴国盛：《学科制度的内在建设》，《中国社会科学》2002 年第 3 期。
④ 王建华：《学科、学科制度、学科建制与学科建设》，《江苏高教》2003 年第 3 期。
⑤ 蔡曙山：《科学与学科的关系及我国学科制度建设》，《中国社会科学》2002 年第 3 期。
⑥ 方文：《社会心理学的演化：一种学科制度的视角》，《中国社会科学》2001 年第 6 期。

随着学科建设的不断深入及高等教育的不断发展，对学科制度的探索也会持续深入。无论如何界定学科制度，学科建设依旧不断展开、学科制度依旧不断完善，这对科学发展及人类进步产生的巨大影响力是显而易见的。

从学科自身的概念内涵看，并没有划分一级学科和二级学科。但学科及学科制度的演进，必然细化到学科自身的分层与分类，这便涉及学科目录。“一级学科是具有共同知识传统、共同理论和概念基础或研究范围相对一致的学科的集合。一门一级学科的研究对象和基础理论不依赖于其他一级学科。二级学科是一级学科分化出来具有相对独立的研究内容、成熟的研究方法、规范和学科体制的学科，并承担人才培养的专业范围限制。一级学科是研究领域具有独特性的学科，一级学科和二级学科之间应具有一致性，这种一致性或表现在研究领域，或表现在理论基础，也可由其知识的传统形成。从学科发展的历史来看，某一级学科下的分支学科发展迅速，形成独立的研究领域和研究方法，则可能具备成为一级学科的素质。”① 在制度建设层面，2009 年 2 月 25 日，国务院学位委员会和教育部颁布了《学位授予和人才培养学科目录设置与管理办法》，明确了“学科门类和一级学科是国家进行学位授权审核与学科管理、学位授予单位开展学位授予与人才培养工作的基本依据，二级学科是学位授予单位实施人才培养的参考依据”（第 3 条）。并规定：“一级学科是具有共同理论基础或研究领域相对一致的学科集合。一级学科原则上按学科属性进行设置，须符合以下基本条件：（一）具有确定的研究对象，形成了相对独立、自成体系的理论、知识基础和研究方法；（二）一般应有若干可归属的二级学科；（三）已得到学术界的普遍认同。在构成本学科的领域或方向内，有一定数量的学位授予单位已开展了较长时间的科学研究和人才培养工作；（四）社会对该学科人才有较稳定和一定规模的需求。”（第 7 条）“二级学科是组成一级学科的基本单元。二级学科设置应符合以下基本条件：（一）与所属一级学科下的其他二级学科有相近的理论基础，或是所属一级学科研究对象的不同方面；（二）具有相对独立的专业知识体系，已形成若干明确

---

① 谢维和、王孙禺主编：《学位与研究生教育：战略与规划》，教育科学出版社 2011 年版，第 269 页。

的研究方向；（三）社会对该学科人才有一定规模的需求。”（第 9 条）依据《学位授予和人才培养学科目录设置与管理办法》，国务院学位委员会、教育部于 2011 年 3 月印发了《学位授予和人才培养学科目录》，这是中华人民共和国成立后颁行的第四份学科专业目录，系在 1997 年 6 月颁发《授予博士、硕士学位和培养研究生的学科、专业目录》基础上修订的。修订后的《学位授予和人才培养学科目录》将学科分为学科门类和一级学科，一级学科数量从原来的 89 个增加到 110 个，并没有设置“二级学科”，其主导思想是明确二级学科由学位授予单位在一级学科授权范围内自主设置。这其实是扩大学位授予单位的办学自主权，促进学科交叉融合，优化学科结构，以不断适应经济社会发展对高层次人才的需求。

（二）学科建设内容及重点

学科建设的核心是知识创新、人才培养、服务社会，知识创新和人才培养都是以服务社会为归宿。因此，何种程度服务地方经济建设、是否适应区域经济社会发展的需要决定了地方高校学科建设的目标定位。

进入 21 世纪以来，教育部学位与研究生教育发展中心（学位中心）先后于 2002 年、2007 年、2011 年开展了三轮学科评估工作。2011 年 12 月底启动的第三轮学科评估工作，是贯彻《国家中长期教育改革和发展规划纲要（2010—2020 年）》（简称《教育规划纲要》）精神，坚持“提高质量、优化结构、鼓励特色、协同创新”的改革方向，经广泛征求意见后，确定了新的指标体系和办法。新体系改革重点：一是强化质量评价，弱化规模与数量；二是更突出人才培养质量评价；三是加强分类评估，突出学科特色，对艺术、体育、建筑等单列指标体系，突出学科特色；四是进行分层次评估，促进分层次办学；五是强化为单位提供咨询服务，淡化评估结果的排序性。第三轮全国学科评估的指标体系分为 4 个一级指标、约 20 个二级指标，包括“师资队伍与资源”“科学研究”“人才培养质量”及“学科声誉”四大方面，涵盖了专家团队、专职教师数、重点学科数、重点实验室数、代表性学术论文质量、发表学术论文及出版学术专著数、代表性科研项目情况、科学研究获奖、学位论文质量、授予博士/硕士学位数、教学成果奖数、教材质量、社会贡献、优秀毕业生情况、学术道德等多项内容，这些指标为各高等院校的学科建设提供了内容参照，并在指标体系中突出了学科建设的评估重点。

随着高等教育形势的发展，国务院学位委员会、教育部先后出台了加强学科学位建设的系列举措，以贯彻《教育规划纲要》及《统筹推进世界一流大学和一流学科建设总体方案》的要求，全面落实我国学科与研究生教育的综合改革精神。在这一背景下，学位中心于 2016 年 4 月启动了全国第四轮学科评估工作。全国第三轮、第四轮学科评估均依据国务院学位委员会和教育部 2011 年 3 月颁布的《学位授予和人才培养学科目录》来进行，因此，评估体系在总体上保持“师资队伍与资源”“人才培养质量”“科学研究水平”和“社会服务与学科声誉”四个一级指标框架不变，但内容有所拓展。对此，学位中心进行了相关说明，根据学位中心组织的广泛调研所形成的共识，学位中心对指标体系进行了改进和完善，主要遵循三个原则：一是符合研究生教育综合改革精神和一流学科建设等相关文件要求；二是符合调研所形成的“质量、成效、特色、分类”指标体系设计理念；三是具体改进项目遵从大多数高校和专家群体的意见。具体说来，包括四个主要方面：

一是师资队伍与资源。师资队伍与资源包括师资队伍与支撑平台两部分，按照“突出建设成效、淡化条件资源”的理念，适当降低此部分在指标体系中的权重。其中，“师资质量”既考察学科师资队伍的整体质量，又考察师资队伍的结构质量；“专任教师数”主要体现师资充分性，但在具体评价时，通过设置上限（达到上限值的均视为同一规模），克服唯数量趋向；“支撑平台”是学科实力的重要反映，属于学科的“积累质量”。理工科等学科将继续采用国家重点实验室的平台，人文社会学科不再单列基地等指标，但可在学科声誉中一并体现。

二是人才培养质量。人才培养是高校的核心任务，第四轮学科评估注重人才培养质量的重要地位，建立了“培养过程质量”“在校生质量”“毕业生质量”三维度评价模式，全方位评价人才培养质量，首次试点开展在校生和用人单位调查，跟踪学生在学期间和毕业后职业发展的质量。其中，“培养过程质量”主要包括课程教学质量、导师指导质量、学生国际交流三个方面；“在校生质量”主要包括学位论文质量和优秀在校生两个方面。其中，“优秀在校生”属于主观评价指标，考查学生在校期间的突出表现；“毕业生质量”主要包括优秀毕业生和用人单位评价两个方面。以“代表性优秀毕业生”职业发展情况来体现该学科毕业生质量，促进单位关注人才培养的反馈机制；本轮学科评估首次试点开展用人单位调查，体现高校所培养学生的社会认可度和契合度，将学生质量评价的话语权扩展到学校培养的“系统外”。

三是科学研究水平。科学研究水平下设“科研成果”“科研获奖”“科研项目”三个指标，并在艺术、建筑等应用性较强的学科设置“创作表演”与“建筑设计”指标，体现学科特色。其中，“学术论文质量”采用“三结合”评价组合方式：一是坚持质量与数量相结合，采用代表性论文，在“比总量”与“比人均”之间找到平衡点；二是坚持主观与客观相结合，通过统计“中国版 ESI 高被引论文”（自然科学学科）或“A 类期刊论文”（人文社会学科）进行客观评价，并通过“代表性论文”进行专家主观评价；三是坚持国内与国外相结合，要求代表性论文数和“A 类期刊论文”中，应包含一定比例的中文期刊。而“出版著作或教材”中则首次将教材编写列入科研成果，主要是为了落实教育部加强教材建设的意见，鼓励教师积极参与高质量教材编写，促进学科基础建设质量提升。当然，由于不同层面的意见不尽统一，在后期实际操作过程中对“中国版 ESI 高被引论文”和“A 类期刊论文”指标要求进行了调整。

四是社会服务与学科声誉。“社会服务与学科声誉”强调学科的特色贡献，分设“社会服务贡献”和“学科声誉”两个指标，体现学科的社会服务功能、做出的贡献以及社会影响。其中，“社会服务贡献”要求每个学科提供若干对社会经济建设做出贡献的“典型案例”，体现不同地区、不同类型高校对社会经济建设做出的贡献，克服“一把尺”的评价方式，避免“同质化”现象；“学科声誉”包括学术声誉和学术道德等方面。本轮学科评估要求评估专家参考《学科简介》对学科的学术影响力和学术道德情况进行评价。在专家组成方面，则适当提升行业企业专家比例，并在理工科部分学科试点引入海外专家评价学科的国际声誉。

以上关于评估指标的说明，不仅清晰地解读了学科评估的重点内容，也为各高校的学科建设路径提供了明确指引。照此看来，学科建设的重点内容，即包含师资队伍与资源、人才培养、科学研究、社会服务四个主要方面。

当然，一些地方性高校的学科建设，其重点建设内容往往与学校的发展定位、近期目标和远期规划都紧密相关。比如说，有的地方高校为了申报增列硕士、博士学位授权单位或授权点，那么它的建设内容与目标就非常具有针对性，即围绕学位授权增列条件而强化某些学科建设；有的地方高校定位于发展成综合性大学或实现由“学院”更名为“大学”，那么，获得硕士学位授权就是其学科建设的近期目标，其远期目标则必须通过加强已有优势学科建设、拓展新兴交叉学科以提升学科整体实力，并藉此不断扩大一级学科学位授权点。

二、培育与优化学科生长机制

地方高校的办学定位与学科结构布局关系紧密，有什么样的办学定位，一般就会进行与之相适宜的学科结构布局，并围绕这一布局加强学科建设。实践中，有的学校通过调整学科布局以达成学科结构优化的目标，有的则根据本校学科发展的历史、学科特点及建设现状，探索构建切合自身实际又符合区域经济社会发展需求的学科生长机制，不断优化学科结构。

（一）培育应用交叉学科，优化学科生长机制

构建切合学校实际的学科生长机制，是要结合学校的办学定位和指导思想，加强传统优势学科建设，同时，积极培育适应经济社会发展需求的，又符合本校发展实际的新兴学科和应用学科，大力发展新兴交叉学科，拓展交叉学科平台，建设若干优势学科群。相对于地方高校而言，多数学校处于转型发展期，不同程度面临分类发展和升级发展的需求。无论确立什么样的发展目标，作为高师院校，首先都应加强对传统教师教育类学科专业的改造、调整，促其生长、发展成与综合性大学内涵建设相适应的学科专业，并在培育、改造与建设过程中探索出能够推动地方高师院校转型发展的学科生长机制。

当前，科学技术的发展促进学科分化的同时，又不同程度呈现出学科综合化发展趋势，尤其是在一些边缘学科之中培育出交叉新兴学科。与此同时，科学技术的日新月异导致人类社会新问题、新挑战层出不穷。特别是在信息网络化时代，要应对新挑战、解决新问题，需要人们具备多种知识和应用知识的能力，需要培养具有交叉性学科知识和应用性很强的专门人才。这为一些地方性高校，特别是高师院校的转型发展提供机遇的同时，也带来了巨大的挑战。针对培养目标多样化发展趋势、行业发展“互联网+”趋势以及学科综合与交叉并行发展趋势，地方高师院校应立足于教师教育类基础学科优势，有意识地培育新兴和交叉学科生长点，不断促进应用型学科的发展。一方面，地方高师院校在传统的基础教育学科领域所具有的优势需要进一步保持和加强；另一方面，为了拓展地方高师院校的服务功能，更好地适应社会发展需要，应在坚持发展优势和特色学科的基础上不断培育新的学科生长点，积极鼓励多学科交叉和渗透，引导基础学科向应用学科、新兴学科延伸。特别是要注意利用现有学科的优势，在借助现有优势的基础上，培育高起点、高水平的交叉新兴学科。新兴交叉学科和应用学科的培育可以从以下几个方面着手：在优势和特色学科内有效培植新的学科生长点、逐渐培育新兴学科；合理配置学科力量打造学术团队、建立跨学科交叉研究中心推动交叉学科建设；在市场前景广阔的若干应用性专业基础上凝练学科方向、增强学科的服务能力以培育应用性学科。此外，学校还应通过开展跨学科的学术活动、出台优惠政策鼓励教师转型，推动不同学科领域研究人员以及不同专业背景教师之间的合作。①

在加强传统优势学科建设的同时，高校应培育并扶持一些新兴交叉学科和应用型学科。特别要整合资源、加强条件建设，为即将形成知识体系或知识共同体的潜在学科创造生长环境；通过有目标有计划地凝练学科方向、聚积人才队伍，并建章立制，为新兴交叉学科和应用型学科的生长创设必要的成长条件。学科建设的主要内容涵盖师资队伍与资源、人才培养、科学研究、社会服务等四个方面，其核心是知识创新和人才培养；学

---

① 周霞：《地方高师院校学科专业转型发展的困境及对策》，《淮南师范学院学报》2015 年第 5 期。

科建设最终要服务于经济社会的发展，因而促进经济社会发展往往被看成是学科的必备功能，也是其根本属性。从学科发展规律来看，任何一个（级）学科的形成，都是一个生长、成长的漫长过程，因此，通过训练规范形成特定的知识体系、整合资源打造学科团队、提供学科培育生长的必备条件，是高校优化学科生长机制的现实途径。地方高师院校可以在传统的教师教育类学科专业基础上培育新兴的或应用型学科增长点，通过引进师资或促进教师专业转型、政策引领和制度保障等措施，优化学科生长机制，扶持并发展诸如应用数学、电机与电器、化学工艺、水产养殖、语言学及应用语言学、金融学、设计艺术学、企业管理等应用型学科，不断完善学科结构，推动学校的转型发展。

（二）调整学科专业结构，创新学科组织模式

学科和专业是既有区别又有联系的不同概念。《学位授予和人才培养学科目录设置与管理办法》规定，“学科目录分为学科门类、一级学科（本科教育中称为‘专业类’）和二级学科（本科专业目录中为‘专业’）三级”。如果不从严格意义上区分，可以把二级学科等同专业看待。在高等学校里经常把“学科专业”结合起来表述，在不同的语境中有时偏重“学科”有时偏重“专业”。高等学校经常性的一个举措是调整学科专业结构，实际上主要是进行专业结构调整。正是鉴于学科、专业两者之间的联系性及不严格区分，通过调整专业结构也能部分实现学科结构优化、促进学科生长机制的形成。

专业是根据社会分工而划分的学业门类，高等学校中的专业，首先是以培养满足社会职业分工所需专门人才的学业门类。高等教育的专业结构，一般指一所高校或一个区域内所有高校的专业所构成的体系，是一个教育系统内各部分专业数量、专业布点等构成的有机整体，[①] 它具有整体性、复杂性和相对稳定性等特点。特定高校的专业结构，则是该学校在长期历史发展中形成的专业种类、专业数量及其比例关系，以及由这些关系

① 宋波、阮成武：《论地方高师院校专业结构调整的价值取向》，《中国农业教育》2009 年第 2 期。

组合而成的格局及其联系。一方面，由于专业是根据社会分工而划分并以培养满足社会职业分工需要的人才为目标，那么，它必然会随着社会分工的细化及职业分类的演变而不断增加或萎缩。当特定历史时期社会需要特定专业人才时，一些大学纷纷开设相应的专业——而不论是否具备师资等条件，这些专业足以有效吸引更多生源报考并扩大招生规模；而随着社会发展一些专业人才过剩时——比如财务管理专业的低端人才，在可预见的未来必然会过剩，那么一些高校则纷纷压缩这类专业的招生规模直至“砍掉”该专业，这又是某些专业的必然宿命。这种情形势必导致一些高校特别是地方性高校专业设置带有随意性，专业结构很不合理。另一方面，高等学校中的专业，又“是课程的一种组织形式”①。在转型发展期，一些高校中存在的专业设置乱象，也必然不利于特定知识体系的形成，对学科建设及新兴学科的培育生长反而带来消极的影响。特别是，一些地方高师院校的传统专业结构，还容易固化资源与利益。在这类高校，长期处于独立的学科体系、独立的师资培养管理体制之下，这种单一的学科专业结构使得地方高师院校的专业设置相对单一，即与基础教育学科相对应的师范专业或教师教育专业成为专业的主体构成部分，一些特色专业和优质师资分散在各教学院系之中而没有得到有效整合，既没有发挥出教师教育资源的整体合力而彰显专业特色，又在增加专业建设负担的同时制约了专业建设整体水平的提升。这种校内教育教学资源的不合理配置及其所带来的利益固化，容易引发显而易见的矛盾。鉴于以上方面的原因，高校必须定期对学科专业结构进行调整。对于学科建设而言，就是增设一些与经济社会发展关系密切的专业，这类专业有的就是二级学科，有的则会为二级学科生长提供基础条件。

一般而言，多数人存有“专业实、学科虚”的观念，这种偏见在地方高校尤甚，谈到专业调整大家如数家珍，谈到学科建设则乏善可陈。目前，几乎所有的大学都采用“校—（院）系—专业”三级结构模式，这正是我国高校传统的学科组织结构，地方高校概莫能外。处于这类学科组织结构中的高校管理人员，仅仅把“学科建设是龙头”停留在口头上，恐怕

---

① 潘懋元、王伟廉：《高等教育学》，福建教育出版社1995年版，第128页。

是远远不够的，而必须从学理上厘清学科专业的关系，客观分析本校学科专业结构的历史传统与利弊状况，不断改进或创新学科组织模式。

大学的组织结构一般分为管理组织结构和学科组织结构。管理组织结构是指高校党政管理部门及群团组织，管理组织结构为学科组织结构提供服务、咨询、协调，大学组织结构的变动主要包括组织结构调整、增减，职能的转变，以及组织结构间的职责、权限、隶属关系的重新划分与界定。学科组织结构指高校按学科设置的学术管理机构。[①] 有研究者比较详尽地罗列了不同高校存在的多种不同的学科组织结构模式。例如："大学—学部—学系"模式、"大学—学院/学部—学系/学院"模式、"大学—学院/学群—学科"模式、"大学—学部—研究所或讲座"模式、"大学—学院—学系"模式、"大学—学部—讲座/学系"模式、"大学—学部—学科—讲座"模式、"大学—学部—学科"模式、"大学—学系—专业（教研室）"模式、"大学—学系—研究所（室）"模式、"大学—学系/研究所—研究室"模式、"大学—学院—学系/研究所—专业教研室/研究室"模式、"大学—学院/学系/研究所—研究室/专业教研室"模式、"大学—学院—学系/研究所"模式，等等。尽管学科组织结构的模式各式各样，但无论采用何种模式，最终目的都是为了协调各种权力的合理分工，使学术活动能够更为有效地进行。[②] 考察我国的地方性高校，绝大多数采用"校（院）—院（系）—专业"的组织模式。这种学科组织模式是高等教育在长期发展演进过程中形成的，因其功能相对完善而具很强的生命力。从改变一些地方高师院校传统观念及其学科专业结构关系的角度来探讨，不妨创新思路、探索构建与"校（院）—院（系）—专业"并行的"校（院）—院（系）—平台"模式。前者偏重专业建设，后者偏重学科建设。

在"校（院）—院（系）—平台"模式中，科研平台多数以科研院所（中心）的管理组织形式运行着。从组织管理的角度看，科研平台宜挂靠在二级学院之下或由二级学院管辖。但科研平台的本质属性应是学科组织

---

① 钱福良：《高等学校内部组织结构改革之思考》，《苏州大学学报》（工科版）2009 年第 5 期。

② 段丹：《基于矩阵结构的大学学科组织结构创新研究》，硕士学位论文，浙江大学，2003 年，第 6 页。

形式，那它和二级学院之间不单单是隶属关系，还存在学科建设的协同关系。即某一级学科或学科群由二级学院和科研平台共同支撑、协同建设：可以共同组建“学术委员会”“学位评定分委员会”“职称评审分委员会”“教授委员会”等院系学术组织，优化人、财、物的配置，统筹二级学院的人才培养、科学研究、师资队伍建设及重大工程建设等事宜，为“校（院）一院（系）一平台”模式的健康、良性运行提供制度保障。

第二节　地方高师院校学科建设的基本遵循

地方高师院校的转型发展，主要包括转变办学观念、明确办学定位、推动专业转型，但学科的转型发展其实起着潜移默化的引领作用。相对于地方性高师院校而言，重专业轻学科的办学传统或惯性思维，已日益突显弊端。因为专业发展到一定阶段，没有学科提供支撑，专业的发展难以突破瓶颈，专业建设必然受到限制，一些专业因此失去内生活力，或迟或早会被人才市场抛弃。所以，国务院从教育发展的战略大局出发，在2015年10月开始提出要统筹推进世界一流大学和一流学科建设。面对高等教育快速发展的严峻形势，地方高师院校的学科建设在迎来大好机遇的同时也面临着严峻的挑战。

一、我国学科建设的系列工程

1980年2月12日，第五届全国人民代表大会常务委员会第十三次会议通过《中华人民共和国学位条例》，在第一条就开宗明义地指出，制定学位条例的目的是“为了促进我国科学专门人才的成长，促进各门学科学术水平的提高和教育、科学事业的发展”，以适应社会主义现代化建设的需要。本条例从1981年开始实施，经过1983年、1990年、1997年三次对授予学位和培养研究生的学科、专业目录进行修订后，教育部于1997年颁布了《授予博士、硕士学位和培养研究生的学科、专业目录》（以下简称

《目录》。这个《目录》规定了学位授予单位授予博士、硕士相应的学位，必须按本目录中规定的各学科、专业所归属的学科门类进行。这些法律法规及学科专业目录的颁布，清晰地规定了学科建设与学位建设的关系。特别是，中共中央于 1985 年 5 月颁布了《关于教育体制改革的决定》，提出“要改进和完善研究生培养制度，有计划地建设一批重点学科”。这表明中共中央对重点学科的建设已开始提出明确的指导意见。

（一）211 工程

1990 年 6 月，国家教委在制定全国教育事业十年规划和“八五”计划时，研究并提出了在“八五”期间集中力量办好一批重点高校的任务。1991 年 4 月，重点办好一批大学和一批重点学科点被列入七届人大四次会议批准的《国民经济和社会发展十年规划和第八个五年计划纲要》。1991 年 12 月，国家教委制订了《关于加快改革和积极发展普通高等教育的意见》，并会同国务院有关综合部门就“211 工程”问题向国务院和有关领导做了专门报告。1992 年 8 月 26 日，国务院第 111 次常务会议纪要明确提出“原则同意教委和有关部门提出的要面向 21 世纪，重点办好一批（100 所）高等院校的‘211 工程’规划意见”。并于 1993 年 1 月批转了国家教委《关于改革和积极发展普通高等教育的意见》，文件中明确了“211 工程”的建设目标。据此，1993 年 7 月，国家教委发出《关于重点建设一批高等学校和重点学科点的若干意见》，决定设置“211 工程”重点建设项目，即面向 21 世纪，重点建设 100 所左右高等学校和一批重点学科点，1994 年 5 月开始启动部门预审。此前，1993 年 2 月 13 日，党中央、国务院正式发布《中国教育改革和发展纲要》，其中明确指出：“要集中中央和地方等各方面的力量办好 100 所左右重点大学和一批重点学科、专业。”1995 年 11 月，根据国务院批示，国家教委会同国家计委、财政部制订了《“211 工程”总体建设规划》，“211 工程”正式启动。

“211 工程”是一个简便的说法，其含义是指国家面向 21 世纪重点建设 100 所左右的高等学校和一批重点学科的建设工程。“211 工程”建设是国家发展和改革委员会、教育部、财政部通力协作，调动各方积极性，体现社会主义集中力量办大事的优越性的成功典范；它是中华人民共和国成立以来由国家立项在高等教育领域进行的规模最大、层次最高的重点建设工作，是中国政府实施“科教兴国”战略的重大举措，是中华民族面对世纪之交的国内、国际形势而做出的发展高等教育的高瞻远瞩的重大决策。“211 工程”建设的总体目标是面向 21 世纪重点建设一批高等学校和重点学科，经过若干年的努力，使 100 所左右的高等学校以及一批重点学科在教育质量、科学研究、管理水平和办学效益等方面有较大提高，在高等教育改革特别是管理体制改革方面有明显进展，成为立足国内培养高层次人才、解决经济建设和社会发展重大问题的基地。其中，一部分重点高等学校和一部分重点学科，接近或达到国际同类学校和学科的先进水平，大部分学校的办学条件得到明显改善，在人才培养、科学研究上取得较大成绩，适应地区和行业发展需要，总体处于国内先进水平，起到骨干和示范作用。“211 工程”建设的主要内容包括学校整体条件、重点学科和高等教育公共服务体系建设三大部分。“211 工程”建设项目均实行项目法人责任制、招投标制和工程监理制。各“211 工程”学校成立项目法人组织和落实项目法人代表，有关省（区）主管部门成立“211 工程”建设领导小组，形成中央、省（区）和学校三级管理体制。“211 工程”的实施，体现了党和政府对高等教育的高度重视，是服务于我国全面建设小康社会的奋斗目标，贯彻落实“科教兴国”和“人才强国”战略的、具有前瞻性的重要举措。到 21 世纪初，我国共建设“211 工程”大学 112 所。

（二）985 工程

1998 年 5 月 4 日，江泽民同志在庆祝北大建校 100 周年大会上宣告：“为了实现现代化，我国要有若干所具有世界先进水平的一流大学。”为贯彻落实党中央科教兴国的战略和江泽民同志的号召，教育部决定在实施《面向 21 世纪教育振兴行动计划》中，重点支持北京大学、清华大学等部分高等学校创建世界一流大学和高水平大学，并以江泽民在北京大学 100 周年校庆的讲话时间（1998 年 5 月）命名为简称“985 工程”。

1998 年教育部领导在北京大学百年校庆庆典上还建议，今后连续 3 年，政府每年拿出中央财政收入的 1%，作为中国建设“世界一流大学”的资金。建议得到了原则上的肯定，若以当年财政收入测算，“985 工程”

总投入将在300亿以上。北大和清华率先被确认为要建设“世界一流大学”，并分别获得教育部18亿元的拨款额度。随后，第一批“985工程”定格为“2+7”所高校，后来组成九校联盟。2009年10月，北京大学、清华大学、南京大学、复旦大学、浙江大学、哈尔滨工业大学、上海交通大学、中国科技大学、西安交通大学等9所名牌大学组成联盟，将在人才培养、科学研究等领域加强合作与交流，优势互补，这就是我国首个名校联盟——“C9”联盟。[①] 随后，“985工程”逐渐扩大，先后有30所大学以建设“国际知名大学”为目标加入该工程。2011年3月7日，教育部部长袁贵仁在列席全国政协十一届四次会议教育界别联组会时表示，“985工程”“211工程”已经关上大门，不会再有新的高校加入这个行列。2011年12月30日上午，十一届全国人大常委会第二十四次会议召开联组会议，就国务院关于实施《国家中长期教育改革和发展规划纲要（2010—2020年)》工作情况的报告开展专题询问。教育部部长袁贵仁在回答委员询问时表示，当前，“211工程”和“985工程”的规模已经稳定，将引入动态竞争机制，实施“985工程”优势学科创新平台项目。

“985工程”建设的总体思路，是以建设若干所世界一流大学和一批国际知名的高水平研究型大学为目标，建立高等学校新的管理体制和运行机制，牢牢抓住21世纪头20年的重要战略机遇期，集中资源，突出重点，体现特色，发挥优势，坚持跨越式发展，走有中国特色的建设世界一流大学之路；其建设内容主要包括机制创新、队伍建设、平台和基地建设、条件支撑和国际交流与合作等5个方面。所涵盖的方面，包括：(1) 按照世界一流大学建设的要求，改革现行的管理体制和运行机制，以适应世界一流大学建设的需要；(2) 加快人事制度改革，建立以竞争、

---

① 2009年10月9日至10日，在西安交通大学举行第七届一流大学建设系列研讨会。来自首批985高校的9所大学即北京大学、清华大学、中国科学技术大学、浙江大学、南京大学、复旦大学、上海交通大学、西安交通大学、哈尔滨工业大学（含威海校区）校长（或党委书记、副校长），经过讨论，决定学习美国常春藤和英国罗素盟校、澳大利亚G8模式，成立学术联盟“九校联盟”，旨在互相借鉴对方的优势学科，共同发展。会上签订了《一流大学人才培养合作与交流协议书》。协议书内容主要包括互换本科生和研究生培养，互相承认所修学分；举办暑期学校（C9－Summer School），扩大“九校联盟的影响”，与美国常春藤联盟、英国罗素盟校、澳大利亚G8紧密合作；成立联盟网站，博士学位论文互评等内容。

流动为核心的人事管理机制、人才评价机制和科学合理的分配激励机制，形成有利于优秀人才脱颖而出，吸引和稳定拔尖人才，充分发挥聪明才智的氛围；（3）突破以传统学科界限为基础的科研管理与学科组织模式，建立有利于创新、交叉、开放和共享的运行机制，以适应现代科学发展综合化趋势；（4）建立以投资效益为核心的公开、公平、公正的绩效考核和评价机制。

（三）国家级重点学科建设

国家重点学科是国家根据发展战略与重大需求，择优确定并重点建设的培养创新人才、开展科学研究的重要基地，在高等教育学科体系中居于骨干和引领地位。重点学科建设对于带动我国高等教育整体水平全面提高、提升人才培养质量、科技创新水平和社会服务能力，满足经济建设和社会发展对高层次创新人才的需求，建设创新型国家提供高层次人才和智力支撑、提高国家创新能力、建设创新型国家等，都具有重要的意义。因此，1985 年 5 月 27 日，中共中央颁布《中共中央关于教育体制改革的决定》，提出要“根据同行评议、择优扶植的原则，有计划地建设一批重点学科”。

从 20 世纪 80 年代中期以来，在国家层面共组织了 3 次重点学科的评选工作。

第一次评选工作是在 1986—1987 年。根据《中共中央关于教育体制改革的决定》的相关要求，原国家教育委员会于 1987 年 8 月 12 日发布了《国家教育委员会关于做好评选高等学校重点学科申报工作的通知》（以下简称《通知》），决定开展高等学校重点学科评选工作。根据《通知》精神，国家级重点学科的评选要求是门类要比较齐全，科类结构比例和布局应力求合理，要有利于促进学科间的横向联合，逐步形成高校科研优势；重点学科点应承担教学、科研双重任务，要逐步做到能够自主地、持续地培养和国际水平大体相当的博士、硕士、学士；能够接受国内外学术骨干人员进修深造，进行较高水平的科学研究；能够解决“四化”建设中重要的科学技术问题、理论问题和实际问题，能为国家重大决策提供科学根据，为开拓新的学术领域、促进学科发展做出较大贡献。此次评选共评选出416个重点学科，其中文科78个、理科86个、工科163个、农科36个、医科53个等，涉及高等学校108所。

第二次评选工作是在2001—2002年。根据《教育部关于开展高等学校重点学科评选工作的通知》规定，教育部组织开展了新一轮的高等学校重点学科评选工作。此轮评选的主要目的是促进我国高等学校的学科建设，进一步提高我国高等学校教学科研的能力，形成一批立足国内培养高层次专门人才、解决经济建设和社会发展重大问题的基地；根据目前我国经济建设、社会发展、科技进步和国防建设的需要，对高等学校的学科建设方向进行引导和示范，使高等学校学科建设进一步适应现代化建设的需要；优化高等教育资源配置，集中国家和地方有限财力，通过重点建设，逐步在全国范围内形成布局合理、各具特色和优势的重点学科体系，巩固和扩大高等学校在人才培养、科学研究方面的综合优势。这次共评选出964个高等学校重点学科。

第三次评选工作是在2006年。经过近二十年的建设，国家重点学科的教学、科研条件得到了明显改善，学术水平、培养高层次人才和承担国家重大任务的能力得到了显著提高，促进了高等学校学科结构的调整和优化，已成为我国高等学校重要的具有骨干和示范作用的教学、科研基地。面对世界科技革命的严峻挑战和世界范围内日益激烈的人才竞争，为适应建设创新型国家和全面建设小康社会对人才和科技的要求，根据建设创新型国家的战略部署，调整国家重点学科结构。因此，教育部2006年10月印发了《教育部关于加强国家重点学科建设的意见》（教研〔2006〕2号）（以下简称《意见》），并于同期印发《国家重点学科建设与管理暂行办法》（教研〔2006〕3号），对国家层面遴选重点学科及其建设、管理进行了部署。根据《意见》“服务国家目标，提高建设效益，完善制度机制，建设一流学科”的指导思想，调整的重点是在按二级学科设置的基础上，增设一级学科国家重点学科。一级学科国家重点学科的建设要突出综合优势和整体水平，促进学科交叉、融合和新兴学科的生长。二级学科国家重点学科的建设要突出特色和优势，在重点方向上取得突破。此轮共评选出286个一级学科、677个二级学科、217个国家重点（培育）学科。

《教育部关于加强国家重点学科建设的意见》还对加强国家重点学科

建设的目的和意义进行了阐述，指出：（1）加强国家重点学科建设，是贯彻落实科学发展观和实施科教兴国、人才强国战略的需要，是落实《国家中长期科学和技术发展规划纲要（2006—2020年）》和《中共中央关于进一步繁荣发展哲学社会科学的意见》（以下简称《意见》）的重要措施，对建设创新型国家，大幅度提高国家竞争力具有极为重要的意义。（2）加强国家重点学科建设，是提高高等教育质量、增强自主创新能力的重要举措，将进一步推动我国学科结构和布局的优化与调整，形成以国家重点学科为骨干的学科体系，引领全国高等学校进行学科建设，提升人才培养质量、科技创新水平和社会服务能力，带动我国高等教育整体水平全面提高，使之成为国家创新体系的重要组成部分。将进一步满足经济建设和社会发展对高层次创新人才的需求，为建设创新型国家提供高层次人才和智力支撑。（3）加强国家重点学科建设，有利于完善机制，优化资源配置，集中国家和地方有限财力，提高建设效益；有利于适时调整国家重点学科建设方向和结构，逐步在全国范围内形成布局合理、各具特色和优势、全面支撑各行业和区域发展的国家重点学科体系，满足国家的重大需求；有利于在较短时间内，使部分国家重点学科达到国际同类学科的先进水平。《意见》并提出加强国家重点学科建设的主要措施，包括：①制订国家重点学科建设与发展规划。②整合资源，加快国家重点学科建设。其中，要求国家有关部门在安排“211工程”“985工程”、科研计划和人才计划等相关建设项目时，应与国家重点学科相结合，并给予支持和倾斜。③规范管理，为国家重点学科建设提供可靠保障。④建立国家重点学科建设的多元投入机制。⑤完善检查考核制度。⑥国家重点学科的确定。《意见》规定，国家重点学科要在定期考核的基础上，对符合条件的由教育部按有关程序经过考核重新确定为国家重点学科；一级学科国家重点学科由教育部按照确定标准和程序，从符合条件的二级学科国家重点学科中直接确定；二级学科国家重点学科的增补，将与国家和区域发展的重大需求相结合，经选优推荐并通过专家评审后增补。

国家重点学科审批是一项教育部门和高校都特别看重的审批，这不但涉及国家对学科的投入，而且也被学校看成是一项重要的办学指标。每一轮重点学科评审之后，高校都会把有多少学科评为国家一级学科重点学科、二级学科重点学科作为学科建设的重要成绩，而且社会机构制作的大学排行榜，也把它作为一项主要指标。不可否认，国家重点学科是国家根据发展战略与重大需求，择优确定并重点建设的培养创新人才、开展科学研究的重要基地，在高等教育学科体系中居于骨干和引领地位，做出了重大贡献。2013 年 11 月 12 日，党的十八届三中全会通过了《中共中央关于全面深化改革若干重大问题的决定》，在关于教育改革的部分指出：要“深入推进管办评分离，扩大省级政府教育统筹权和学校办学自主权，完善学校内部治理结构”；2014 年 2 月 15 日，国务院办公厅发布《国务院关于取消和下放一批行政审批项目的决定》（以下简称《决定》），决定再取消和下放 64 项行政审批项目和 18 个子项。《决定》还建议取消和下放 6 项依据有关法律设立的行政审批项目，并决定将依照法定程序提请全国人民代表大会常务委员会修订相关法律规定。其中，涉及教育部门的有取消利用互联网实施远程高等学历教育的教育网校审批、取消国家重点学科审批以及高等学校设置和调整第二学士学位专业审批，同时把高等教育自学考试专科专业审批下放至省级人民政府教育行政部门。于是，教育部于 2014 年 10 月 28 日发布通知，决定废止《教育部关于加强国家重点学科建设的意见》等文件（教政法函〔2014〕23 号）。该通知指出：为深化行政审批制度改革，加快政府职能转变，保证取消和下放的行政审批落实到位，我部对取消和下放的教育行政审批涉及到的文件进行了清理。经过清理，决定废止《教育部关于加强国家重点学科建设的意见》（教研〔2006〕2 号）、《教育部关于印发〈国家重点学科建设与管理暂行办法〉的通知》（教研〔2006〕3 号）、《教育部办公厅关于民办高校校长变更（连任）核准有关规定的通知》（教发厅〔2009〕3 号）；并规定上述废止文件今后不得再作为教育行政管理的依据。可见，取消国家重点学科审批，是教育部一系列放权政策的延续。

但是，教育部决定废止《教育部关于加强国家重点学科建设的意见》及《教育部关于印发〈国家重点学科建设与管理暂行办法〉的通知》等文件，并不等于高等学校不需要加强重点学科建设。相反，教育部向高校下放部分审批权，有利于高校发挥优势，形成自己的特色学科，一定程度上鼓励高校可以按照自己所理解的规律、结合自身的办学实际来发展学科，通过强化学科建设以彰显自身的办学特色。

（四）“双一流”建设

启动高校“双一流”建设战略的宏观背景是，国家通过实施“211 工程”“985 工程”以及“优势学科创新平台”和“特色重点学科项目”等重点建设，一批重点高校和重点学科建设取得重大进展，带动了我国高等教育整体水平的提升，为经济社会持续健康发展做出了重要贡献。同时，重点建设也存在身份固化、竞争缺失、重复交叉等问题，迫切需要加强资源整合，创新实施方式。为认真总结经验，加强系统谋划，加大改革力度，完善推进机制，坚持久久为功，2015 年 10 月 24 日，国务院印发了《统筹推进世界一流大学和一流学科建设总体方案》（国发〔2015〕64 号）（以下简称《方案》），从国家战略层面推进建设建设世界一流大学和一流学科，力争实现我国从高等教育大国到高等教育强国的历史性跨越。

《方案》指出，“双一流”建设的指导思想是，深入贯彻习近平总书记系列重要讲话精神，按照“四个全面”战略布局和党中央、国务院决策部署，坚持以中国特色、世界一流为核心，以立德树人为根本，以支撑创新驱动发展战略、服务经济社会发展为导向，加快建成一批世界一流大学和一流学科，提升我国高等教育综合实力和国际竞争力，为实现“两个一百年”奋斗目标和中华民族伟大复兴的“中国梦”提供有力支撑；“双一流”建设所遵循的基本原则包括：坚持以一流为目标，坚持以学科为基础，坚持以绩效为杠杆，坚持以改革为动力。强调要引导和支持高等学校优化学科结构，凝练学科发展方向，突出学科建设重点，创新学科组织模式，打造更多学科高峰，带动学校发挥优势、办出特色。《方案》希望通过“双一流”建设，达成的总体目标是到 2020 年，若干所大学和一批学科进入世界一流行列，若干学科进入世界一流学科前列；到 2030 年，更多的大学和学科进入世界一流行列，若干所大学进入世界一流大学前列，一批学科进入世界一流学科前列，高等教育整体实力显著提升；到 21 世纪中叶，一流大学和一流学科的数量和实力进入世界前列，基本建成高等教育强国。

此后，各省级人民政府积极行动，研究制定符合本省实际的“双一流”建设方案，不少省市更是斥巨资加强国内、省内一流学科建设。在国家层面，教育部学位与研究生教育发展中心根据“双一流”建设规划于2016年4月启动了全国第四轮学科评估工作。历经一年多的学科评估、专家委员会遴选，2017年9月21日，教育部、财政部、国家发展改革委印发了《关于公布世界一流大学和一流学科建设高校及建设学科名单的通知》（教研函〔2017〕2号），公布世界一流大学和一流学科建设高校及建设学科名单。根据名单，此次入选的一流大学建设高校共42所，其中，A类共36所，B类共6所；一流学科建设高校共有95所；“双一流”建设学科共459个。

二、地方高师院校的学科建设

学科是一所大学科学研究、人才培养和社会服务三大功能实现的基本单元和有效载体；为社会培养高素质的人才是高校学科建设最重要的职能之一，也是学科建设的最终目的。通过学科专业建设培养各级各类人才，能够对生产力的核心要素起到优化作用。因为人始终是生产力中最活跃、最核心的要素，强调“科学技术是第一生产力”，就不能忽视科技的发明者、拥有者和使用者对社会生产力的发展和推动作用。学科建设所强调的科学研究和人才培养，就是培养对社会生产力起促进作用的各级各类专门人才，并通过优化生产力的核心要素——人，来服务并推动经济社会的发展。所以，无论是综合型大学还是地方性高校，都必须遵循学科发展的内在规律，围绕特定区域的产业结构升级和社会发展需要而凝练学科方向、提升学科水平、增强服务能力。

（一）遵循学科发展的自身规律

德国科学家Kuhn（库恩）曾描绘了一幅科学发展的模式。他认为科学是从前科学演化而来，科学与前科学的区别就在于科学具有范式（或规范），而前科学、非科学则没有。范式为科学共同体所一致拥有，这就是常规科学（或科学）。在从事科研活动中发现有些事实，即经验知识，不能纳入共同体的范式内，就形成反常。随着反常的增多，发展到一定阶段就形成危机。在危机中出现新范式，于是开始了科学革命。当新范式驱逐旧范式后，革命告终，又进入新的常规科学。即前科学→常规科学→危机→科学革命→新的常规科学。所谓前科学，就是学科理论尚处于未定向时期，科学工作者对本门学科的基本原则和有关观察意见均不一致。因此，在前科学阶段，各种不成熟的观点互相竞争，成为科学发展的旺盛时期。一旦出现了普遍承认的科学成就“足以空前地把一批坚定的拥护者吸收过来，使他们不再去进行科学活动中各种形式的竞争”，而且又“毫无限制地为一批重新组织起来的科学工作者留下有待解决的科学问题”，[①] 科学发展就进入常规科学时期。在常规科学阶段，形成了由一定的科学共同体所承认的一般理论、假说、定律、定理、方法等构成的规范，学科已定向并成熟，有了系统理论。[②] 但是，常规科学用于实践遇到的难题或困难会越来越多，出现反常现象，从而导致理论危机；危机结果会导致变革，科学革命应运而生，这样，新的常规科学又会诞生。那么，根据这一论述，我们可以简要概括学科自身带有规律性的发展轨迹，即遵循着“学科生长点→学科→多学科融合→新兴交叉学科”的发展轨迹。

学科生长点的出现与培育，其结果是形成一门特定的学科。一般认为，一门独立学科的形成至少具备两大要素：一是具有确定的研究对象，形成了相对独立、自成体系的理论、知识基础和研究方法；二是社会对该学科人才有一定规模的需求而大学又具备了培养这类专门人才的能力。一方面，一些学科的生长点可以从专业中培育，首先因为社会对特定的专业人才有需求；然后为了支撑专业人才的培养，专业的基础知识和独立的理论体系建设成为必然。当具备特定确定的研究对象、形成了相对独立而自成体系的理论和研究方法时，某特定的二级学科基本生成。另一方面，学科交叉将成为一种发展趋势。学科的本质属性是知识生产与创造，它一般体现为特定的知识体系。由于知识生产总是不断运动和发展着的，这种发展变化促使某一领域或专业的知识向相同或相近的领域或专业不断渗透、拓展——是谓学科交叉，并在这一交叉、融合过程中建构新的知识体系——是谓交叉学科。可以说，学科交叉是学科内生动力发展与外部环境促

---

① ［德］T. S. 库恩：《科学革命的结构》，上海科学技术出版社 1980 年版，第 8 页。

② 李恩良：《对学科发展规律的认识》，《科学学与科学技术管理》1988 年第 9 期。

进双重作用的结果。韦恩州立大学学科互涉项目的主持人朱丽·汤普森·克莱恩认为："内生的学科互涉是以新知识的产生为基础的，目的是要实现科学的统一；外生于大学的学科互涉现在比内生于大学的学科互涉具有优先权，因为外生的学科互涉源于社会的'真实'问题所带来的持久动力和高校履行其全部社会责任的需要。"[①] 同时，学科又表现为高校围绕知识体系建立的某种制度和机构形式，这种院系机构建制形式也是为了更好地服务人才培养、社会发展的需要。没有学科这种机构和制度形式，高等学校服务社会、人才培养等功能的发挥就失去了依托和凭借。现代社会分工越来越复杂，要求培养的人才越来越趋向创新型与复合型；人才培养的创新型与复合型素质需求，要求学科间不断强化渗透与交叉。[②] 可见，多学科的存在，学科发展的内生动力驱使不同学科不断渗透融合，其结果必然是形成新兴交叉学科。

以上是就学科发展一般规律的简单描述。地方高师院校的学科建设当然也要遵循这一发展路径，与综合性重点大学相比较，一些地方高师院校的学科建设还必须结合学校的定位和发展目标进行规划。以阜阳师范学院为例，学科建设的总体定位，是以科学发展观为指导，根据省、校重点学科管理办法，围绕地方性应用型高水平大学的建设目标，瞄准皖北区域经济社会发展需求；按照"交叉融合、强化特色、创新引领、服务地方"的原则，以凝练学科方向、汇聚学科团队、打造学科平台、提升学科水平为重点，强化学科条件保障，着力推进协同创新，重点强化科教结合，努力建设形成地方性、应用性特色鲜明，在省内处于领先地位的学科或研究方向；通过若干年的建设使重点学科在加强硕士点建设以及研究生教育培养方面发挥主力阵地作用，在提高人才培养质量、强化科研创新能力、推进学校内涵发展方面发挥示范引领作用，在推动区域经济建设、科技进步、社会发展、文化传承创新方面发挥智力支撑作用。为此，一些地方高师院校除了遵循"学科生长点→学科→多学科融合→新兴交叉学科"的发展路

---

① ［美］朱丽·汤普森·克莱恩：《跨越边界——知识·学科·学科互涉》，姜智芹译，南京大学出版社2005年版，第11页。

② 房正宏、李本友：《构建学科交叉为核心的研究生培养体系》，《国家教育行政学院学报》2017年第3期。

径之外，还必须改变“单科型”传统，改变学校仅设有少量学科覆盖有限专业的状况，而应不断培育新的学科生长点、大力发展新兴交叉学科，建设学科群。也就是说，地方高师院校无论怎样定位学科建设，首先必须遵循学科发展的内在规律，唯此才能实现建设应用型高水平大学的目标。

（二）遵从教育行政部门的规划

综观新中国教育发展的历史，在我国经济社会发展的关键时刻，党和国家都会制定和出台重要纲领性文件，为推动教育改革和发展指引方向。1985 年 5 月，正当我国全面推进经济体制改革的重要时刻，党中央召开了改革开放后的第一次全国教育工作会议，会后颁布了《中共中央关于教育体制改革的决定》，提出要根据经济建设、社会发展和科技进步的需要调整和改革高等教育的结构，指出：“改变高等教育科类比例不合理的状况，加快财经、政法、管理等类薄弱系科和专业的发展，扶持新兴、边缘学科的成长。……为了增强科学研究的能力，培养高质量的专门人才，要改进和完善研究生培养制度，并且根据同行评议、择优扶植的原则，有计划地建设一批重点学科。重点学科比较集中的学校，将自然形成既是教育中心，又是科学研究中心。”① 1993 年 2 月，中共中央、国务院颁布了《中国教育改革和发展纲要》，提出了我国高等教育事业 20 世纪 90 年代的发展目标：“高等学校培养的专门人才适应经济、科技和社会发展的需求，集中力量办好一批重点大学和重点学科，高层次专门人才的培养基本上立足于国内，教育质量、科学技术水平和办学效益有明显提高。”“高等教育的发展，要坚持走内涵发展为主的道路，努力提高办学效益。……要基本稳定基础学科的规模，适当发展新兴和边缘学科，重点发展应用学科。为了迎接世界新技术革命的挑战，要集中中央和地方等各方面的力量办好一百所左右重点大学和一批重点学科、专业，力争在下世纪初，有一批高等学校和学科、专业，在教育质量、科学研究和管理方面，达到世界较高水平。”② 1994 年 6 月，中共中央、国务院在北京召开了改革开放后的第二次

① 《十二大以来重要文献选编》（中），人民出版社 1986 年版，第 733 页。
② 《十四大以来重要文献选编》（上），人民出版社 1996 年版，第 64－67 页。

全国教育工作会议，进一步动员全党全社会认真实施《中国教育改革和发展纲要》，确立教育优先发展的地位；1999 年 6 月，党中央、国务院在北京召开了改革开放后的第三次全国教育工作会议，会议期间发布了《中共中央、国务院关于深化教育改革全面推进素质教育的决定》，强调要努力改变教育与经济、科技相脱节的状况，促进教育和经济、科技的密切结合，提出“要创建若干所具有世界先进水平的一流大学和一批一流学科，在高等学校建设一批既出人才、又出成果的基础研究和应用研究基地，为国家创新体系建设和现代化建设作出贡献”①。2010 年 6 月，胡锦涛同志主持中共中央政治局会议，审议并通过了《国家中长期教育改革和发展规划纲要（2010—2020)》。在规划高等教育发展任务时强调：加快建设一流大学和一流学科。以重点学科建设为基础，继续实施“985 工程”和优势学科创新平台建设，继续实施“211 工程”和启动特色重点学科项目。……鼓励学校优势学科面向世界，支持参与和设立国际学术合作组织、国际科学计划，支持与境外高水平教育、科研机构建立联合研发基地。加快创建世界一流大学和高水平大学的步伐，培养一批拔尖创新人才，形成一批世界一流学科，产生一批国际领先的原创性成果，为提升我国综合国力贡献力量。②《教育规划纲要》是 21 世纪我国第一个中长期教育规划纲要，它概括总结了中华人民共和国教育事业的巨大成就，全面剖析了国内外形势对教育的机遇挑战，准确分析了我国教育事业面临的困难和存在的问题，深刻阐释了教育发展的重要战略地位，明确提出了未来十年教育改革发展的总体方向，因而，它必然成为我国高等学校学科建设的基本遵循。

一个时期以来，国家通过实施“211 工程”“985 工程”以及“优势学科创新平台”和“特色重点学科项目”等重点建设，一批重点高校和重点学科建设取得重大进展，带动了我国高等教育整体水平的提升，为经济社会持续健康发展做出了重要贡献。但是，这些重点工程建设过程中也暴露出明显的问题。为认真总结经验，不断完善机制，国务院决定实施“双一

① 《中共中央、国务院关于深化教育改革全面推进素质教育的决定》，教育部网站：http：//old. moe. gov. cn/publicfiles/business/htmlfiles/moe/moe _ 177/200407/2478. html.

② 《教育规划纲要辅导读本》，教育科学出版社 2010 年版，第 27 - 28 页。

流”战略，对实现我国高等教育事业改革发展的总体目标提出了新要求：推动一批高水平大学和学科进入世界一流行列或前列，加快高等教育治理体系和治理能力现代化，提高高等学校人才培养、科学研究、社会服务和文化传承创新水平，使之成为知识发现和科技创新的重要力量、先进思想和优秀文化的重要源泉、培养各类高素质优秀人才的重要基地，在支撑国家创新驱动发展战略、服务经济社会发展、弘扬中华优秀传统文化、培育和践行社会主义核心价值观、促进高等教育内涵发展等方面发挥重大作用。

在党中央、国务院的高度重视下，教育部、各省级地方政府特别是教育行政部门积极行动，制订规划、采取有效措施加以贯彻落实，而且不乏创新之举。如《安徽省“十二五”教育事业发展规划》中提出“建设一批高水平大学和重点学科”，推进中国科学院、教育部、安徽省共同支持中国科学技术大学建设世界一流研究型大学，教育部、安徽省共建合肥工业大学，扎实推进安徽大学“211 工程”建设。支持一批具有较高办学水平或办学特色鲜明的高等学校进行省部共同重点建设，重点推进应用型本科高校和示范高职院校建设。强化国家级、省级重点学科和高校特色学科建设，大力发展新兴学科、交叉学科和应用学科，进一步强化学科的综合交叉集成，形成以国际国内一流高校和一流学科领域为龙头，以专业性、行业性、综合性强的高校、学科或专业为骨干，以主要培养应用型、技能型人才的高校或学科为基础的高等教育结构。《安徽省“十三五”教育事业发展规划》（以下简称《规划》）中提出“推进高等教育强省建设”，统筹推进一流学科专业和高水平大学建设，实施“双一流”和高水平大学建设工程。按照《规划》，重点支持中国科学技术大学建成世界一流大学；重点支持合肥工业大学、安徽大学等省内有关高校优势学科建设，使其接近或达到世界一流学科水平；重点建设 8 所有特色高水平大学和一批学科专业，建设 10 所应用型高水平大学和一批应用型学科专业，建设 20 所技能型高水平大学和一批产教融合型专业，达到国内一流水平；重点支持建设一批国内领先的学科专业。[①] 按照《规划》要求，安徽省及驻皖高校纷纷

① 《安徽省“十三五”教育事业发展规划》，安徽教育网：http：//www. ahedu. gov. cn/30/view/327891. shtml.

行动，积极参与到安徽省高等教育的发展大业中，一展宏图。2017 年 6 月，安徽省教育厅、财政厅公布了省属公办普通本科高校 25 个一流学科奖补资金项目，其中世界一流学科 7 个、国内一流学科 A 类 6 个、国内一流学科 B 类 12 个；审核确认国家重点实验室奖补资金项目 1 个。按照《本科高校一流学科奖补资金项目申报工作指南》，安徽省属公办普通本科院校一流学科奖补资金项目中一流学科建设分为世界一流学科、国内一流学科 A 类和国内一流学科 B 类。其中国内一流学科 A 类为高质量人才培养学科基地，国内一流学科 B 类为支撑安徽产业转型升级和文化传承创新的学科基地。在一个奖补周期（4 年）内，一流学科奖补资金项目不超过 25 个，其中世界一流学科建设奖补标准为每个每年 1000 万元；国内一流学科奖补标准为每个每年 500 万元；人文社科类学科奖补标准均为每个每年 100 万元；获批国家重点实验室每年补助 500 万元。也就是说，在立项建设的 4 年里，安徽省将为获评的 25 个一流学科及 1 个国家重点实验室投入一流学科奖补资金项目建设经费 6.12 亿元，重点加强省属公办普通本科院校的一流学科建设。据了解，参与本次省属公办普通本科院校一流学科奖补资金项目申报的学科有 90 多个，但最终只评选出 25 个。另据了解，后续的省“双一流”建设项目也将很快启动。这足以说明，教育行政部门的建设规划对各高校的学科建设发挥了巨大的杠杆作用。

（三）遵循分类建设管理的原则

国家对教育事业分类发展的思想由来已久。1996 年 4 月颁布的《全国教育事业“九五”计划和 2010 年发展规划》，较早提出要“根据地区间发展不平衡的实际，国家在保证大政方针统一的前提下，对教育事业实行分区规划、分类指导”，此后，国家教育事业发展的历个五年规划均强调对高等教育“分类指导”。2010 年 7 月颁布的《教育规划纲要》，针对高等教育的发展任务明确提出“建立高校分类体系，实行分类管理”的要求；《国家教育事业发展“十三五”规划》中再次强调“推动高等教育分类发展”，并对“统筹推进世界一流大学和一流学科建设”提出了更具体的要求：“加强总体规划，引导分类发展，科学合理布局，坚持扶优扶新、扶需扶特，支持处于国内领先地位、在国际上具有较强竞争力、对经济社会发展具有重大作用、具备进入世界一流行列或前列基础和实力的大学，支持建设100个左右学科，重点支持一批接近或达到世界先进水平的学科，加强建设关系国家安全和重大利益的学科，重点布局一批国家急需、支撑产业转型升级和区域发展的学科，积极发展一批新兴学科、交叉学科，覆盖哲学社会科学、自然科学、工程技术等重点领域，努力形成支撑国家长远发展的建设体系，大力提升国家自主创新能力和核心竞争力。”① 具体到高等学校，就是对高校进行分类指导、分类建设、分类投入、分类核编、分类评价等，推进高校分类发展。

国务院、教育部提出对高等教育进行分类指导、分类管理，对高校而言，落实“分类发展”思想就是进行分类建设、分类管理。无论是综合性大学还是地方性高校，对学科进行分类建设至少要做三个层面的工作：一是加强传统优势学科建设，二是拓展建设应用型学科专业，三是培育发展新兴交叉学科。由于历史积淀等因素，高校必然会存在若干科研成果丰富、学科人才汇聚的传统学科，这类学科基础好、师资力量强、人才培养质量高，是学校的传统优势学科，必须加强建设、保障其优势地位，因为这类学科也是发展新兴交叉学科的基础。因此，对这类团队力量较强、研究基础扎实且成果丰硕的学科，学校要鼓励它们在原有学科基础上积极培育新的学科生长点、建设优势明显的新兴交叉学科。地方高师院校较强的传统学科，一般都包含中国语言文学、化学、生物学、数学等，对这些传统优势学科应按照硕士学位，甚至博士学位学科建设的要求，加强学科力量整合、凝练学科方向，扩大经费投入，引导并鼓励这些学科积极培育新的学科生长点，发展新兴交叉学科。而对一些拟培育的新兴交叉学科，基于他们来源于相近学科间的渗透与融合且带有相关学科的特点，可通过强化传统的优势学科——多数为重点学科的建设来带动，并以此为基础逐渐发展学科群。

对学科建设进行分类管理，主要包括改革科研评价制度，实施学科领军人才引进与队伍建设的特殊政策，施行学科分类拨款与分类评估等制

---

① 《国务院关于印发国家教育事业发展“十三五”规划的通知》，中华人民共和国中央人民政府网站：http：//www.gov.cn/zhengce/content/2017－01/19/content _ 5161341.htm.

度。在宏观政策及分类管理理念主导下，地方高师院校应重点培育与扶持一批应用型学科和新兴学科，逐渐改变教师教育类专业过多、学科单一的局面，推动传统的“单科型”学科布局向“多科型”发展。

三、阜阳师院学科建设的实践探索

阜阳师范学院传统上是一个以师范类专业为主的地方性高校。阜阳师范学院的前身是由安徽省教育厅于 1956 年初批准筹建的阜阳高师速成班，其办学定位是培养实践和高中教师。阜阳高师速成班于 1956 年 9 月正式成立后不久，经省教育厅批准又于 1957 年 9 月挂牌成立“阜阳中学教师进修学校”，主要培养初中教师；1958 年 9 月，经安徽省教育厅批准阜阳中学教师进修学校又升格为“阜阳专区师范专科学校”，面向全省招生，实行两年制，办学定位仍为培养合格的中学师资。经过“大跃进”“文化大革命”的波折，阜阳专区师范专科学校在曲折中发展，并于 1974 年 5 月筹建安徽师范大学阜阳分校；当年 10 月阜阳分校开始了招生工作。“文化大革命”结束后，各行各业进行了拨乱反正，高等教育迎来了春天，1978 年 12 月 28 日，国务院批准建立阜阳师范学院。此前，已以阜阳分校的名义于 1978 年 2 月招收首届（1977 级）本科生 330 人，且参与首届招生培养的全部为师范类专业。到本科建校 20 年后的 1998 年，阜阳师范学院所增设的社会急需的非师范类专业也不超过 10 个，且都是专科层次。到 2007 年，阜阳师范学院主要致力于发展师范类专业、培养基础教育的师资。在学科建设方面，1998 年 1 月开始遴选建设两个校级重点学科“汉语文化研究”和“美术学”；到 2005 年 12 月，阜阳师范学院共遴选了 5 批次 9 个校级重点学科。回顾阜阳师范学院的建设与发展，到 2007 年之前，学校的办学理念中并未突出学科建设的重要性及其应有地位。

（一）设立学科建设管理机构，申报国家级立项建设新增硕士学位授予单位

学科是现代大学人才培养、学术研究的基本单元、组织系统和规训制度，学科建设是大学建设发展中的重大战略问题，学位点是学科的本质要

求与重要载体，是现代大学培养高层次创新型人才的重要基点，两者相辅相成、相互促进、相互作用、共生互荣。[①] 没有良好的学科基础，学位点的建设与发展就好比无根之木；没有学位点作载体与支撑，学科的建设也难以发展与突破。由于学位点的存在而发展起来的研究生教育，学科具基础性地位且发挥了关键的联结作用。甚至可以说，学科建设的直接目标是为了建设特定的硕士、博士学位授权点并通过硕士、博士学位授权发展研究生教育。正是因为学科与学位点、学位和研究生教育相互间的密切关联性，人们在探讨与研究学科建设时不可避免地要联系到学位点建设与研究生教育。

进入 21 世纪以来，随着安徽省乃至国家高等教育形势的快速发展，阜阳师范学院逐渐重视加强学科建设，积极参与新增硕士学位授予单位和新增硕士学位授权点的立项申报工作。2001 年，“汉语言文字学”参与安徽省第二批省级重点学科申报遴选并于 2002 年 2 月获批为省级“重点扶持学科”，这是阜阳师范学院历史上第一个省级重点学科；2003 年，阜阳师范学院就同淮北煤炭师范学院、安徽工程科技学院、安徽建筑工业学院、安庆师范学院等 4 所学校同时被确定为全国第九次新增硕士学位授予单位申报高校；2005 年 5 月，安徽省人民政府学位委员会组织专家组在对阜阳师范学院申请新增硕士学位授予单位进行实地考察后，决定对学校继续予以立项建设；同年 8 月，安徽省人民政府学位委员会、安徽省教育厅《关于对阜阳师范学院申请新增硕士学位授予单位予以立项建设的通知》（学位〔2005〕04 号）文件，进一步明确了学校立项建设的主要内容、政策措施及整改方向。到 2009 年共 6 年来，学校累计投入超过 3 亿元用于夯实学科基础、汇聚学科人才和改善办学条件，采取学科建设和科研激励措施，其中包括：国家级科研项目、省级重点学科、省级重点实验室按下拨经费的 1∶3 配套，省部级科研项目按下拨经费的 1∶2 配套，并不断加大对省部级以上奖项、高水平科研成果以及横向科研合作项目的奖励和资助力度。通过超常规建设，阜阳师范学院的办学硬件、教育教学质量、学科建设水平、科学研究实力以及服务地方能力均取得了长足的进步。因此，阜阳师

---

① 安学斌、王顶明：《现代大学的学科、学位点及其辩证关系》，《现代教育管理》2011 年第 9 期。

范学院在 2009 年能够成功增列为国家级硕士学位授予立项建设单位，是学校重视学科建设、突出学科龙头地位的显性成果。

2007 年 5 月 18 日，国务院批转了《国家教育事业发展“十一五”规划纲要》(国发〔2007〕14 号)，提出“十一五”期间要进一步推进高水平大学和重点学科建设，坚持以社会需求为导向，积极调整学科布局和专业设置，加快培养经济、社会、文化、国防等方面的高素质人才；强调将继续实施“211 工程”和“985 工程”，推进一流大学和高水平大学建设，尽快使若干所大学和一批重点学科达到或接近世界先进水平，努力造就大批杰出人才，成为建设创新型国家的重要力量。以此为契机，阜阳师范学院进行科学规划、加强顶层设计，开始逐渐扭转重专业轻学科的做法，首先是解放思想，从观念层面重视学科建设，确立学科建设的龙头地位。2008 年 6 月，中国共产党阜阳师范学院第四次代表大会召开，会议明确了实施“学科建设工程”、提高学校核心竞争力的发展目标。时任党委书记的魏捷教授在报告中提出：“充分发挥学科建设的‘龙头’作用。以省校级重点学科建设为先导，瞄准安徽经济、科技发展的战略重点，进一步明确重点学科发展目标，壮大学科队伍，构建创新平台、争取重大项目、形成丰硕成果；遵循学科自身规律，对人文社科类学科和理工类学科分别采取不同的政策和措施，保证各学科的协调、健康发展；积极加强学科的交叉、渗透和融合，进一步开拓学科发展空间。重点做好硕士学位授权单位和硕士学位授权点申报工作，主动适应社会发展需要，进一步整合全校资源，配置好学科团队，凝练学科方向，加强立项建设，完善核心材料，确保全国第十一次新增硕士学位授权单位申报成功。”[①] 之后，为落实学校第四次党代会关于学科建设的工作部署，学校于 2009 年 7 月设立专门机构“学科建设处”加强学科建设与管理、推进国家级立项建设新增硕士学位授予单位的申报工作。

学科建设专门管理机构成立后，学校加大了学科建设与管理的力度，在前 5 批已遴选 9 个校级重点学科的基础上，积极参与安徽省第三批重点

---

① 魏捷：《深入贯彻落实科学发展观　继续解放思想　坚持改革创新　为建设高水平教学型大学而努力奋斗》，《阜阳师范学院年鉴（2008）》，第 17 页。

学科的申报，于 2008 年成功获批 3 个省级 C 类重点学科[①]——中国语言文学、生物化学与分子生物学、教育经济与管理。此前，国务院学位委员会于 2007 年 1 月在北京召开了第 23 次会议，对第 22 次学位委员会以来开展的主要工作进行了总结，并审议了国务院学位委员会 2007 年的主要工作，其中包括对第十一批学位授权审核工作进行部署。以此为契机，阜阳师范学院迅速启动了第十一批硕士学科点授权申报工作，经整合资源、发挥优势，学校遴选推荐中国语言文学、生物学、工商管理 3 个一级学科申报硕士学位授权点，分别以中国史、化学、数学 3 个一级学科作为申报学科的支撑学科。2008 年阜阳师范学院参与全省立项建设新增硕士学位授权单位的竞争，同时申报增列 3 个国家级立项建设硕士学位授权点。经过学科实力比拼，于 2009 年成功增列为国家级立项建设新增硕士学位授权单位和授权点。为加强立项学科建设，学校又于 2010 年开展了第六、第七批重点学科的遴选工作，增加了校级重点学科 12 个（见表 2 - 1）。一批省级和校级重点学科的建设，为立项授权学科的建设与顺利评估验收提供了强有力的支持。

表 2 - 1　阜阳师范学院重点学科简况表

序号	学科名称	立项时间	序号	学科名称	立项时间
1	美术学	1998.1	12	文艺学	2010.4
2	汉语文化研究	1998.1	13	专门史	2010.4
3	理论物理	1999.11	14	课程与教学论	2010.4
4	中国古代文学	2001.12	15	应用数学	2010.4
5	运动人体科学	2001.12	16	英语语言文学	2010.4
6	思想政治教育	2004.1	17	企业管理	2010.8
7	有机化学	2004.1	18	分析化学	2010.8
8	基础数学	2004.1	19	中国近现代史	2010.8
9	生物化学与分子生物学	2005.12	20	应用统计学	2010.8
10	应用化学	2010.4	21	设计艺术学	2010.8
11	计算机应用技术	2010.4			

① 注：按照安徽省教育厅当年的文件要求，省级 A 类重点学科系有博士学位授予权的高校申报，为一级学科；省级 B 类重点学科系有硕士学位授予权的高校申报，为二级学科；省级 C 类重点学科系未获得博士、硕士学位授予权的普通本科高校申报，为二级学科。

众所周知，1999年以来高等学校开始了连年扩招。针对过去十多年高校扩招带来的一些弊端，教育部开始进行有计划的改革与调整。在学科学位建设方面，国务院学位委员会办公室（教育部学位管理与研究生教育司）逐渐改革学位授权点遴选增列的审核方式。大致以2008年为时间节点，之前的审核主动权一定程度上下放到各省级学位委员会。国务院学位委员会2005年4月印发的《关于进行第十次博士、硕士学位授权审核工作的通知》（学位〔2005〕14号）规定，增列硕士学位授权一级学科点的申报和审核组织工作，可以按3种方式进行，其中之一、也是主要的方式是：国务院学位委员会在以通讯评议方式进行初审的基础上委托各省级学位委员会审核本省（自治区、直辖市）区域内学位授予单位申请增列的硕士学位授权一级学科点（不含军事学门类、经教育部批准设置研究生院的学位授予单位和中国社会科学院研究生院），结果报国务院学位委员会审批。虽然国务院学位委员会宏观上对各省级学位委员会审核的一级学科授权点进行统筹调控，但省级学位委员会的审核权限相对较大，特别是允许“申请一级学科硕士学位授权，可以同时申请该一级学科内二级学科的硕士学位授权”，这意味着可能先从某个二级学科突破硕士学位授权。毫无疑问，后者的条件和要求大大低于前者。到2008年1月，国务院学位委员会召开第25次会议，审议通过了《博士、硕士学位授权审核办法改革方案》，指出：“为引导高等教育机构切实将主要精力和工作重点放在提高高等教育质量上来，充分调动地方政府统筹区域经济社会与教育协同发展、优化高等教育结构及学科布局、加大学科建设力度的积极性，进一步增强学位授予单位适应国家和区域经济社会需求进行结构调整的主动性，需要对学位授予单位及授权学科专业审核办法进行改革。通过改革和创新，建设权责分工更加合理、调整和适应能力进一步增强、调控和监督机制更加健全的学位授权审核制度，这对于完善我国学位制度、提高研究生教育水平、为创新型国家建设提供知识和人才保障具有重要的战略和现实意义。”[①] 其改革的主要措施之一，是充分发挥省级政府和有关部门的统筹规划作用，减

① 《博士、硕士学位授权审核办法改革方案》，中国学位与研究生教育信息网：http：//www.cdgdc.edu.cn/xwyyjsjyxx/zlpj/pgpsdtxx/266262.shtml.

少学校和学科建设的盲目性，即由省级学位委员负责组织实施拟新增学位授予单位的立项建设工作，对于立项建设的单位，在建设期限内安排专家组对建设工作进行实地考察和指导。对于完成建设任务、经评估验收达到目标要求的学校及其学科专业，由国务院学位委员会批准为新增博士、硕士学位授予单位及学位授权学科专业。根据改革方案的要求，2008 年 10 月国务院学位委员会印发《关于做好 2008—2015 年新增博士、硕士学位授予单位立项建设规划工作的通知》(学位〔2008〕30 号)，规定“立项建设单位的项目建设时间要根据项目现有基础、存在不足、建设目标、建设措施等因素综合确定，立项建设时间原则上不能少于 3 年”。在这一政策背景下，高校的学科建设必须进行系统规划、优化资源配置，突出重点；而且，几乎所有地方高校开始系统梳理学科建设成效、积极申报学位授权点。这时，学科建设不仅是地方高校发展研究生教育实现学校上层次上台阶的现实需要，更成为高校自身教育事业改革和发展的长远需要。可以说，阜阳师范学院本次被增列为硕士学位授予立项建设单位，是解决皖西北地区高层次人才结构性短缺的迫切需要，是进一步推动学校学科建设特色发展的必然要求。

（二）加强学科建设，通过硕士学位授予单位评估验收并招收硕士研究生

从阜阳师范学院加强学科建设的历程来看，面临的一个难得机遇便是积极参与 2008—2015 年新增硕士学位授予单位立项建设规划的申报。以国务院学位办《关于做好新增博士、硕士学位授予单位工作的指导意见》(学位〔2008〕29 号)、《关于做好 2008—2015 年新增博士、硕士学位授予单位立项建设规划工作的通知》（学位〔2008〕30 号）和安徽省学位办《关于做好新增博士、硕士学位授予单位申报工作的通知》等文件精神为指导，阜阳师范学院结合皖北地区经济社会发展的需要，遵循高等教育发展规律，经过统筹规划、准确定位，整合全校学科资源，以加强中国语言文学、生物学、工商管理等申报授权学科建设为重点，以加强历史学、化学、数学等支撑学科建设为基础，在公共服务体系保障、经费投入、学科团队、学科方向、学科平台等方面不断增大建设力度，历时 3 年多的建设，

到2012年底已圆满完成硕士学位授权立项建设规划的目标任务，顺利通过了国家级立项建设新增硕士学位授予单位的整体验收。2013年7月，国务院学位委员会第三十次会议审议并批准全国50多所高校获得博士学位授权、30多所高校获得硕士学位授权。国务院学位委员会印发《关于下达2008—2015年立项建设博士、硕士学位授予单位及其授权学科名单的通知》(学位〔2013〕15号)，明确阜阳师范学院为“硕士学位授予单位”，其中，中国语言文学、生物学和工商管理等3个一级学科为硕士学位授权学科。国务院学位委员会的批复，标志着阜阳师范学院可以独立开展硕士研究生的招生、培养及学位授予等工作。这是阜阳师范学院学科建设及学位与研究生教育发展的又一个里程碑，是学校内涵发展的一次重大机遇，在学校办学历史上具有重大意义，将为学校的发展注入新的活力并引领、促进和提升学校各方面事业又好又快的发展。此后，阜阳师范学院于2014年9月开始招收第一届学术型硕士研究生；2015年5月又成功增列一个硕士专业学位，于同年9月开始了第一届会计硕士专业学位研究生的招生工作。至此，阜阳师范学院的学位点结构趋于合理、学科布局基本成型，初步形成以传统的优势学科为主干、以应用型学科为主要拓展方向、不断培育并发展新兴交叉学科的学科格局。

回顾获批立项建设以来的3年，阜阳师范学院加强立项建设组织领导，健全组织领导机构；同时，强化建设过程管理，坚持“目标清晰、责任明确、重点突出、措施得力、方案可行”原则，按照上下结合、民主决策程序，制定年度建设计划，细化分解建设任务，下发执行建设任务书和规划明细表，按计划、分阶段高质量完成了各阶段工作，深化了立项学科内涵建设。一是推进人才汇聚工程。坚持“重点人才跟着重点学科走、倾斜政策跟着重点人才走”，大力实施人才强校战略，着力推行人才汇聚工程，不断深化人事制度改革。实施“重点学科人才扶持计划”，出台《阜阳师范学院人才队伍建设实施办法》，实行柔性人才政策，在立项学科骨干教师的学位提升、职称晋升等方面给予政策倾斜，推进学科团队和学术队伍建设。二是推进科研提升工程。学校系统优化科研制度，创新科研管理机制，坚持以制度管理提升科研能力；实施“重大项目提升计划”，依托省级科研平台，整合科研资源，搭建校地合作共建平台，强化协同创新，开展决策咨询服务；实施科技创新校企联动项目，加强校地、校企合作，推进"教授、博士企业行""企业家进校园"，加快科研成果转化；依托皖北地区特色资源，明确创新团队主攻方向，不断提高学校服务区域经济社会发展能力。三是推进教学改革工程。坚持需求导向，以文、理、教育学科为主，推进经济学、管理学、历史学、法学、工学、农学等多学科协调发展，强化学科综合交叉集成；实施"专业结构动态调整计划"，着力构建与区域经济社会发展互动的学科专业体系；实施"卓越人才培养计划"，构建开放立体、四年一贯的实践育人体系；加大实验室开放力度，加大学生科研资助力度，提升学生创新能力；设置学校特色发展、教师能力发展、专业综合改革、培养模式创新等重大教学改革项目，加强质量工程项目建设过程监督与目标管理，完善国家、省、校级三级质量工程项目体系，发挥质量工程建设效益。四是推进重点学科工程。坚持以硕士立项学科、省级重点学科为龙头，以校级重点学科为支撑，强力推进重点学科建设工程；制定重点学科建设管理等方面制度，完善"学校－学院－学科点"三级管理机制，实施"明确职责、定期评估、优胜劣汰、滚动发展"的动态管理模式，强化学科优势，先后遴选建设校级重点学科十多个；加大经费投入，省级重点学科建设经费按照1∶2比例配套，校级重点学科学校拨专款予以支持，不断强化学科内涵，推进特色发展；围绕重点学科建设规划，邀请部分"两院院士"及其他校外知名专家开展学科建设评估和中期检查，全面梳理建设成效，整改建设不足，不断提高重点学科建设与管理规范化和制度化水平；主动适应区域经济社会发展需求，科学整合学科队伍，明确若干重点发展学科新领域，培育新的学科增长点，提升学科服务区域发展的能力。

阜阳师范学院经过3年多的努力，在学科建设上取得了非常明显的成效。主要体现在两个方面：一是授权学科整体实力明显增强。经过立项建设，中国语言文学、生物学、工商管理3个授权学科各项建设指标均达到国家规定的硕士学位授权一级学科点的基本条件，满足硕士研究生培养的基本要求。授权学科累计新增教授22人，副教授26人，博士42人；国家级科研项目19项，省部级科研项目57项，科研项目经费2096.2万元；发表二类以上期刊论文299篇，SCI/EI/ISTP收录55篇，出版专著31部；

新增省部级科研奖励 18 项，新增与地方合作项目 23 项，产学研基地、实习见习基地 28 个；省级教学成果奖 9 项，出版教材 20 部。

二是支撑学科支撑能力明显提升。经过立项建设，中国史、化学、数学 3 个支撑学科得到长足发展，为授权学科提供了较好的学科发展和人才培养支撑。支撑学科累计新增教授 26 人，副教授 25 人，博士 53 人，国家级科研项目 9 项，省部级科研项目 34 项，科研项目经费 1042 万元，发表二类以上期刊论文 332 篇，SCI/EI/ISTP 收录 175 篇，出版专著 18 部，省部级科研奖励 6 项，新增与地方合作项目 24 项，产学研基地、实习见习基地 25 个，省级教学成果奖 9 项，出版教材 7 部。[①] 总之，以立项学科引领的学科建设，经过科学规划与 3 年多的实施，学科队伍得到汇聚与锻炼、学科方向更加凝练与稳定、学科平台得以拓展、学科内涵不断提升、学科特色日渐凸显、服务地方经济发展的能力不断强化，因而，圆满地完成了立项学科建设的各项任务。正因如此，2012 年底学校顺利通过了国家立项建设新增硕士学位授予单位整体验收。

（三）巩固学科建设成效，积极拓展学科建设的新领域和学科发展的新空间

2013 年 7 月，国务院学位委员会批准阜阳师范学院等 33 所高校为新增硕士学位授予单位，明确阜阳师范学院的中国语言文学、生物学和工商管理等 3 个一级学科为硕士学位授权学科。2013 年 9 月，阜阳师范学院开始了 2014 年全国硕士研究生的招生、考试及录取工作，并于当年年底下达了 45 个招生计划。2014 年 9 月首批招收的硕士研究生顺利入学，阜阳师范学院开始了历史上首届硕士研究生的独立培养与管理工作。

学位点的成功获批，是学科建设最直接的成效之一，同时又为学科建设提供了更高的平台。学校围绕 3 个一级学科点的建设，不断拓展学科方向、扩大学科建设成效，以硕士学位授权学科的建设带动相关的学科、促进学科的交叉与融合。在此基础上，学校积极参与国务院学位委员会新一

---

① 数据引自：阜阳师范学院上报安徽省人民政府学位委员会的《国家立项建设新增硕士学位授予单位整体验收报告》，2012 年 12 月。

轮硕士专业学位点的增列申报工作，并于 2014 年 5 月成功获批会计硕士专业学位授权点；2015 年 5 月，学校顺利完成安徽省教育厅下达的 10 个会计硕士招生指标。至此，学校进一步强化了学科学位间的有机联系，扩展了学科建设的内涵，初步优化了学科点和学位点的结构。2014 年，安徽省在全省范围内遴选支持建设 14 个省级学科重大建设项目，阜阳师范学院认真梳理省、校级重点学科建设成效，对照申报条件和要求认真打磨申报材料，积极参与中国科学技术大学、合肥工业大学以及安徽大学等省属一本高校的竞争，生物学一级学科成功获批省级学科重大建设项目，为学校争取 1000 万元（建设周期 5 年）的专项建设经费。这是阜阳师范学院学科实力增强的一个方面佐证。

此后，阜阳师范学院以科学发展观为指导，根据省、校重点学科管理办法，围绕学校建设地方性综合型高水平大学目标，瞄准皖北区域经济社会发展需求，按照“交叉融合、强化特色、创新引领、服务地方”的原则，以凝练学科方向、汇聚学科团队、打造学科平台、提升学科水平为重点，科学规划、严格管理，大力改善学科条件，着力推进协同创新，重点强化科教结合，持续凝练学科方向，使重点学科在加强硕士点建设以及研究生教育培养方面发挥主力阵地作用；不断强化重点学科在科研能力的创新、提高人才培养质量、推进学校内涵发展等方面发挥引领作用，为推动区域经济建设、科技进步与社会发展等方面发挥了智力支撑作用。以 3 个硕士学位授权学科的建设为例，经过 5 年（2012 年 6 月—2017 年 6 月）的建设，在三个方面均取得了突出成效。① 第一，学科团队明显优化。其中，中国语言文学学科遴选的 16 名硕士研究生指导教师（简称硕导）中，教授 12 人，副教授 4 人，具有博士学位的 11 人。生物学学科遴选的 20 名硕导中，教授 14 人，副教授 6 人，具有博士学位的 17 人；拥有安徽省学术技术带头人 1 人，安徽省学术技术带头人后备人选 1 人。工商管理学科 42 名专职教师中，教授 16 人，副教授 18 人，具有博士学位的 22 人；拥有省级教学名师 3 人，省级教坛新秀 1 人。各学科均注重选拔和培养有前途的中

---

① 数据摘自阜阳师范学院提交到教育部“学位中心”的 2017 年《学位授权点自我评估总结报告》。该 3 个硕士学位授权学科经教育部学位中心组织专家审核，均顺利通过评估。

青年骨干，整体优化学科队伍。第二，研究成果丰硕。经过建设，3 个学科主持有国家级科研项目 32 项，省部级科研项目 111 项；在 SCI、EI、CSSCI、CSCD 等期刊发表论文 234 篇，出版专著 33 部；获省级教学科研奖励 13 项，省级科学技术奖 8 项；授权发明和实用新型专利 50 项。第三，服务地方成绩明显。在服务地方经济社会发展方面，3 个学科也取得了明显的成绩。一是协助阜阳剪纸、阜南县嗨子戏、淮北梆子戏成功增列国家级非物质文化遗产名录，参与庄子国际研讨会、老子文化高端论坛、管子文化节、“三曹”研究会、安徽省“淮南子”研究会、阜阳市非物质文化遗产艺术节等大型文化活动的决策咨询工作，编辑出版系列《皖北文化研究集刊》，与阜阳市诗词学会联办《聚星诗坛》，积极宣传皖北文化。二是立足区域经济社会发展的实际，有针对性地开展欠发达区域研究。工商管理学科立足皖北、服务地方，与阜阳、亳州两市发改委、政策研究室共同制定两市的《十一五规划》《十二五规划》《十三五规划》及相关决策；完成了多项省领导圈定课题，多份咨询报告被安徽省委省政府、阜阳市委市政府采用；学科成员到阜阳商厦、华联集团公司等企业兼职，在完善公司治理方面做出了重要贡献。依托会计硕士专业学位点、财务管理省级特色专业和校级品牌专业，财务管理与会计学方向致力于培养高层次会计人才。在欠发达地区经济可持续发展、区域特色农产品贸易竞争力等方面，取得《我国农产品贸易 TBT 对策研究》等成果，在推动地方经济发展中凸显自身作用。三是主动瞄准生物产业中技术瓶颈，以中药产业现代化、动植物良种选育、环境污染治理等地方经济建设的重大战略需求为导向，与阜阳及安徽省的一些生物及医药公司开展深度合作。美中不足的是，3 个硕士学位授权学科在发展研究生教育之初，规模小、时间短，其人才培养质量尚未充分彰显。

为扩大学科建设成效，进一步突显学科的龙头地位，学校的学科建设与管理部门经过认真研讨、科学谋划，于 2016 年年初制定了学科建设“十三五”发展规划。本次规划，学校坚持以科学发展观为指导，深入贯彻习近平总书记系列重要讲话精神，遵循高等教育规律，服务区域经济社会发展，以促进学科学位建设与研究生教育协调发展、培养具有高素质和能力的人才为目标，构建特色优势比较明显、结构布局较为合理、核心竞争力较强、培养质量较高的学科学位建设与研究生教育体系，为学校的转型升级、为把学校建成地方性综合型高水平大学提供有力支撑。

阜阳师范学院《学科建设“十三五”发展规划》的发展目标，是在“十三五”期间逐步形成结构布局较为合理、特色优势比较明显、竞争力较强的学科学位建设与研究生教育体系，紧紧围绕“一个中心”——强化学科内涵；努力打造“两个特色”——学科区域特色，教师教育特色；突出建设“三个重点”——构建优势学科群、发展新兴交叉及应用型学科、建设高水平学科团队；力争实现“四个突破”——硕士点数量、研究生教育规模、省内一流学科、博士后科研流动站。为顺利推进规划目标任务的落实，学校明确了“十三五”期间学科建设与研究生教育的主要任务与重点工作，并细化了若干关键绩效指标。其中，学科建设与研究生教育的主要任务与重点工作是积极培育优势特色学科，逐步完善学科布局，不断优化学科结构；加强重点学科建设，积极推动拟申请硕士学位授权学科的建设与发展，使学位点数量和招生规模稳步增长；积极引进和培养高层次人才，努力改善学科发展条件，不断提高学科的研究能力和发展水平；加强学科学位的保障能力建设，强化学科内涵建设；改革研究生培养机制，提高研究生培养质量。在此前提下，学校制定了三个主要战略措施。一是优化学科布局，调整学科结构。以学科内涵为核心，以学位授予和人才培养学科目录为导向，深入调研、积极探索，对现有学科布局进行论证，在此基础上逐步稳妥、慎重地通过调整、重组、培育、构建的方式实施学科优化与整合工作，完善学科分布。逐步形成能互相支撑、互相依托、互相促进，有利于新兴学科生成和发展的学科体系。进一步凝练学科方向、整合学科资源，总结以往成功申报学位授权点的经验，精心组织，认真谋划，争取在2017年的硕士学位授权审核申报工作中成功增列3个一级学科或专业学位授权点。二是整合学科资源，培育新兴学科。依托现有的学科平台，整合学科资源，强化教师教育学科优势，加强校企合作，推进产学研相结合，加快科技成果转化，增强学科服务社会能力，形成学科方向相对集中、服务地方成效明显的学科群。注重学科的主导性、前沿性、应用性，强化学科方向与区域经济社会发展需求的密合度，提高学科研究成果转化为社会生产力的能力，促进学科交叉融合，培育新的学科增长点，推进学科建设持续发展。三是拓展学科平台，建设学科梯队。通过资源重组、力量整合、积极申报等方式，在已有的学科平台基础上，再建2～3个开放性研究机构，如博士后流动站、省部共建重点实验室、省部级开放实验室、交叉学科实验实训基地等；加强科学研究的联合与协调，整合现有学科力量，促进学科汇聚与交叉，拓展学科平台。培养和引进并举，培育具有国内一流水平并在国际学术界有一定影响的学科带头人，培育校级学科带头人、校级学术骨干，建立年龄、学历、职称等结构合理的学术队伍，打造省内知名的科研团队；形成一支以学科带头人为龙头，以学术带头人为主体，以中青年学术骨干为支撑，具有稳定的研究方向和可持续发展能力的学术梯队。

从学科建设“十三五”规划执行情况来看，整体进展态势良好。2017年12月下旬，阜阳师范学院学科建设专门委员会组织了对第六批、第七批校级13个重点学科的评估验收工作，评审出6个“优秀”等次的重点学科；同时，组织了校级重点培育学科的遴选工作，评审“金融学”等3个二级学科为校级重点培育学科，以加强应用型学科建设、积极培育新的硕士学位学科增长点。特别是，2017年3月，国务院学位委员会启动了新一轮博士、硕士学位授权审核工作，先后印发了《博士硕士学位授权审核办法》(学位〔2017〕9号)、《国务院学位委员会关于开展2017年博士硕士学位授权审核工作的通知》(学位〔2017〕12号）等文件，并制定了《学位授权审核申请基本条件（试行)》。据此，安徽省人民政府学位委员会印发了《安徽省人民政府学位委员会关于开展2017年博士硕士学位授权审核工作的通知》，并制定了《2017年安徽省新增博士硕士学位授权点申报指南》。落实国务院学位委员会和安徽省人民政府学位委员会的工作部署，阜阳师范学院积极行动，整合学科资源、充分论证，以“马克思主义理论”“化学”2个一级学科申报增列硕士学位授权点，以“教育”“工程”“体育”3个类别申报增列专业（硕士）学位授权点，2017年9月经安徽省人民政府学位委员会组织专家评审，均顺利通过初审，经公示无异议后于10月底提交国务院学位委员会审核。根据《博士硕士学位授权审核办法》规定，国务院学位委员会办公室组织了复核并经专家审议通过，于2018年1月8日开始公示。2018年3月，经国务院学位委员会第三十四次会议审议批准，上述 5 个学位点全部获批。这是阜阳师范学院近些年来学科建设成效的一个重大展示。

当然，作为地方性高校，阜阳师范学院的学科建设还存在诸多问题和一些不足之处。比如说，在学科管理方面，学科建设的绩效考核有待加强，人事管理及科研激励等制度有待调整和完善，藉此为学科发展营造良好的政策环境；在团队建设方面，学科领军人物培养以及青年学术骨干培训引进的力度尚需加强，在团队协作意识培养与强化方面还需要推出更好的措施；在合作交流方面，支持学科承办高级别学术会议、特别是参与国际交流合作的力度有待加强；在平台建设方面，支持大型仪器设备共享平台建设的力度有待加强，重点实验室对外开放与共享机制有待完善。以上这些问题和不足，需要学科建设与管理部门乃至学校决策层在认真总结经验的基础上思考对策、出台有针对性的措施，不断推动学科建设再上新台阶。

第三章

推动地方高师院校的专业转型

中华人民共和国成立后，经过对高等院校进行院系调整，高等师范学校全部独立设置。1951 年，教育部召开了第一次全国师范教育会议，讨论通过了《高等师范学校的规定（草案）》(以下简称《规定草案》)，于 1952 年 7 月 16 日公布试行。该《规定草案》规定师范学院修业年限为 4 年，主要培养中等学校师资；师范专科学校修业年限为 2 年，培养初级中等学校师资。1953 年教育部又召开了第一次全国高等师范教育会议，讨论了高等师范教育的方针、任务、学校设置和发展的五年计划等内容；教育部并先后颁发了有关高等师范院校教学改革的许多文件，制定了许多专业的教学计划（或教学方案）和许多学科的教学大纲，使高等师范教育更加正规化，教学质量不断提高。

进入 20 世纪 90 年代后，随着改革开放的不断深入、我国的经济体制逐渐转型，适应这一新形势发展需要，为培养和造就全面的高素质人才，一些师范院校开始向更高层次的综合性大学转型。北京师范大学率先行动：1996 年通过“211 工程”部门预审，进入国家“211 工程”建设行列；2001 年学校第十次党代会通过的“十五”发展规划，做出了转型发展的战略部署——明确提出将北京师范大学建设成为综合性、有特色、研究型的世界知名大学的发展目标；2002 年 5 月，北京师范大学同北京大学、清华大学、中国人民大学一起被列入北京市重点支持建设世界一流大学的 4 所院校，学校进入“985 工程”建设行列；2006 年，学校第十一次党代会通过的“十一五”发展规划纲要，明确提出“用 15 年左右的时间，即到 2020 年，使北京师范大学跻身于世界知名高水平大学行列；到 21 世纪中叶，努力实现建设世界一流大学的历史性奋斗目标”。2009 年，北京师范大学整合资源成立教育学部，进一步增强学校的核心竞争力和比较优势；2012 年，学校召开第十二次党代会，按照“两步走”的战略部署，确立了“到本世纪中叶建设成为世界一流大学”的奋斗目标。① 截至 2017 年，北京师范大学本科专业有 69 个，拥有硕士学位授权二级学科点 146 个、博士学位授权二级学科点 109 个、博士后流动站 25 个、博士学位授权一级学科 24 个、硕士学位授权一级学科 37 个。北京师范大学突破传统高师格局，专业设置多元化，在 69 个本科专业中，只有 13 个专业兼收师范生，即兼收师范生的本科专业占比不足 19%。一些地方高师院校虽然只能望其项背，但在发展中实现转型、在转型中升级发展，既是学校的长远战略需要，也是高等教育势之所趋。

高等学校的转型发展涉及办学理念、指导思想、体制机制等一系列问题。特定高师院校谋求的转型与发展，实践层面的主要措施，是对学科专业进行分类建设、调整结构，实现由传统的单一型学科向多科类转型、实现以师范类专业（为主）向应用型专业（为主）转型。

第一节　围绕人才培养目标优化专业结构

高等学校的专业结构，主要指学校历史上形成的各专业数量、规模、布局及其发展变动关系。专业是学校根据社会分工需要而划分的学业门

① 北京师范大学校史研究室：《北京师范大学 111 年发展历史大事件概记》，http：//sdxs. bnu. edu. cn/xsyj/sdsj/69822. html.

类，那它一定会适应社会需求的变化——如职业分化等变化，也会随着经济社会发展的需要而进行必要的调整，包括增设、削减专业，甚至“砍”掉某些专业。由于专业和社会需求及人才市场的密切关联性，专业结构调整有被动适应人才市场的因素，但多数是学校的主动作为。专业结构调整就是对专业结构中相关构成要素及其关系进行重新组合，包括对专业内涵规范性、专业口径、专业质量要求等方面的调整，也包括对学科专业设置数量、布局布点、培养规模、学科与专业间的衔接等方面关系的调整，[①]以切实发挥出调整后的结构应有的功能。由于地方高师院校传统的专业结构设置固化了资源与利益，这在一定程度上制约了学校的发展。为实现地方高师院校的转型，首要的是要突破教师教育类专业的限制，对传统的专业结构进行调整。因为，调整传统的专业结构，能够增强资源配置效益，提高人才培养质量，提升学校综合实力与核心竞争力。[②] 众所周知，地方高师院校的传统专业大多数是师范类或教师教育类专业，其中有不少专业未能适应经济社会发展的需求而面临被人才市场淘汰的境地，这是学校进行专业结构调整的首要动因。

一、专业和职业及其与市场的关系

职业是社会分工的结果，是人们根据社会分工需要而从事的专门类别的工作，是人的社会性活动；专业是根据社会分工需要而划分的学业门类，是社会上某种职业区别于其他职业的一些特定的劳动特点，甚至某些专业就是一类特定的职业。职业和专业虽然分属不同范畴，但其社会性特点决定了两者通过人才市场发生着紧密的关联性。人才汇聚成市场，而市场的竞争性特点又决定了不同专业的人才可能会竞争同一类职业、同一专业的人才也会竞争不同的职业。因此，高校必须适应人才市场的需求——其实是适应社会分工对职业的发展变化，如电子商务及“快递”等职业，

---

① 宋波、阮成武：《论地方高师院校专业结构调整的价值取向》，《中国农业教育》2009 年第 2 期。

② 周霞《地方高师院校学科专业转型发展的困境及对策》，《淮南师范学院学报》2015 年第 5 期。

而适时调整专业结构或增设新专业，以培养适合特定职业需要的人才。

（一）专业与职业的对应关系是历史的和变动的

《辞海》中将“专业”解释为“高等学校或中等专业学校根据社会分工需要所分成的学业门类”。[①] 有学者从广义、狭义和特指三个层面来理解专业：广义的专业是指某种职业不同于其他职业的一些特定的劳动特点；狭义的专业，主要指某些特定的社会职业。这些职业的从业人员从事的是比较高级、复杂、专门化程度较高的脑力劳动。一般人所理解的专业，大多数是指这类特定的职业；所谓特指的专业，即高等学校中的专业。厦门大学原副校长潘懋元等人认为，“专业是课程的一种组织形式”，也就是课程的不同组合形成不同的专业。在《实用教育大词典》中，则将“专业”定义为，“高等学校或中等专业学校根据社会分工、经济和社会发展需要以及学科的发展和分类状况而划分的学业门类。高等学校或中等专业学校设置的各种专业，体现各自不同的培养目标和规格，制定各自不同的教育计划和课程体系”。而在西方高等教育中，“专业”一词用“profession”或“specialty”表示，指范围大小不同的专门“领域”。由此，我们倾向于认为专业是根据社会分工而划分的学业门类，高等学校的专业是以培养满足社会职业分工需要的专门人才为目的的。[②] 可见，由于社会分工的关系，专业从一开始就与职业发生了紧密联系。

众所周知，生产力的不断发展推动了社会不断进步，社会分工越来越细化的趋势导致社会对人们从事的职业种类要求越来越多，这在客观上影响着职业的内涵发展。探讨职业的概念，不能不谈到美国的社会学家舒尔兹和 L. 泰勒等人的观点。舒尔兹认为，职业是一个人为了不断获取个人收入而连续从事的、具有市场价值的特殊活动，这种活动决定着从业者的社会地位；美国著名的哲学家、心理学家杜威则从实用主义哲学观点出发，认为职业是人们从中可以得到利益的一种生活活动；美国另一位社会

① 《辞海》(缩印本)：上海辞书出版社 1979 年版，第 29 页。

② 谢维和、王孙禹主编：《学科与研究生教育：战略与规划》，教育科学出版社 2011 年版，第 267 页。

学家泰勒在其《职业社会学》(1968 年出版) 一书中提出：职业的社会学概念，可以解释为一套成为模式的、与特殊工作经验有关的人群关系。这种成为模式的工作关系的整合，促进了职业结构的发展和职业意识形态的显现。从泰勒的观点出发，我们可以推论，职业是社会关系中的角色体系，它由特定的社会历史文化条件下所规定，由个体相应的资格条件来担当，二者的合理匹配有利于职业结构的发展和社会的发展。因此，我国的一些学者认为，职业是指人们从事相对稳定的、有收入的专门类别的工作。它是对人们的生活方式、经济状况、文化水平、行为模式、思想情操的综合反映，也是一个人的权利、义务、权力、职责，进而是一个人社会地位的一般性表征。[①]

作为社会关系中的角色体系，职业既然要求由个体相应的资格条件来担当，这就意味着特定的社会职业需要特定的专业知识与之匹配。从这个角度来看，高校的专业培养目标多是围绕特定的职业要求而制定，这一点在高校各专业的培养方案中都有明确表述。以我国高校“汉语言文学本科专业人才培养方案”为例，对专业培养目标的表述绝大多数会述及如下内容：“使他们毕业后能够胜任文化宣传部门、高等院校、科研机构、党政机关及其他事业企业单位的宣传、管理、教学、研究、编辑、文秘、创作等有关工作”，包括其他专业人才培养方案中的相关描述，等等都明确反映出专业与职业之间现实的或理想的关联性。即使是研究生培养，特别是专业学位研究生，其培养目标和培养模式的职业指向也是非常明确的。教育部 2009 年 3 月曾颁发《关于做好全日制硕士专业学位研究生培养工作的若干意见》(教研〔2009〕1 号)，明确提出“专业学位研究生的培养目标是掌握某一专业（或职业）领域坚实的基础理论和宽广的专业知识、具有较强的解决实际问题的能力，能够承担专业技术或管理工作、具有良好的职业素养的高层次应用型专门人才”。其“课程设置要以实际应用为导向，以职业需求为目标，以综合素养和应用知识与能力的提高为核心”。2013 年 11 月，教育部和人力资源社会保障部再次颁发《关于深入推进专业学位研究生培养模式改革的意见》(教研〔2013〕3 号)，提出专业学位培养模

---

① 转引自吕建国、孟慧编著：《职业心理学》，东北财经大学出版社 2000 年版，第 6－7 页。

式的改革目标，是“以职业需求为导向，以实践能力培养为重点，以产学结合为途径，建立与经济社会发展相适应、具有中国特色的专业学位研究生培养模式”，要求研究生培养单位应依据特定职业领域专门人才的知识能力结构和职业素养要求，定期修订、完善培养方案。

回顾中华人民共和国成立以来，我国在很长一段时间实行计划经济体制，与之相适应，高校严格按专业计划招生、实行“统招统分”，高校毕业生基本上按专业分配工作，这一时期个人所学的专业和毕业后从事的职业基本上是对应的。比如师范类专业的学生毕业后绝大多数被分配、从事教师职业；少数师范类毕业生如果想从事非教师职业，不仅要千方百计突破政策性约束，而且在实际就业过程中还会大费周折。20 世纪 90 年代中期高校实行“并轨制”招生后，打破了高校学生“统招统分”的格局，政府将毕业生推向人才市场、由毕业生和人才市场进行双向选择，这也宣告了高校专业和社会职业严格对应关系的破裂。仍以教师职业为例：如今的非师范类毕业生，只要通过考试获得教师资格证书就可以选择教师职业；即使是师范类专业的学生并经过四年的师范教育，如果没有获得教师资格证书，仍然不能选择教师职业——不能参加教师“入编”考试而获得教师编制。至于一些民营教育机构为适应市场需求、扩大办学规模而招聘一些教师，可能不受是否具有教师从业资格（教师资格证）的约束，但这种行为应加以规范。

（二）专业与特定职业通过人才市场而发生联系

职业的社会性特征，决定了求职者必须通过一定的社会途径或平台来获取职业，这个特定的社会途径或平台叫人才市场。人才市场是一个形象的称谓，又称人力资源市场、劳动力市场、劳工市场、职业市场、就业市场、招聘市场等，是企业事业等用人单位进行招工和招聘、求职者进行求职和择业的场所。由于不同的职业需要不同的专业知识，不同专业的人才可以选择不同或相同的职业，这就使专业与职业紧密关联起来，其中介平台即为人才市场。

日常生活中所理解的“市场”，一是指商品买卖的集中场所，二是指商品交换的领域，三是泛指交易行为。市场是社会分工和商品生产的产物，只要存在社会分工和商品交换，就会形成市场；市场在其发育和壮大过程中，也推动着社会分工和商品经济的进一步发展。在商品经济发展过程中，市场联结了产、供、销各方并为各方提供交换场所、交换时间和其他交换条件，以此实现商品生产者、经营者和消费者各自的经济利益。如同市场的自发性、盲目性和滞后性等特点，人才市场同样具备这三个方面特征。计划经济体制时代的“包分配”模式被打破后，毕业生走出校门的第一件事就是择业求职，毕业生的求职需求和用人单位的职位供给自然构成市场的两大主体，政府和社会也会为供求双方的选择行为提供了一系列条件和机制保障，人才市场由此形成。但是，参与人才市场的毕业生来自不同的学校、分散在多种多样的专业之中，求职者个体和众多的用人单位并不能掌握学校、专业等各方面信息，用人单位不能了解求职者的真实意向，求职者现场也无法确知用人单位的决定，这就使得人才市场供需信息传递存在一定的滞后性并导致市场行为存在一定的盲目性。但是，市场的功能又是很强大的。人才市场不仅可以平衡供求双方矛盾、实现各方利益主体的价值和利益诉求，最为重要的，它可合理配置资源，通过一系列市场机制对人才市场的各类主体进行资源的分配和再分配，并实现最优化。比如说，随着社会主义市场经济体制改革的不断深入，近些年来各类中小企业，特别是民营小微企业如雨后春笋般发展进来，一时间导致企业财务管理人员极为缺乏，通过人才市场等渠道反馈到高等学校，各高校纷纷扩大相关专业的招生培养规模、纷纷增设账务管理和会计学等专业，以满足人才市场的需求。

以上仅是理论上的分析，在实际的运行过程中，人才市场还存在方方面面的一些问题。人事部中国人事科学研究院曾于 2005 年主编出版了《2005 年中国人才报告》黄皮书，系统地分析了 21 世纪初我国人才发展状况及特点。该报告认为，由于我国人才市场管理体制没有完全理顺、人才市场需求多元与求职者择业错位等因素，导致我国人才的市场化程度还不够高，存在不少问题，其中包括专业技术人才分布很不合理。这主要表现在：（1）不同所有制单位人才分布不合理。占全国专业技术人才总量的70%以上的专业技术人才主要分布在国有企事业单位。（2）产业和行业分布需要调整。例如第三产业内部，科学研究、社会服务、金融管理、房地产、商贸餐饮以及交通运输等行业的人才比例偏低，这些都需要补充和加强。(3) 学科或专业分布机构不合理。教育、卫生、经济、会计等类人员占专业技术人员总数的70%以上，而工程技术专业技术人才仅占总数的18%。在从事研究与发展的专业人才中，新材料、新能源、生物技术、现代医药、环保等类专业人才短缺。[①] 十多年过去了，这一状况并未完全改观。当然，进入人才市场求职择业的并不都是专业人才。专业的本义是指高等学校或中等专业学校根据社会分工需要而划分的学业门类，这意味着至少在中等专业学校学习并毕业的才能称之为专业人才；而所谓专业技术人员，中国人事科学研究院主编的《2005年中国人才报告》的解释，“是指受过专门教育和职业培训，掌握现代化大生产专业分工中某一领域的专业知识和技能，在各种经济成分的机构中专门从事各种专业性工作和科学技术工作的人员。比如，工程师、教授、研究员、医师、律师、会计师、经纪人等”。这里所讨论的专业、职业与人才市场的关系，是从具有专业背景求职者的角度展开的，因为具有专业背景的求职者或毕业生能够经过人才市场检验并反馈职业需求信息，从而有助于高校调整专业结构以适应人才市场需求。

当前，随着互联网的普及，社会领域中的市场也逐渐向网络市场延伸，且网络市场空间更大、功能更齐全。因为网络市场的信息量更大、传播更快，互联网自身的一些特点有助于克服传统市场的盲目性和滞后性，将成为越来越多求职者的首选。正是由于网络市场的不断发育、壮大，不仅吸引了大量进入市场求职的求职者，而且也需要大量从事网络市场管理与服务的从业者，包括网络调查员、网络策划与营销人员、电商及网络市场监管人员等。2016年有一则新闻报道，其中有一组数据反映出其中的关联性：每逢“双11”，无论智慧物流、自营物流，还是第三方物流，如菜鸟、苏宁、四通一达纷纷招兵买马。随着今年（2016年）“双11”的临近，种种迹象显示，今年快递行业“双11”备战提前触发。“高薪急聘、包吃住”，一些招聘网站中，快递岗位的招聘帖被频频置顶或者挂上“热”字

---

① 《“十一五”期间第三产业人才短缺》，南方网：http://www.southcn.com/job/careercenter/hrheadlines/200511030523.htm.

签。北青报记者调查发现，众多的快递招聘信息中不乏四通一达，以及顺丰、百世汇通、宅急送等知名快递企业的身影。同时，不少快递物流企业在招聘信息中给出的薪资待遇也颇为诱人。一则昨天刚刚发布的“××快递员3500+”的招聘帖中，薪资待遇显示为8000～12000元，职位描述栏中用红底加黑字体注明“待遇从优、急招，有意者速联系”。另一则同样给出薪资“8000～12000元”的快递企业信息显示，公司规模100～499人，需要新招19人。北青报记者梳理发现，招聘快递人员的普遍薪水标准显示为5000～8000元。相比之下，同样以男性务工人员应聘为主的保安员，“转正工资”多数在3000～5000元。国家邮政局、菜鸟网络前不久联合公布了针对2016年“双11”快递的备战情况。据透露，2016年全行业将有268万一线人员投入到“双11”快递服务当中，相较去年增长超过50%，干线车辆增长59%，航空运力增长40%左右。[①] 随着电子商务的快速发展壮大，快递业已成我国增速最高行业之一，足见网络市场生机勃勃。网络市场的发展及相关职业的需求，直接催生了电子商务、网络营销等专业，且这类专业的应用性是显而易见的。可见，无论现实社会还是网络空间，专业、职业及人才市场三者间都存在千丝万缕的联系；从高端就业对专业的需求角度看，这三者甚至是相辅相成的关系。

二、调整专业结构与推动专业转型

《国家中长期教育改革和发展规划纲要（2010—2020年）》强调，提高质量是我国高等教育发展核心任务。为此，高校要牢固确立人才培养在学校工作中的中心地位，着力培养信念执着、品德优良、知识丰富、本领过硬的主持专门人才和拔尖创新人才。这就意味着高校必须围绕这一核心任务科学设计办学理念和目标定位。实践层面，高等学校的办学理念和办学定位等主要通过人才培养方案来体现并落实，培养方案中最核心的内容就是要科学制定人才培养目标，因而，地方性高校的总体培养目标一般定位于：培养具有良好的思想道德素质、文化素质和科学素养，具有扎实的基

① 任笑元：《快递员招聘月薪高达1.2万》，《北京青年报》2016年11月9日。

础知识、基本技能和强烈的社会责任感，具有较强的学习能力、实践能力和创新创业能力，勇于探索创新、能够支撑和服务区域经济社会发展的各类高素质人才。其实，高校的人才培养目标无论怎样表述，都能通过其目标定位内在地反映出人才培养目标与人才市场的需求关系，即高校培养的人才必须是经济社会发展能够提供职业需求和专业需要的人才。那么，地方性高校就应当瞄准区域经济社会发展需求而不断优化人才培养方案、适当调整人才培养目标。可见，高校的学科专业结构调整与其人才培养目标是紧密相关的。

（一）地方高师院校的专业结构调整

1958 年至 1960 年期间，我国的高等教育事业数量发展过快，普通高等学校数由 1957 年的 229 所增加到 1960 年的 1289 所；在校学生数由 1957 年的 44 万多人增加到 1960 年的 96 万多人。这样的发展速度和规模显然超过了当时我国在经济上的承受能力和原有教育基础所能提供的办学条件，因而产生了不少矛盾和突出的问题，其中就包括新增专业过多、专业范围过窄、专业布局不合理等问题。① 为此，教育部从 1961 年起至 1963 年，连续召开一系列调整工作会议，逐步解决诸多产生的问题。1961 年 7 月、12 月，教育部在北京先后两次召开全国高等教育和中等专业学校调整工作会议，会议都对高等学校的专业调整问题做了研究，强调全国重点高等学校的专业设置应当重点鲜明、各有特色，其他高等学校的专业设置应当遵循需要与可能条件相结合的原则，各专业、专门组的专业范围及培养目标应当明确具体，对那些学科不成熟、方向不明确的专业，一般应予停办。② 1961 年至 1963 年的高等学校和专业设置调整、修订通用专业目录，取得了很大成绩，但仍旧遗留了很多问题没有彻底解决。十年“文化大革命”期间，专业设置变得既随意杂乱又无章法，不少专业被取消，大批专业以各色名目出现，尤其是工科专业许多变成按产品、工种设置。于是，1978 年至 1981 年间，教育部对高等学校的专业设置又进行了调整和改革。

---

① 郝维谦、龙正中主编：《高等教育史》，海南出版社 2000 年版，第 191 页。
② 郝维谦、龙正中主编：《高等教育史》，海南出版社 2000 年版，第 195 页。

从1982年下半年至1987年底，历时5年时间里教育部组织力量研究专业划分、修订专业目录的基本原则，有计划、有步骤地进行了文、理、工、农、医各科类本科专业目录的修订和专业调整工作，这是第二次由国家统一修订高等学校的专业目录。历史经验证明，专业目录必须根据社会、经济的发展和科技文化的进步，适时修订。[①] 执行国家的整体安排，各高等学校应根据教育部的专业目录调整情况，结合经济社会发展的需要及人才市场对不同专业的需求，适时增设并调整专业结构。

专业结构调整主要是对专业整体结构中的布局与设置、数量与规模及其与学科的衔接关系进行调整，以切实发挥出调整后的结构应有的功能。具体到一些地方高师院校，学校必须围绕其办学定位特别是人才培养目标，适时开展学科专业结构调整工作。

首先，围绕人才培养目标，优化非师范专业培养规模结构。坚持服务区域经济社会发展的需求，采取多种措施稳步扩大非师范专业培养规模，并设定目标——比如可计划在若干年内将非师范生的在校生规模增加到哪一个比例；学校还要盯紧区域经济社会转型发展及产业结构调整的变动状况，积极增设支撑区域经济社会发展和服务战略性新兴产业的相关非师范专业——比如停招、调整、改造传统非师范专业，逐渐压缩师范类专业学生占全校在校生的比例，鼓励部分规模小的教师教育类专业停办改造，适时优化教师教育专业布局；逐渐增加工学、经济学类专业的招生和培养规模；适当稳定法学、农学类专业培养规模，合理控制管理学、文学、艺术学类专业培养规模，适当压缩理学类专业培养规模。

其次，调整传统的专业结构。由于地方高师院校传统的单一的专业结构设置固化了资源与利益，不利于激发教师转型发展的积极性、不利于拓展新专业，这在一定程度上制约了学校的发展。地方高师院校为实现转型发展，首要的是突破教师教育类专业的限制，对传统的专业结构进行调整。因为，调整传统的专业结构，打破资源与利益固化格局，有助于激发活力，增强资源配置效益，提高人才培养质量，提升学校综合实力与核心竞争力。为加快推进学校的转型升级，安徽省的一些地方性高校过去几年

① 郝维谦、龙正中主编：《高等教育史》，海南出版社2000年版，第360－361页。

纷纷开始了“学科专业结构优化调整”工作，重点是调整传统的专业结构。其核心理念是大幅压缩师范类专业规模，精办教师教育专业；大力发展应用型专业，着力打造专业发展协调、优势特色鲜明、社会服务能力强的专业结构体系；深入推进专业内涵建设，切实提升专业整体水平，以形成综合性特征明显的专业结构和框架。在具体措施方面，按专业大类重新组合相近专业、审慎调整专业归属、停办就业前景堪忧的专业、限办与经济社会发展关系不紧密的专业——如人文教育，积极发展与经济社会发展关系紧密、就业前景看好的专业——如财务管理。学校各相关院系和部门则遵照适应需求、结构优化、资源共享的原则，统一思想认识，按计划、有步骤推动，狠抓责任落实，强化条件保障，推动学科专业结构优化调整工作有序进行。以阜阳师范学院为例，学校于 2014 年开始对传统的专业结构进行了调整，其中一个明显的改变是原经济与商业学院按专业属性拆分为经济学院和商学院，并把一些原来归属不清晰的应用型专业归并到商学院；在专业调整方面，整合校内资源，改造了一批非师范类专业并整合到相应学院，停招 5 个师范类专业，限制 5 个师范类专业的招生规模。高师院校坚持需求导向适时调整传统专业结构，有利于统筹学科专业结构优化与区域经济社会发展需求之间的关系，并藉此培育新的学科专业增长点，有利于促进适应行业和区域经济社会发展所急需学科专业的快速发展并推进专业及服务对象的延伸和拓展。①

总之，学科专业结构调整工作一定是学校整体改革中的重要一环。地方高师院校推进综合改革，就要通过调整、改造一批传统的师范类专业，培育、发展应用型专业，积极构建“非师范”学科专业的培育与生长机制，以促进高师院校的学科专业设置及人才培养与经济社会的发展相吻合，促进转型发展与区域内传统产业转型升级及发展战略性新兴产业的需要相适应。

（二）推动地方高师院校的专业转型

毫无疑问，传统的师范类院校，其师范类专业无论在数量规模还是学

---

① 周霞：《地方高师院校学科专业转型发展的困境及对策》，《淮南师范学院学报》2015 年第 5 期。

科基础方面均占绝对优势。那么，推动高师院校的专业转型，主要就是改造那些不适应人才市场需要的传统师范类专业，培育并兴办适应经济社会发展需求的非师范专业，重点发展应用型专业。当然，不可能对所有的师范类专业都进行改造和调整。所以，高师院校推动学科专业转型，应在精办教师教育专业的前提下，大力兴办非师范专业。

首先，要围绕学校办学定位，深入推进非师范专业兴办战略。高师院校应坚持以社会需求为导向，有序扩大非师范专业招生培养规模，调整优化非师范专业培养结构；同时，深度推行与行业企业协同育人机制，完善学程分段的大类培养模式，建设融入行业标准的课程内容，强化就业创业教育，改革学业评价方式，逐渐完善非师范专业人才培养体系。在条件建设和保障方面，学校需加大建设经费投入，加强校内实验实训资源建设、加强校外专业实践基地建设，强化专业办学条件及保障；在师资队伍建设方面，采取“引进”和“改造”相结合方式，加强非师范专业人才引进、推动教师教学能力转型，加大兼职教师聘请力度，完善非师范专业师资队伍结构，为非师范专业兴办提供人才支撑。具体说来，可从四个方面着手进行：一要探索并健全与行业企业协同育人机制。加强校际、校企、校地合作，积极推动课程、专业、学院等不同层面上的资源共建共享；吸纳企业参与人才培养方案研制、专业核心课程开发、评价学生课程学业等，探索实施“项目化教学”“订单式培养”等人才培养模式改革；探索深入行业企业开展部分实践课程教学活动，建立健全与行业企业协同育人的新机制。二要构建并完善学程分段的大类培养模式。完善“培养分类、学程分段、方向分流”的大类培养模式，根据非师范专业人才培养需求，合理安排课堂教学和毕业论文（设计）、专业见习及实习的时段衔接，灵活采用“3＋1”（3 年校内学习、1 年校外毕业论文和专业见习实习）、“3.5＋0.5”（3.5 年校内学习、0.5 年校外毕业论文和专业见习实习）、“3＋0.5＋0.5”（3 年校内学习、0.5 年校外见习实习、0.5 年毕业论文）等人才培养模式。三要探索建设融入行业标准的课程内容。让用人单位参与到课程体系与教学内容建设中来，将行业技术标准、执业资格标准引入到人才培养方案、课程目标和课程内容中，真正把行业企业发展对人才能力与素质提出的新要求融入课程体系和教学内容。四要加快推进教师实践教学能力培养。包括加强非师范专业师资队伍建设，打造专兼职比例合理的教师队伍。为此，需加快引进具有实践背景和行业企业工作经历的优秀师资，加大聘用具有丰富实践经验和技能的高级专业技术人员、管理专家、高级技师等兼职教师力度，建成一支数量满足需要、专兼比例合理、教学效果优良的非师范专业师资队伍；建立非师范专业教师到企业培训制度，推动教师脱产、半脱产到企业一线实岗锻炼，更新实践知识，丰富实践经验，提高实践技能；支持教师参加政府或行业举办的各级各类专业实践技能培训、进修及职（执）业资格考试，鼓励教师取得高校教师系列以外相关行业企业的职（执）业资格或专业技术等级证书。

其次，发挥学科优势，培育并发展应用型专业。具体说来，可从以下三个方面进行：一是从特色和优势学科中发掘新的专业生长点。虽然学科与专业的区别是明显的——学科与专业的构成不同、划分学科与设置专业依据的原则不同、学科与专业所追求的目标不同，但二者又是紧密关联的。这种联系主要表现为：(1) 学科是专业的基础。18 世纪后，自然科学从哲学中分化出来，本身又分化为不同的学科领域，以便分门别类地进行研究，出现了一系列学科门类，如力学、物理学、化学、天文学等。随着科学技术的不断发展，这些基础学科不断分化，相继出现二级、三级学科。与此同时，学科综合发展趋势日益明显，原有各学科间产生边缘学科、综合学科，如环境科学、空间科学、海洋科学、能源科学、材料科学等。这些都构成了现代大学专业的学科基础。其中的二级学科，多数即相当于专业。(2) 专业是对学科的选择与组织。大学设置专业，既要考虑学科基础又要适应社会用人的需要，确定具有一定专业适应范围、一定层次与规格的专业培养要求，再按专业培养要求，在系列的学科门类中选择一至三个学科作为专业的主干学科。这是专业对学科选择与组织的第一层。在确立主干学科后，专业的教学是通过教师及教学管理人员组织课程、学生按指导性计划选择学科课程来实现。在组织教学的过程中，教师要从学科知识中选择适应专业要求的专业学科知识，教学管理人员要遵照学科发展的规律，并结合学科的认识心理与规律，对学科进行选择并确定学科课程，编制主要课程结构、安排学科实践训练与学科研究方法、确定授予学科和相近相关专业等。这种对系列课程的多学科选择和组织，是专业对学科进行选择与组织的第二层。(3) 专业特色主要是学科特色与社会适应特色。社会适应特色主要由大学的外部来进行评价，归根到底是对专业的基础学科与主干学科的认可与否。因此，专业特色实质上就是学科特色。一个学科的特色愈强，以其作为主干学科的专业特色也就愈强。同时，一个有特色的专业其学科特色也一定很鲜明。[①] 正因为专业以学科为基础、为依托，同时，任何一所大学必然存在若干有特色的优势学科，那么，从中发掘新的专业特别是应用型专业生长点，乃是最直接、最现实的一个途径。二是开展应用科学研究。科学研究是学科专业建设快速发展的重要保证。地方高校要构建应用科学研究平台，因为应用型学科专业团队只有在相应的平台上，才能发挥作用、提高水平。地方高校开展应用科学研究，应坚持产学研结合，面向区域经济和社会发展寻求项目，形成研究课题。通过应用科学研究，推动学科专业建设，为区域经济社会发展服务。地方高校在长期的应用科学研究实践中积累了经验，对如何发展应用科学研究有更深刻的认识，应逐步建立自己的科研优势。地方高校要从社会的要求和自身的主客观条件出发，开展应用科学研究，提供社会服务，更好地满足社会多层次、多元化的需要，让应用科学研究的成果落实到产学合作和教学实践中，促进科研成果的转化和提升。三是加强应用型学科专业的教师队伍建设。大学核心竞争力的构成要素是依托专业建设的人才培养能力和依托学科发展的学术研究能力，而人才培养与科学研究的实施主体都是高校的教师，而且，大多数高校教师都直接承担着人才培养的任务，所以，地方高校需要加强应用型学科专业的教师队伍建设。一方面，要完善激励机制，如科研经费资助和配套制度、科研成果奖励制度、职称晋升制度、岗位聘任制度等，调动教师从事科研与应用型学科专业建设的积极性；另一方面，要组织应用型学科专业团队，形成应用型学科专业带头人为首的学术梯队。按照应用型学科专业规划和重点建设的要求，根据不同学科发展目标配置师资，鼓励应用型学科专业带头人和学科骨干专心科

---

① 洪世梅、方星：《关于学科专业建设中几个相关概念的理论澄清》，《高教发展与评估》2006 年第 2 期。

研，在研究条件与个人发展等方面充分保证。[①]

值得注意的是，当前在不少教育管理人员的思想意识中对“应用”的认识并不清晰，存在误读现象，特别是在以培养应用型人才为主的地方高师院校。不少教师受传统观念的影响或者对问题简单化理解，认为高师院校或地方性高校必须直面市场需求大力发展甚至盲目增设一些应用型专业——如财务管理，认为所有学科都是“应用”的、甚至学科建设可有可无，因而，他们的思想观念当中往往以专业建设的市场定位否定学科发展的学术定位。事实上，强调发展应用型专业，并不等于可以不重视学科建设。没有学科的科学研究提供基础和支撑，专业只能是无本之木、长不成大树，更不会显示出其应有的“应用”特色。所以，高师院校要深化综合改革，推动学科专业的分类建设，有些传统专业和新兴专业必须重视基础学科的“科学”和“研究”为支撑，而有些新兴和应用型专业则必须基于学科特色为基础不断彰显其“应用”特色。

第二节 深化综合改革推进专业分类建设

积极发展应用型专业、精办教师教育类专业就意味着要压缩传统的师范类专业，并推动部分教师的专业转型。由于年龄、学历、知识结构、培训经历乃至课时绩效等因素，一些教师固守自己原来的专业方向而不愿意拓展新的专业领域实现转型，这导致专业结构调整在实际操作过程中会出现阻力而不同程度地背离政策设计的初衷。所以，对于地方高师院校而言，进行专业结构调整也是一项系统工程，必须置于学校综合改革的整体方案之中来统筹推进。

《教育规划纲要》明确提出要改革管理体制，“统筹推进教育综合改革，促进教育区域协作，提高教育服务经济社会发展的水平”，“省级政府

① 孙建京、吴智泉：《地方大学应用型学科专业建设探讨》，《北京教育》（高教）2015年第5期。

教育统筹综合改革试点。探索政校分开、管办分离实现形式；合理部署区域内学校、学科、专业设置”。[①] 贯彻落实国家中长期教育改革和发展规划纲要的精神，地方高师院校应遵循高等教育基本规律，主动适应区域经济社会发展的新要求和基础教育课程改革的新趋势，研制出台专业动态调整实施方案，建立健全专业准入、预警和退出机制，科学推进专业动态调整，从而坚定不移地走专业定位发展、结构定位调整、资源定位支持的内涵发展之路。此外，作为全校的系统改革工程，高师院校的综合改革必须立足于三个“围绕”，即一要围绕人才培养核心，深化教育教学综合改革，切实增强学生社会责任感、创新精神和实践能力；二要围绕学科专业内涵建设，深化科研工作机制改革，完善目标管理、过程控制、激励引导的分类管理制度；三要围绕服务区域发展，深化社会服务机制改革，全面提升服务区域经济社会发展的能力和水平。

一、立足传统师范类专业精办教师教育专业

高校的综合改革，无论是围绕学科专业内涵建设还是围绕服务于区域经济社会发展，其落脚点都是提升人才培养质量。在人才培养质量体系之中，学科专业建设及其结构调整工作，起到关键作用。特别是专业结构的优化与调整，不仅直接服务于人才培养，而且还与区域的战略性新兴产业的发展紧密相关。开展学科专业优化与调整工作，其前置性举措是推进学科专业分类建设。《教育规划纲要》提出省级政府应统筹区域内教育综合改革，合理部署区域内学校、学科及专业设置，这其实也暗含了对不同类型的学校、学科专业要进行分类建设和管理。对于具体学校来说，地方高师院校要根据学科建设基础与经济社会发展需求，制定学科专业分类建设指导意见，探索《普通高等学校本科专业目录（2012 年）》内专业自主设置、建立需求导向的学科专业结构调整机制，实施分类建设、分类评估，在加强传统优势学科专业和特色应用型专业建设的同时，整合教师教育资源，精办教师教育专业、兴办“非师范类”专业和应用型专业。

---

① 《教育规划纲要辅导读本》，教育科学出版社 2010 年版，第 43 - 64 页。

（一）从“师范教育”到“教师教育”

通俗地说，师范教育就是培养教师及教育研究人员的教育。一般认为，法国是最早出现具有近代意味的师范教育机构的国家。1684 年法国天主教神甫拉萨尔（J. B. Lasalle）在兰斯（Rheims）首创师范训练学校，这被看成是世界师范学校的开端。1696 年，德国虔敬派信徒弗兰克（A. H. Francke）在哈勒（Halle）创办师资养成所，成为德国师范教育的先驱。他们的工作开启了世界师范教育的先河。在英国，1798 年，贝尔和兰卡斯特首创导生制来培养师资。由于这种教学组织形式呆板、机械，导致教学质量低劣，随之为 1840 年政府拨款兴办的师资训练学院（Training Coelleg）所取代。美国在建国初期也推行导生制，直到 1823 年才由佛蒙特州康考德市教士霍尔（S. Hall）创办私立的师资培训班。1839 年 7 月 3 日，美国第一所州立师范学校在马萨诸塞州莱克星顿市建成，发全美州立师范教育体系之先声。随后，该州又建立了另外 3 所州立师范学校。从 1853 年起，州立师范教育体系开始向西部延伸。①

19 世纪末、20 世纪初，现代意义上的高等教育在我国出现后，师范院校曾占据重要地位。近代“洋务运动”时期的洋务派先后创立了一系列外国语（兼习西学）学堂，如京师同文馆、上海广方言馆和广州同文馆；军事技术学堂，如福建船政学堂（求是堂艺局）、江南制造局（附设操炮学堂、工艺学堂）、广东实学馆（西学馆）；以及水师学堂和武备学堂。这些洋务学堂与封建官学、书院、私塾等中国传统学堂有显著差异，因此被称为新式学堂。但由于洋务学堂是嫁接在传统封建教育体制上的，难以摆脱半殖民地半封建社会的桎梏和影响。1897 年 2 月，大理寺少卿盛宣怀在上海创办南洋公学，首先设置师范院。他认为“师范小学，尤为学堂一事先务中之先务”，于是“先设一师范学堂，……设一外院学堂（小学），令师范生外班教之”。这是一所为洋务派人物创办的典型的维新性质的学堂，

---

① 周洪宇、但昭彬：《从世界师范教育的发展历程与趋势看未来中国师范教育的发展走向》，《集美大学教育学报》2000 年第 1 期。

也是中国第一所公立近代师范学堂，是近代中国师范教育的开端。[①] 此后，1904 年 1 月清政府公布了由张之洞等人主持拟订的“癸卯学制”，真正确立了近代师范教育的地位。1912 年，民国政府公布《学校系统令》，开始了“壬子学制”；随后，通过《师范教育令》《师范学校规程令》《高等师范学校规程令》等一系列法令，对师范教育进行改革，确立了“壬子—癸丑学制”，一直推行到 1922 年壬戌学制诞生时为止。到“1922 年，全国正规师范学校已发展到 385 所，学生达 4.4 万人，比 1910 年增加 54%，其中女生近万人。高等师范学校 7 所，学生 3000 人”。[②] 民国时期，在中国共产党领导的陕甘宁边区，师范教育事业发展迅速：“一九三七年创立了鲁迅师范学校；一九三九年秋，鲁迅师范与前一年秋创办的边区中学合并成立了边区第一师范学校即延安师范；一九四〇年春在关中设立了第二师范学校即关中师范；在夏季于定边设立了第三师范学校即三边师范；在绥德设立了绥德师范；一九四〇年暑假在庆阳设立具有初师班和初中班的陇东中学；一九四一年秋创办了富县师范；同年，延安大学还设置了教育系。”[③] 中华人民共和国成立以后，中国政府对旧中国的教育体系进行了调整和改造，师范教育也逐渐得到恢复和发展。“第一阶段：1949 年—1956 年是恢复、改革和发展的八年。高等师范院校由十二所增加到五十五所，在校学生数由 20818 人增长到 98821 人。第二阶段：1957 年—1965 年，是前进中有失误、调整中继续前进的九年。高等师范院校增加到五十九所……1961 年开始调整，大致保持在 1957 年的水平。第三阶段：1966 年—1976 年，是遭受极大破坏和摧毁的十年。原有的师范院校被合并或撤销，停止招生五六年，教育质量严重下降。第四阶段：1977 年—1979 年，是粉碎‘四人帮’后拨乱反正，调整、发展的三年。高等师范院校发展到一百六十五所，在校学生 307000 人，教师达六万多人。”[④] 1978 年 10 月，教育部出台了《关于加强和发展师范教育的意见》，把建设中小学教师队伍看作是发展教育事业和提高教育质量，是 20 世纪内实现四个现代化强国的

---

① 李屏、颜素玉：《论中国近代师范教育之源起》，《上饶师范学院学报》2003 年第 5 期。

② 石静：《民国初期的师范教育》，《广西社会科学》2003 年第 7 期。

③ 沈绍辉：《陕甘宁边区的师范教育》，《延安大学学报》（社科版）1994 年第 1 期。

④ 陈友端：《师范教育三十年》，《湖南师院学报》（哲社版）1980 年第 1 期。

基础性工作。从此，我国的师范教育开始走上健康发展道路。据教育部全国教育事业统计公报数据显示：1995 年我国共有高等师范学校 236 所，13 所高师院校设立博士点，具有博士学位授予权的专业点有 107 个；有 38 所高师院校设立硕士点，具有硕士学位授予权的专业点有 698 个；高师本科院校有 76 所，在校学生约 32 万人；高等师范专科学校 160 所，在校学生约 26 万人；中等师范学校 897 所，在校学生约 85 万人；教育学院 242 所，在校生约 21.4 万人；教师进修学校 2031 所，在校生约 51.6 万人；部分电视大学、电视师范学院及 180 余所综合大学举办的师范专业或二级学院，构成了结构完备的高等师范教育体系。

师范教育与基础教育特别是义务教育差不多是如影随形、同步发展的。在 19 世纪以前，教育与社会生产劳动相互分离，受教育者不生产、生产者不受教育。生产者所需要的生产知识和技能是在生活和生产过程中逐步习得的。那个时候还没有公共教育制度，自然也就没有教师培养制度。工业革命以后，特别是 19 世纪中期以后，人们越来越认识到生产者接受一定教育的必要性，1852 年美国马里兰州率先颁布了义务教育法，义务教育在早期工业国家逐步推广开来，并成为政府的责任。为了保障义务教育发展对师资的需要，19 世纪后期，早期工业国逐渐建立起独立设置的师范院校系统，实行教师的定向培养制度，[①] 师范教育制度由此逐渐建立。

“教师教育”一词则是由“师范教育”一词演变而来的。顾明远 1990 年主编的《教育大辞典》将师范教育界定为“培养师资的专业教育，包括职前培养、初任考核试用和在职培训”。然而，在人们的传统观念里，师范教育仍然主要是指教师担任教职前所接受的正规学校教育。[②] 时任教育部师范教育司副司长的袁振国教授认为，由于师范教育作为特定历史阶段的特定概念，具有一些共性的制度特征。其中包括：一是师范院校与教师培养几乎是同一概念，教师由师范院校负责培养，师范院校也只培养教师；二是师范院校是单一型院校，综合水平低、学术研究要求不高，社会

---

① 袁振国：《从“师范教育”向“教师教育”的转变》，《中国高等教育》2004 年第 5 期。

② 转引自刘捷，谢维和：《中国高等师范教育百年省思》，北京师范大学出版社 2002 年版，第 43 页。

经济发展的变化对学校影响不直接，学校对社会经济的变化不敏感，等等。随着社会与教育发展水平的不断提高，特别是高等教育的大众化，教师的学历水平逐渐本科化。根据对美国、英国、法国、日本、墨西哥、巴西、韩国、印度、澳大利亚等不同地区、不同发展水平国家的研究发现，当一个国家的高等教育入学率达到18%～20%的时候，小学教师便纷纷实现本科化，高中教师进入本科后教育阶段。独立设置的师范院校逐渐向综合大学发展，小学教师和中学教师培养明显分化，小学教师培养多数仍然保持混合培养特色；中学教师主要通过学科教育与教师专业教育相分离的模式培养，教师教育成为本科后教育，大学教育学院、大学教育研究院逐渐成为教师教育的主体。教师培养模式的变化，新的教师培养形式的出现，“师范教育”已经不能反映教师培养和培训的实际情况，已经不能反映现代教师教育的机构特征，更不能反映教师教育的发展需要和未来特征。在这样的情况下，“教师教育”的概念走上历史舞台并逐渐替代“师范教育”的概念。这种变化美国发生在第二次世界大战以后，英国、法国、日本等国发生在 20 世纪 60 年代后期，韩国、巴西等国发生在 80 年代。[①] 约 20 世纪 90 年代末，“教师教育”开始逐渐取代“师范教育”。究其原因，主要有三：一是教师教育比师范教育具有更深刻的寓意，用教师教育这一话语能更好地体现当前教师培养的内在特征和发展趋势；二是由于对师范教育的认识存在“应然”和“实然”两种状态，学者和专家希望通过话语的转换改变大家认为教师培养是一种终结性正规学校教育的传统观念；三是出于符合国际惯例的考虑，国外的文献中普遍使用的话语是教师教育而不是师范教育。[②] 2001 年《国务院关于基础教育改革与发展的决定》第一次在政府文件中以“教师教育”替代了长期使用的“师范教育”概念，提出“完善以现有师范院校为主体、其他高校共同参与、培养培训相衔接的开放的教师教育体系”；2002 年 6 月，教育部颁发了《教育部关于“十五”期间教师教育改革与发展的意见》，把教师教育定义为：“是在终身教育思想指导下，按照教师专业发展的不同阶段，对教师的职前培

① 袁振国：《从“师范教育”向“教师教育”的转变》，《中国高等教育》2004 年第 5 期。

② 张元龙：《对教师教育有关概念的认识》，《教师教育研究》2011 年 01 期。

养、入职教育和在职培训的统称。”[①] 也就是说，师范教育更重要强调入职前的教师培养过程；而教师教育则是对教师培养和培训的统称，就是在终身教育思想指导下，按照教师专业发展的不同阶段，对教师实施职前培养、入职培训和在职研修等连续的、可发展的、一体化的教育过程。

可见，从“师范教育”到“教师教育”并不是简单的文字转换或概念替换，而是标志着教师培养进入到一个新的历史阶段，是教育发展的内在要求。教师教育反映了“学科性”与“教育性”、“学术性”与“师范性”、“学科专业知能”与“教育专业知能”的统一，是学科专业教育与教育专业教育的整合。

但是，也有学者认为，“依据我国师范教育发展的历史脉络和自身的特色优势，我们无需用‘教师教育’的称谓取代‘师范教育’的称谓”。陕西师范大学的栗洪武教授在对“师范教育”词义进行考证的基础上，分析了西方国家关于“教师教育”的概念内涵，指出：有些人较少地关注到师范教育体制在我国演变的特殊性和深厚的历史根基，忽视从中华民族优秀传统文化的词义认识和理解“师范教育”的本质内涵，尤其未注意到我国现正在改革中的师范教育也可以兼容上述“教师教育”的内容。事实上，“师范教育”也可以是开放的，它可以向各级各类高等学校及其所有学生开放，也可以实行职前、入职、职后一体化教育。我国现行的职前、入职、职后一体化的师范教育体系，较好地解决了大国办大教育而急需师资的问题，目前只不过需要进一步完善这个体系，并提高对教师的培养层次和质量。而说到师范教育与教师教育在教师的专业化发展问题上存在的分歧时则需要认真分析。我国自古以来就很重视教师的专业发展问题，“学高为师，身正为范”“学为人师，行为世范”就是对教师专业发展最精确的概括，更是对中华民族优秀传统文化中有关教师文化内涵的深刻总结。但自近代以降，在科技理性的价值观驱使下，各行各业更多地关注专业知识和技能，这在与“物”打交道的行业是可行的，而在与“人”打交道的教育行业就未必可行。“教师教育”与“师范教育”相比较，前者的

① 《教育部关于“十五”期间教师教育改革与发展的意见》，教育部网站：http：//old.moe.gov.cn/publicfiles/business/htmlfiles/moe/moe_290/200408/2546.html.

内涵更多地强调知识和技能的专业性特点，而后者的内涵则更多地强调师德、师行的专业性特点。所以，还是继续沿用“师范教育”的概念及其称谓为好；否则，就是本末倒置，既不符合教育的本义，也不利于教师的专业发展。一个好的概念及其称谓，需要科学地下定义，不仅要符合内涵与外延相称的原则，也要与客观事物本身相接近，还要符合本民族的文化思想、心理特征和语义传统等。具有中华民族优秀传统文化精髓的“师范教育”概念，无论是在内涵上还是在外延上，既能承袭我国原有的师范教育的内涵，又能兼容国际化的“教师教育”的内容，更有利于我国现行的师范教育改革深入开展。所以，在当今中国教育界，师范教育不可无，“师范教育”的概念及其称谓不可轻易改变。①

以上只是粗略梳理了若干专家学者的观点和研究成果，不拟对前述两个概念进行进一步分析探讨。但是，从高师院校专业设置、调整的角度来分析，本书更多地使用传统意义上的“师范教育”概念内涵。

（二）精办教师教育专业的理论探讨

师范教育是教育事业的工作“母机”，肩负着培养基础教育优秀师资、提高全民族科学文化素质的历史重任。作为高师院校，办好师范专业、为基础教育和中职教育输送千百万计的合格师资，是义不容辞的历史重责。经过几十年的历史发展，高师院校在前述各方面都做出了杰出的成绩。然而，在实践中一些地方性高校在人才培养等方面也存在一些问题和弊端。主要表现为：一是脱离基础教育实际。从教学内容上看，追求逻辑化、体系化为目标学科本位的教师教育课程，脱离于真实、生动的教育实践，难以帮助未来教师理解和处理基础教育实践中的真实问题，教育理论与基础教育教学实践脱节；从教学方法上看，大学以讲授为主的教学方法不适应基础教学的发展形势，如同纸上谈兵。比如一些学科教学论方面的课程，授课教师自身缺乏基础教育的体验与经历，不能紧密联系中学新课标的要求、没有追踪基础教育的发展形势，而习惯上就理论讲理论，导致高师毕业生毕业后不能很快适应基础教育的需要；至于基础教育在课堂上普遍推

① 栗洪武：《“教师教育”不能取代“师范教育”》，《教育研究》2009 年第 5 期。

行使用的探究式、启发式、问题式等教学方法，以及课程改革所要求的基于传统接受式学习基础上的研究性、探究性、体验性等学习方式，不少高校教师并没有认真研究。二是教育实习“走过场”。多数高师院校的教育实习工作，在时间分配上，一般是见习一个月、实习一个月、实习总结一个月。在见习阶段，指导教师多为学科专业教师，缺乏对基础教育课程改革的了解，常常陷入一种师徒式的经验传承，见习指导的主动性和随意性都较大，指导的频次、程度大相径庭，其结果基本上是凭教师的责任心来组织开展见习指导工作；在实习阶段，由于中学教师考虑到自己的教学计划安排以及年级的考试排名等因素，一般不愿意让实习生上很多的课，特别是一些主干科目如语文、数学、英语等，实习生实际上讲台授课亦不过 4～8 课时，这导致教育实习“走过场”；虽然学校安排有实习总结环节，但实际情况往往又如同给学生“放羊”，没有真正地总结出教育实习中的问题成因及经验启示。凡此种种，最终都不能有效地锻炼并提高师范生的实际教学能力。[①] 针对这种现象，地方高师院校须适应形势、积极探索，通过改革传统观念、修订培养计划、创新人才培养模式等措施，精办教师教育专业，确保教育事业工作“母机”的良性、高效运转。

首先，转变观念，科学进行顶层设计。精办教师教育专业必须区别于传统意义上的办学理念和办学模式（包括学制设定），不仅在观念上要有所更新，而且在学科专业结构的整体布局上要统筹规划。

顶层设计原本是一个工程学术语，移植到社会学领域后，它一般是指运用系统论的方法，从全局的角度，对某项任务或者某个项目的各方面、各层次、各要素统筹规划，以集中有效资源，高效快捷地实现目标。为什么要科学规划、加强顶层设计？仅从高师院校的课程教学及专业实践的学制安排来看，就存在明显的弊端。一方面，传统学制安排师范生的教育实习多在第七学期，有的甚至在第八学期，时间跨度不足 5 个月，而仅仅是 2～3 个月。究其原因，主要是受到“3.5＋0.5”学制模式的制约。针对这种长期不变的单一学制模式，潘懋元先生早在 2005 年就提出了自己的担忧：“这种单一化的本科学制，既不利于培养现代化建设所需要的千百万

① 房正宏：《教师教育专业“211 学制”人才培养模式探讨》，《社科纵横》2014 年第 8 期。

职业技术人才，又冲击了精英教育机构，使其师资设备不堪重负，导致教育质量不同程度地下降。”[①] 这种担忧在高师院校传统学制安排上可能同样存在，因教育实习时间短、实习内容单薄而导致实习效果很难保证，故师范生的教学技能难以得到有效训练和明显提升。另一方面，《高等教育法》规定，我国本科教育的基本修业年限为4～5年。事实上，除了医学类院校外，我国绝大多数本科院校的学制均为4年，高师院校当然不能例外。就高师院校4年学制的学时分配而言，传统的培养方案一般要求课内学时达2600～2800（学时）、3.5年左右，实践环节约18周、0.5年左右。这种学时安排和学制模式，以及围绕该模式制定的教学计划及其运行，已有几十年的历史，在培养基础教育和教育机构的师资，乃至教育管理部门的人才方面，发挥了巨大而积极的作用。但是，随着高等教育由规模式发展向内涵式发展转变，一些地方性高师院校的“双能型”师资、实习实践基地，以及其他实践教学的软硬件建设，均已严重滞后于高师教育发展的新形势，导致高师毕业生越来越难以快速适应基础教育改革发展的需要。[②]

因此，适应高师院校转型发展的要求，学校在学科专业结构的布局规划方面就应当科学谋划、统筹安排，精办教师教育专业，同时，大力拓展应用型专业以兴办非师范类专业，以对接区域支柱产业和战略性新兴产业发展对人才的需求。在顶层设计方面，应整合学校的教师教育资源，探索组建教师教育学院，利用三五年时间大力压缩师范生的在校生规模；推进应用型专业兴办战略，优化应用型学科专业结构。在措施途径方面，围绕区域电子信息、化学化工、生物制药、新材料新能源、现代物流、文化教育等行业产业，构建行业企业关联专业群；围绕学校发展目标定位，合理调配人文、社科、理、工、管理等学科大类专业数量及容量，形成学科门类关联专业群；围绕一级学科专业类，强化二级学院发展定位，突出学科专业集成优势，推进学术性与应用型双向互动，构建学科专业关联专业群。

其次，因地制宜，修订人才培养计划。人才培养计划是学校人才培养

---

① 潘懋元：《构建多样化的本科教育系统》，《中国教育报》2005年4月1日。

② 房正宏：《教师教育专业“211学制”人才培养模式探讨》，《社科纵横》2014年第8期。

的具体实施方案，从学科专业培养的角度看，它又体现为本科专业的教学计划。人才培养计划的修订涉及培养目标、课时学分安排、课程内容和结构、教学方法和要求、学制安排等方面。服务于学校转型发展的战略，高师院校就要因地、因时制宜，围绕精办教师教育的思路而修订并完善人才培养计划。

一是根据培养目标及社会需求调整培养计划和课程设置。社会需求是调整培养计划的基本依据，实行学分制是弹性安排学制的基础，因此，高师院校应结合学校实际，因地因时制宜，修订人才培养计划，并建立与之相适应的学籍管理系统，以加强教师教育专业的建设。课程是实现培养目标的载体，是学校为实现培养目标而选择的教育内容及其进程安排的总和；而课程结构体系是培养目标的知识结构、能力结构和素质结构的外在表现形式，它必须通过教师的教和学生的学这种双边活动内化为学生的能力素质。可以说，优化课程结构体系是师范类专业人才培养模式改革的核心内容。围绕实践教学的教学计划调整，主要是将部分校内课程为主的设置方案调整为“校内与校外课程相结合”；对需要在校内完成的实践类课程进行改造，更新教学内容和教学形式，如将一些诸如“教材教法”类理论课调整为“模拟中学课堂”教学活动，使之适应实践教学的需要，成为向校外实践基地开展模拟实训的一种过渡性课程；并积极利用校外实习实践教学平台，提供师范类（专业）学生实际参与中小学课堂教学各个环节的见习、实习机会。此外，要加大实践教学的课程建设力度。课程设置上倡导专业知识体系加技能模块，可以增开一定数量的专业选修课，拓展学生的专业知识面，培养并锻炼学生的实践能力。同时，这类课程的设置要结合专业特点和社会需求的变化，对原有课程内容进行缩减和调整，精练理论课程、增加实践学时（学分），让学生真正走向讲台、走向社会，通过实践教学和实践活动的开展，实现知识和技能的有机结合。

二是弹性调整传统学制。改变传统的学制模式，探索调整与创新学制安排具有充分的政策依据和操作可行性。《高等教育法》第 34 条规定：“高等学校根据教学需要，自主制定教学计划、选编教材、组织实施教学活动。”《高等学校教学管理要点》（教高〔1998〕33 号）第 12 条规定，教学计划的内容一般包括：“……（二）修业年限；（三）课程设置（含课程性质、类型、学时或学分分配、教学方式、开课时间、实践环节安排等等)；(四)教学进程总体安排……”；《教育部关于进一步深化本科教学改革全面提高教学质量的若干意见》(教高〔2007〕2号)在第9条强调要“高度重视实践环节，提高学生实践能力”，并规定“列入教学计划的各实践教学环节累计学分(学时)，人文社会科学类专业一般不应少于总学分(学时)的15%，理工农医类专业一般不应少于总学分(学时)的25%……确保学生专业实习和毕业实习的时间和质量……”；教育部等七部委《关于进一步加强高校实践育人工作的若干意见》(教思政〔2002〕1号)再次重申了前述实践学时安排，要求把实践育人工作“纳入学校教学计划，系统设计实践育人教育教学体系，规定相应学时学分”，并强调“师范类学生教育实践不少于一个学期(18周)”，“每个本科生在学期间参加社会实践活动的时间累计应不少于4周”。值得注意的是，《教育部关于全面提高高等教育质量的若干意见》(教高〔2012〕4号)在第八条强调要“强化实践育人环节……结合专业特点和人才培养要求，分类制订实践教学标准。增加实践教学比重，确保各类专业实践教学必要的学分(学时)”。《高等教育法》的规定和教育部等部委制定出台的一系列加强高校教学的指导意见，不仅为高等学校强化实践教学提供了法理依据，而且也是对高师院校调整实践学时(安排)作出了明确的工作部署。因此，早在数十年前我国的一些重点师范大学就已经开始了培养模式的改革与探索。如北京师范大学为适应师范教育体制改革的要求和国际趋势，启用“4＋3”“4＋2”“4＋0”三种不同人才培养模式，让学生入校一年后进行一次“专业分流”，选择适合自己的专业；入校三年后进行一次“职业分流”，一部分学生继续在专业上深造，其目标是完成相关专业硕士、博士教育；一部分学生通过适当筛选，进入“教育专业硕士”课程学习，通过三年学习，获得教育专业硕士，成为各大中城市重点中学各学科教学的学术带头人；剩余的部分师范生通过一年的学习，获得学士学位，成为各地中小学的一般性师资。① 实践已经证明，这些探索和试验均已取得非常好的效果。

---

① 钟锐锋：《论地方高师院校转型与人才培养模式改革的趋势》，《绵阳师范学院学报》2003年第4期。

第三，积极探索，创新人才培养模式。一般认为，模式是从众多的范例中抽象出来的可供分类、参照或复制的某种概括性的呈示方式。模式和形式是有本质区别的，相对于事物诸多形式的形而下体现，模式形而上地提供了一系列原则性的规定、法则，这些规定和法则既符合事物的客观规律，又符合人们的价值准则。因而，模式具有三个本质特征：典型性、可分类性和可复制性。① 经过长期的办学积淀，不同类型的学校、不同的专业形成了不同的人才培养模式。

如果从学制模式的角度来探讨，精办教师教育专业宜于从学制模式取得突破。② 高等教育必须适应经济社会发展的需要，高师院校培养的人才则首先要适应基础教育的需要。为此，有必要对传统的学时安排进行弹性调整，探索构建“2＋1＋1”的学制模式（本书称之为“211 学制”培养模式）。即将大学 4 年的时间分配为 2 年（4 学期）的通识教育、1 年（2 学期）的专业教育、1 年（2 学期）的专业实践。具体地说，在一、二年级进行通识教育课程和学科基础课程的学习，提升学生的人文素养和科学素质，夯实学生的学科专业基础；三年级进行专业核心课程（含教师教育课程）的学习，培养学生的专业核心素质；最后一年开展专业实践，强化学生专业应用能力。因为高等教育的目标和任务，是培养适应经济社会发展需要的数以千万计的专门人才和一大批拔尖创新人才，使受教育者成为德、智、体、美等全面发展的社会主义事业的建设者和接班人。对于高师院校，主要是培养忠诚于党的教育事业、掌握基础教育的规律和目标任务、能够独立从事教学的高级专门人才。

一是强化通识课程和学科基础课程的学习，打牢学生的知识基础。通识课程旨在拓宽学生的知识面，使其具备从事教师职业必备的文理基础知识，增强其在未来学习和工作中的适应能力和应变能力。通识教育课程除开设教育部统一规定思政课、外语课、体育课、计算机等课程以外，应根据文理专业差异分别增设大学语文、世界通史、大学数学、大学物理等课

① 黄克孝主编：《职业和技术教育课程概论》，华东师范大学出版社 2001 年版，第 73 页。

② 以下内容引自房正宏：《教师教育专业“211 学制”人才培养模式探讨》，《社科纵横》2014 年第 8 期。

程，开设通识教育选修课程，加强文理融通。学科基础课程主要开设本专业基础课和相关专业基础课（一般为同一学科门类下各专业均需要开设的基础性课程），旨在培养学生学习本学科专业的基本素质，为专业素质的培养奠定基础。根据现行本科学制（一般为4年），结合教育部要求开设的公共基础课程学分（学时）和学科基础课程设置的需要，这一阶段的学习设置为2年较为合适。专业课程主要设置本科专业目录和专业介绍中要求开设的专业主干课程（或专业核心课程），主要是在学科基本素质的基础上，强化学生的专业素质培养，对于师范类专业来说，教师教育基础课程也是其专业素质形成的必要组成之一。专业课程主要集中在大三年级开设，让学生系统掌握本专业的理论知识，从而为培养学生的实践能力奠定扎实的专业基础。比如对于文史类专业的师范生来说，夯实学生的专业基础就要重组并优化课程体系，在课程内容和时间设置上，确保作为专业基础的语言、文学、中外史学、写作、文秘、政治学等基础理论、基础知识教学达到本科学历教育的学业标准和学时要求；在此基础上，通过专业课的学习并逐步扩大选修课的种类和数量、开设跨院（系、部）选修课和跨学科辅修专业；同时，可以进一步完善学分制，增加课外学时、学分等措施引导学生学思结合，培养其学习能力和研究能力。总之，这一阶段（4学期）的目标任务，是以素质教育为主题、以知识教育为主线，初步奠定学生的知识、能力、素质结构，夯实其人文素质及专业基础。

二是强化专业实践教学，提升师范生的实际操作能力。对于教师教育专业而言，专业实践主要包括教育见习、教育实习、毕业论文（设计）、毕业教育等内容。在“211学制”培养模式中，突出“2+1+1”特色，就是在教学活动的时间安排上，重点实施1年左右的教育见习、教育实习和毕业论文（设计）等内容。通过专业实践教学训练，培养学生综合分析和解决实际问题的能力，这些能力包括基础教育学科教学能力、教学管理能力、教学研究能力，甚至包括科教文卫等社会公共事务管理能力。对于教育实习活动的安排，可以采用集中实习、委托实习和自主实习3种方式。集中实习是传统的实习方式，即学生由学校统一安排到教育实习基地，在教师的指导下按计划、分环节开展教育见习、实习活动；委托实习是指学校委托中学的教研室或名师工作室等开展实习活动，期间对实习学生的教学活动进行检查指导；自主实习则由学生自主选择中小学校，并和实习学校协商依据一定的计划内容开展的实习活动，实习活动结束后再回到学校接受检查验收。无论采取哪一种实习方式，只要按计划、保证一定的课堂授课时数，都能够有效地锻炼高师生的教学技能和教学水平，大大提高其从教能力。

另一方面，与提升师范类专业教学能力相对应，是不断强化非师范类专业的实践能力，这是精办教师教育一体两面的举措。因为不同的专业指向不同的培养目标并要求不同的培养模式与之相匹配。对于培养大批优秀的基础教育师资而言，“211 学制”培养模式无疑是行之有效的。但是，不少地方高师院校面临一个普遍的问题是毕业生就业难。在“大众创业、万众创新”的政策形势下，从提高毕业生就业竞争力的角度，可以探索构建“教学＋实训”创业教育模式。这一模式主要内含了两个层面的内容：一是以实际案例为主的知识教学，二是以模拟仿真为主的实战训练。[①]“教学＋实训”创业教育模式在本质上体现为知识教学基础上的实践教学，不过它更适用于非师范类专业，从培养目标看，它与“211 学制”培养模式并无实质区别。

首先，以实际案例为主的知识教学构成基础。创业教育的特点之一是其教育性。创业教育的目的虽然是教育学生怎样在多变的环境中开创和成就未来的事业，它虽然带有很强的社会性、实践性特点，但仍然需要通过教育教学环节加以促成，要通过一定的课时、一定方式的教育和培训，学习一定的课程内容、理论知识，从而完成教学计划，达到一定的教育目的。因此，创业教育首先属于教育。众所周知，任何一门教育都必须建立在知识教学基础之上。在学校创业教育“教学＋实训”模式中，以实际案例为主的知识教学具有不可替代的作用，它构成这种创业教育模式的基础。这些知识基本包括怎样创办一个企业、怎样研究和开拓市场、怎样进行成本核算、怎样进行经营和管理，等等。而且，这种教学决不能局限于课堂上纯粹的知识灌输，也不等同于就理论而学理论，它强调的是结合实

① 以下内容引自房正宏：《创业教育的“教学＋实训”模式分析》，《科技创业月刊》2009 年第 11 期。

际案例进行知识传授与学习，同时这种理论知识可以直接指导实际操作。通过实际案例的知识教学，学生在实践中就能逐渐积累经验，学会如何分析市场形势并发现和把握机遇，练习组建成功的创业团队，进行市场调查、成本核算、产品生产和推销，并学习如何应对风险和挫折等。

作为创业教育的一个主战场，学校的教育教学活动必须对教学内容和课程体系进行改革，并要求制定课程教学中的创业训练、案例教学与模拟训练等方面的教学计划，以增加教学内容中的创业含量，包括围绕创业开设选修课与系列讲座等。唯此，创业教育的知识教学才具备一定的实践基础，才具备实际操作的可行性。

其次，以模拟仿真为主的实战训练实现理论与实际的结合。创业教育的另一个重要特点是其实践性。它要求创业教育不能仅仅停留在传授理论知识的层面上，而且要在进行理论教学的同时，必须与创业的实践活动相结合，通过一定的实践环节，使学生逐步积累实践经验。创业教育的最终目的毕竟是要落实到创办与发展未来事业的实践上，因此，在加强理论教学的同时，职业学校必须统筹安排相应的实践教学。创业教育的一些成功实践表明，以模拟仿真为主的实战训练成为至优的选择。因为这一模式充分彰显了创业教育的实践性和应用性功能，体现了培养和提高学生实际操作能力的教学理念。

不仅如此，以模拟仿真为主的实战训练还可以充分发挥创业教育模式的功能。创业教育要通过这种模式发挥出积极的社会效果，模拟仿真为主的实战训练是不可缺少的环节。以实际案例为主的知识教学也只有经过实战训练，其效果及目标才能在预演中得到检验和评估，同时也会发现更多不足之处，以利改进教学计划，完善设计方案及操作程序。毋庸置疑，学校教学中的一些实际案例可能存在诸多不完善之处，直接用来指导创业实践的效果是不可预测的，进行模拟仿真训练则能为创业实践提供预演。这种预演不仅能够检验学校创业知识教育的效果，而且实现了理论和实际的有机结合。例如，如何注册一个公司或熟悉一个公司的注册流程，对于自主创业者来说是至关重要的。那么，学校的教学计划中就可以有针对地编排这方面的仿真训练内容，包括如何核名、注册编写“公司章程”、到会计师事务所领取“银行询征函”、办理验资报告、凭营业执照去办理企业组织机构代码证、去银行开基本户、办理税务登记等手续。经过这种仿真训练，毕业生在掌握了相关理论的基础上势必对未来的创业实践胸有成竹，这无异于为如何创办一个公司提供了一次成功的实战演习。

二、阜阳师范学院专业结构调整的实践探索

我国高等教育形势的发展，推动着高校进行综合改革，以使高等教育适应经济社会发展的需求。《教育规划纲要》提出要统筹推进教育综合改革的思想，明确要求“省级政府教育统筹综合改革试点”，此后，各省级政府或教育主管部门积极行动，纷纷出台相关政策措施，贯彻落实《教育规划纲要》精神。安徽省人民政府于 2012 年 7 月颁布了《关于开展省级政府教育统筹综合改革试点的实施意见》、安徽省教育厅先后出台了《关于深化高等教育教学改革全面提高人才培养质量的若干意见》（皖教高〔2012〕7 号）、《安徽省教育厅关于地方高水平大学立项建设分类发展的意见》（皖教高〔2014〕17 号）、《安徽省教育厅关于安徽大学等高校开展高校综合改革试点工作的通知》（皖教高〔2015〕1 号）（以下简称《通知》），对安徽省的高等教育改革进行规划实施。《通知》指出，安徽省高等教育发展现状与基本实现教育现代化要求仍存在明显差距，教育观念相对滞后，教学内容和方法比较陈旧，学生适应社会和创新创业能力不够强，办学体制机制不尽完善，办学活力不足，已不能完全适应安徽省高等教育事业改革与发展的新要求，不能适应安徽省经济发展新常态。当前，迫切需要通过高校综合改革创新体制机制，进一步激发高校办学活力。各高校务必高度重视，充分认识高校综合改革的重要性、必要性和迫切性，求真务实，开拓创新，聚焦、聚神、聚力，攻坚克难，更加突出体制创新，更加重视依法治理，更加注重统筹谋划，通过综合改革，在各自的类型、层次上办出特色，争创一流。[①] 在这一政策背景下特别是落实安徽省教育厅的工作安排，阜阳师范学院于 2014 年 6 月着手进行二级学院整合及部分学科专业结构调

① 《安徽省教育厅关于安徽大学等高校开展高校综合改革试点工作的通知》，安徽教育网：http：//www.ahedu.gov.cn/164/view/15712.shtml.

整工作，并于 2014 年 12 月启动了深化本科专业综合改革。

（一）动员发动，营造氛围

在动员发动阶段的工作任务，主要是通过学习国家及省政府相关文件，领会文件精神，并在广大教职工特别是管理人员中进行宣传发动，以促进大家统一思想、更新观念，为后期的本科专业综合改革打下思想基础。期间，学校先后下发了《阜阳师范学院关于深化本科专业综合改革的实施意见》（校教〔2014〕84 号）、《关于编制〈阜阳师范学院深化综合改革方案〉及相关文稿的通知》（校政〔2015〕18 号）、《关于印发〈阜阳师范学院全面深化综合改革方案〉的通知》（校党〔2015〕35 号）等文件，除了下发文件的方式要求各学院、各部门贯彻之外，学校还邀请教育学专业和管理领域的专家来校举办讲座、相关职能部门和学院到其他学校进行调研、学校领导大会动员等方式为本科专业的综合改革营造了良好的舆论氛围。

2014 年 6 月，学校在部署对二级学院进行整合及对学科专业结构进行调整时，学校党政主要负责人都相继发表了动员讲话，着重分析了学校学科专业结构存在的“三个不均衡”问题，即专业布局不均衡、专业发展不均衡、专业教师分布不均衡，强调了学科专业结构调整对学校发展的重要意义，提出了工作要求并着重强调了“四个意识”，即一要强化大局意识。学院整合学科专业结构优化调整是一项全员工程、全局工程，系统性强、牵涉面广、关注度高，全校一盘棋，各学院、各部门要统一思想，充分认识该项工作的重要意义，清楚了解各项目标任务与实施步骤，积极主动参与，全面落实党委决定。尤其是涉及专业调整的学院，不能只看到学院利益，忽视学校整体利益，更不能以一己之私，阻碍整体工作的推进；要进一步强化大局意识，凝聚共识，进一步增强责任感和使命感，以改革创新精神积极支持和参与学院整合与专业结构调整工作。二要强化危机意识。学校处于改革的攻坚期，发展的关键期，也是矛盾的多发期，机遇与挑战并存，成就与问题同在。虽然学校本科办学历史长，教师教育经验与成果丰富，并成功获批硕士学位授权、发展研究生教育；但环顾四周，与省内外重点地方高校比、与同时期本科院校比、与新“升本”的应用型高校比，阜阳师院有没有差距、有没有优势和特色，需要进行深刻反思。所以，师院人必须强化忧患意识、危机意识，要积极主动迎接挑战、面对问题，在竞争中争取主动，在竞争中赢得更好的发展。三要强化发展意识。学科整合与学科专业结构优化调整是学校在特殊发展阶段作出的特殊决策，在目前形势下，发展慢了、发展晚了、不发展都不行；发展就是要练内功、比内涵、强底气，学科专业结构调整，就是为了优化学科专业布局，就是为了更好地利用有限的教师资源和实验实训资源，就是为了更好地强化专业内涵建设，就是为了更好地适应经济社会发展的需要。所以，必须强化发展意识，把个人的发展、集体的发展，有效融入学校的发展大局中去，发扬“校兴我荣、校衰我耻”的师院人精神，把该做的工作做好。四要强化稳定意识。二级学院整合与学科专业结构优化调整是一项复杂的系统工作，涉及学院管理人员配备、办公场所调配、专业教师归属、教学资源分配、硕士学位点归属、公共平台管理、团学工作调整等方方面面，预期不到的不稳定因素多，考虑不周，容易激发矛盾。牵头部门要精密谋划，细化方案，谨慎实施，办公室要统筹兼顾，做好联系协调工作，各学院主动参与，认真听取教师、学生意见，积极配合方案落实，确保二级学院整合与学科专业结构优化调整工作平稳推进、不出差错、不留尾巴。

2014 年 6 月学校对二级学院进行整合及对学科专业结构进行优化等工作，可以看作是阜阳师院专业结构调整的先声。同年，阜阳师范学院以学校文件的形式又陆续下发了《关于推进我校二级学院整合与学科专业结构优化调整工作的通知》《二级学院整合与学科专业结构优化调整方案》《二级学院整合与学科专业结构优化调整专项工作方案》及《二级学院整合与学科专业结构优化调整专项工作时间推进表》，密集推动二级学院的整合，为专业结构调整做好组织机构方面的准备。这次调整，学校根据“结构优化、学科相近、适应需求、资源共享”的原则，将原“经济与管理学院”按学科专业分类，拆分为“经济学院”和“商学院”；同时，将部分师范类专业特征明显的二级学院名称更改为增加非师范类专业后更具明确服务面向的“×××工程学院”。本次调整所强调的结构优化原则，其一是要统筹教师教育与非教师教育专业之间的关系，精办教师教育专业，三年内教师教育专业学生占全校在校生比例不超过40%，鼓励部分规模小的教师教育类专业停办改造，适时优化教师教育专业布局；其二是要统筹专业市场需求与教学资源保障能力之间的关系，调整学院学生规模，使学院数量及各学院学生、教师人数规模适度，学科专业建设和发展任务相对均衡，更有利于教学组织与管理；其三是要统筹学院定位与未来专业发展之间的关系，明确重点建设专业，学科专业分布与学院名称吻合，凸显综合性发展趋势。二级学院整合与学科专业结构优化调整的目标，则是希望通过整合与调整，使调整后学院的学科建设、人才培养及服务面向等更加明确，以便于形成集中度较高的优势学科专业，促进人才培养质量的不断提升。

（二）分步实施，有序推进

为加强组织领导，学校设立由党政"一把手"担任组长的"二级学院整合与学科专业结构优化调整工作领导小组"，领导小组下设8个专项工作组，开展相关方案制订、实施与推进工作；领导小组办公室设在教务处，由办公室统筹、协调二级学院整合与学科专业结构优化调整工作。自此，在学校"二级学院整合与学科专业结构优化调整工作领导小组"的统一指导下，阜阳师范学院各二级学院、业务主管处室及学科点负责人纷纷行动起来，根据学校下发的相关文件及学科专业结构调整方案，分步实施、有序推进。

根据学校的统一规划及《二级学院整合与学科专业结构优化调整方案》，二级学院的整合调整工作于2014年7月中旬全部完成，包括与之相关的教师队伍与管理人员、教学资源及省级科研平台、办公场所及专项经费等，均同步调整到位，以保障秋季学期的正常教学运转。这一阶段的学科专业调整与优化，以二级学院为序，主要内容按14个二级学院罗列，包括：(1) 文学院。停招人文教育、汉语言等专业，保留汉语言文学、新闻学、秘书学等专业，稳定汉语言文学专业学生规模，支持申报网络与新媒体、数字出版等专业，明确戏剧影视文学专业定位并鼓励申报，学院暂时不更名。(2) 外国语学院。保留英语、日语、翻译等专业，限制英语（师范）专业学生规模，支持申报法语、商务英语等专业，鼓励教师境外学习，学院不更名。(3) 政法学院。接收公共事业管理并加强改造，保留思想政治教育、法学、行政管理等专业，支持申报社会工作、知识产权等专业，学院暂时不更名。(4) 经济与管理学院。接收人力资源管理、金融工程、经济统计学等专业，撤销经济与管理学院。成立“商学院”，办好人力资源管理、工商管理、财务管理、物流管理等专业，支持申报资产评估、物业管理、物流工程等专业。成立“经济学院”，办好经济学、经济统计学、金融工程、电子商务等专业，支持申报税收学、审计学、投资学、保险学等专业。(5) 社会发展学院。调出人力资源管理，停招自然地理与资源环境，保留历史学、地理科学、人文地理与城乡规划、旅游管理等专业，支持申报酒店管理、地理信息科学、会展经济与管理等专业，学院更名为“历史文化与旅游学院”。(6) 音乐学院。保留音乐学、音乐表演、舞蹈学等专业，明确音乐表演专业定位，加强与体育学院舞蹈师资共享，办好舞蹈学专业，学院更名为“音乐舞蹈学院”。(7) 体育学院。限制体育教育专业招生规模，保留武术与民族传统体育、表演等专业，加强与音乐学院师资共享，明确专业定位，办好表演专业，支持申报运动训练专业，学院暂时不更名。(8) 美术学院。保留美术学、绘画、视觉传达设计、环境设计等专业，支持申报艺术与科技专业，学院暂时不更名。(9) 数学与金融学院。调出金融工程、经济统计学等专业，稳定数学与应用数学专业招生规模，保留统计学、应用统计学、信息与计算科学等专业，学院更名为“数学与统计学院”。(10) 物理与电子科学学院。限制物理学专业招生规模，保留科学教育、应用物理学、电子信息科学与技术、电气工程及其自动化等专业，支持申报材料物理、光电信息科学与工程、通信工程、机械设计制造及其自动化等专业，学院更名为“物理与电子工程学院”。(11) 化学化工学院。限制化学专业招生规模，保留应用化学、材料化学等专业，支持申报材料科学与工程（或其他材料类相关专业）、制药工程，学院更名为“化学与材料工程学院”。(12) 生命科学学院。限制生物科学招生规模，保留园林、动物科学等专业，支持申报食品科学与工程、食品质量与安全、生物制药等专业，学院更名为“生物与食品工程学院”。(13) 计算机与信息学院。停招信息管理与信息系统专业，计算机科学与技术改为非师范，保留信息工程、物联网工程等专业，支持申报信息安全、数字媒体技术等专业，学院更名为“计算机与信息工程学院”。

(14) 教育科学学院。调出公共事业管理专业，停招教育技术学专业，保留小学教育、学前教育、应用心理学等专业，加强专业论证，鼓励申报幼儿（儿童）艺术专业，学院更名为“教育学院”。其中，停止招生和限制招生的专业，多数是师范类专业；支持申报的专业多数是非师范类、应用型专业。

经过 2014 年 6 月份全校范围的大规模调整，学校办学资源得到进一步整合，完善了学科专业布局结构，初步构建了学科支撑有力、专业发展协调、优势特色鲜明、社会服务能力强的学科专业体系，一定程度上提升了学科专业的整体水平，为深入推进学校的专业内涵建设、加快推进学校转型升级打下了良好的学科专业基础。此后，为构建学科专业结构调整的长效机制，学校又相继下发了《阜阳师范学院关于深化本科专业综合改革的实施意见》(校教〔2014〕84 号)、《阜阳师范学院本科专业设置与动态调整实施办法（试行)》(校教〔2014〕85 号)、《阜阳师范学院本科专业评估方案》(校政〔2015〕49 号）等文件，完善专业动态监测调整机制，进一步推进专业内涵建设。特别是 2014 年 12 月印发的《阜阳师范学院关于深化本科专业综合改革的实施意见》，明确提出要对接教师岗位需求培养师范生，为此，一要调控规模，二是优化结构。其中，调控规模是指坚持按需培养，应对安徽省在校师范生总量过剩的实际，力争 5 年内将师范生占在校生总人数比例控制在 30%以下，实现招生培养规模与教师岗位需求有效衔接；优化结构是指优化教师教育类专业招生培养结构，稳定汉语言文学、数学与应用数学等基础教育主要科目专业规模；合理控制思想政治教育、历史学、音乐学、科学教育等在校生人数不多的专业规模；限制英语、体育教育、物理学、化学、生物学等在校生规模较大或布点较多专业的规模；停招汉语言、人文教育、教育技术学等市场需求量不大的专业。2017 年 5 月，学校通报了对 2016 年度本科专业设置动态调整的审核情况，对审核过程中发现的存在问题的若干专业发出预警并核减招生计划；同时，鼓励申报符合学校办学定位、适应经济社会发展需求的新专业，对那些社会需求和就业前景不好、不符合学校办学定位和发展规划、现有办学条件不足且无相关学科基础、与现有专业同质化严重或与现有专业存在明显的市场资源冲突（如就业方面)、不能融入学校学科专业群或不利于专业结构和布局良性发展的专业，一律从严控制增设。

此外，学校进一步明确了对专业分类建设的意见措施，以健全、优化学科专业动态调整机制。2016 年 7 月，学校出台了关于专业分类建设的指导意见，提出了专业分类建设的整体目标，即以区域经济社会发展需求为导向，以学科专业分类评估为抓手，深入推进专业分类建设，调整优化专业结构布局，重点建设一批传统优势专业、特色应用专业、紧缺新办专业，力争到2020 年，全面确立优势学科、特色应用、紧缺新办三大类别联动发展的专业体系，全面实现各专业的规模调控与集群发展，全面形成学科支撑有力、专业协调发展、优势特色鲜明、社会需求符合度高、服务行业产业能力强的专业发展格局。具体措施包括：一是加强传统优势专业建设。重点遴选和资助一批在学术研究方面具有明显优势的专业，依托良好的学术性学科基础，以高水平科研成果突破与创新性能力培养为主要目标，着力提高理论研究水平，致力于学术型拔尖创新人才培养；二是举办特色应用专业。重点遴选和资助一批在服务支撑区域经济社会发展方面具有鲜明特色的应用型专业，依托良好的应用性学科基础，以高新实用技术推广和卓越实践能力培养为主要目标，着力提高实践应用水平，致力于各类卓越应用人才培养；三是拓展紧缺新兴专业。重点遴选和资助一批区域支柱产业和战略性新兴产业急需的新办专业，依托现有办学基础，以增强专业实力和对接服务区域经济社会发展为主要目标，强化产教融合、校企共建，着力提升专业服务产业行业发展能力，致力于行业产业急需的高素质应用型人才培养。经过三五年来的探索实践，至此，学校已初步构建了相对完善的学科专业结构体系。

（三）优化模式，加强保障

对相关二级学院进行整合、调整的过程，也是阜阳师范学院对学科专业结构同步进行优化调整的过程，这是深化综合改革整个进程中关键的环节。依据《学位授予和人才培养学科目录（2011 年）》和《普通高等学校本科专业目录（2012 年）》，将一些学科归属不清晰的专业重新整合归类，重点把握学科专业之间的关联度，按专业大类重新组合相近专业，审慎调整专业归属。学校要求，每个学院专业设置的学科跨度原则上不超过两个门类，同一门类原则上不超过 3 个专业类；属于同一专业类的专业整合在同一个学院；属于同一学科门类、部分主干学科相同的专业，或者不属于同一学科门类、部分主干学科相同、专业核心课程关联度高的专业整合在同一个学院。对于原属独立科研机构的 7 个省级重点平台，也按学科归属进行调整，或依托与其研究方向和内容相近的学科专业所在学院进行共建，如农民工研究中心挂靠商学院，依托商学院和经济学院共建；区域物流规划与现代物流工程安徽省重点实验室挂靠商学院；皖北文化研究中心依托文学院和历史文化与旅游学院共建；安徽武术文化研究中心挂靠体育学院；抗衰老中草药安徽省工程技术研究中心和胚胎发育与生殖调节安徽省重点实验室挂靠生物与食品工程学院；环境污染物降解与监测安徽省重点实验室挂靠化学与材料工程学院。经过以学科专业结构调整为核心的综合改革，学校改变了过去单一的“学（校）院－二级学院（系）”管理组织结构模式，而在改革实践中构建并完善了“校（院）—院（系）—专业”和“校（院）—院（系）—平台”并行的结构模式，前者偏重专业建设，后者偏重学科建设。

为了保障学科专业结构调整的顺利实施，并为深化综合改革的顺利推行提供支持，学校在强化非师范专业办学条件和师资队伍建设的同时，不断强化专业综合改革的制度建设，加强专业综合改革的组织领导和条件保障，以确保综合改革取得实效。第一，在改善实验实训教学条件方面，着力推进文科实训大楼建设和使用，成立文科实训中心，统建统管文科实训资源，提高资源利用率；启动理工科实训资源建设工程，每年（预算）投入 2000 万元的专项购置和更新教学仪器设备，不断完善实验实训平台；逐步改善非师范专业办学条件，优先满足新办专业实验、实训需求，力争一年打基础、二年保运转、三年见成效。第二，在加强校外实践基地建设方面，系统规划校外实习实训基地建设，加快非师范专业校外实践基地建设；根据专业特点和人才培养需要，制订校外实习实训基地建设标准，探索实施实习基地按学科门类或专业分类的管理机制，着力提升校外实习实训基地建设质量和管理水平。第三，在加强非师范专业师资队伍建设方面，着力建设专兼职比例合理的教师队伍。引进一批具有实践背景和行业企业工作经历的优秀师资，聘用具有丰富实践经验和技能的高级专业技术人员、管理专家和高级技师等兼职教师，建成一支数量满足需要、专兼比例合理、教学效果优良的非师范专业师资队伍。第四，在推进教师实践教学能力培养方面，建立非师范专业教师到企业培训制度，推动教师脱产、半脱产到企业一线实岗锻炼，更新实践知识，丰富实践经验，提高实践技能；支持教师参加政府或行业举办的各级各类专业实践技能培训、进修及职（执）业资格考试，鼓励教师取得高校教师系列以外相关行业企业的职（执）业资格或专业技术等级证书。第五，在推进专业综合改革制度建设方面，以社会需求符合度、教学资源保障度、用人单位与学生满意度为基本参数，定期采集专业基本状态数据，开展专业建设常态监测；研制专业评估标准，推进专业评估常态化；研制出台专业动态调整实施方案，建立健全专业准入、预警和退出机制，科学推进专业动态调整。此外，学校还加强专业综合改革的组织领导，成立由校长为组长，各相关职能部门和各学院党政负责人为成员的本科专业综合改革领导组，加强学校本科专业改革的组织领导，研究、协调、解决专业综合改革的关键问题；强化专业综合改革经费保障，不断加大教学经费投入总量，优化经费投入结构，切实把专业内涵建设作为经费投入的重点，确保专业实践教学经费实现逐年提高，确保新增经费优先投入专业基础条件建设、学生实践技能训练与培养和教师教学能力培训与转型上。

诚然，阜阳师范学院以调整学科专业结构为抓手，应当牵住了深化学校教育教学综合改革的“牛鼻子”，而且在实践操作中确实起到了非常好的成效。但是，作为一项系统的综合性改革，它必须立足于围绕人才培养核心、围绕学科内涵建设、围绕服务区域发展而循序渐进地推行。虽然以学科专业结构调整为关键环节而展开的教育教学改革，有助于加强学科内涵建设，并通过强化学科内涵而实现提升人才培养质量、服务区域经济社会发展的目标，但这种单刀突进的方式难以达成综合改革的整体目标，所以，在改革的全面性和系统性设计方面尚需统筹规划、加强顶层设计。实践地看，地方高师院校教育综合改革中存在的不足或需要改进的地方，至少有两个方面：一是教育教学效果方面。好多方案设计系统而周密，但执行与监督没有到位，停在文件层面的多，实际执行打折扣的也多。这必然影响到专业结构调整的效果。与教育综合改革伴生的，是当前出现了一些时兴的理念和模式——“翻转课堂”（Flipped Classroom）和“慕课”(MOOC)，究竟适合不适合具体的校情？其效果恐怕有待检验，类似的一些新概念应审慎炒作。对于地方性高校而言，如何让一部分青年教师守住课堂 45 分钟、如何让大部分学生完成规定学时且保证课堂效果（如不旷课、课堂不玩手机等），这才是互联网时代高校教育教学改革与管理需要切实解决的基础环节。至于互联网时代的课堂教学将不可避免地利用智能手机终端——如“雨课堂”教学，那自然要另当别论。二是服务区域经济社会发展能力方面。发展应用型专业理应服务于经济社会发展的需要，但这种服务需求是基于专业的“应用性”和学生的实践技能培养。地方高师院校的多数应用型专业的教育教学和培养，其实践学时真正落实多少、如何落实？与之相关的实践型师资队伍建设状况如何？都难以提供明确的答案。这不仅是地方高师院校在深化综合改革中需要深刻反思和加强总结的方面，也是一些地方性高校在转型发展过程中暴露出来的比较普遍的问题。当然，改革需要创新更需要探索，探索中出现问题甚至挫折是难免的。正视发展中的问题、不断总结经验教训，在改革中探索、在探索中前行，从而促进高师院校的转型发展和升级发展，这才是高校推动综合改革的题中应有之意。

第四章

高校学科专业转型发展的保障

在高等教育的改革与发展过程中，学科水平一直是高等教育质量与水平的标志，加强学科建设也一直是推动高等学校整体水平提高的有效途径。在高等教育体系及人才培养过程中，学科专业有着突出重要的地位，所以，有专家认为“高等教育的本质，就是建立在普通基础教育之上的专业教育”[①]。我国的高等学校可以看成是由若干不同学科专业组成的集合，它根据学科专业进行招生、组织具体教育教学活动、进行教育教学管理、分配基本的教育教学资源，并且按照学科专业指导毕业生就业。高等教育体制历经多次改革，高师院校的学科专业结构调整也一直在持续地进行着调整与优化。与其他类型高校一样，高师院校也将学科建设作为自身发展的龙头，同时也将回应社会需求始终贯穿其中。在计划经济体制下，地方高校的专业设置通过政府主管部门下达并执行，学校没有专业设置自主权。改革开放以来，市场经济体制的建立和完善为高师院校的发展注入新鲜动力，市场逐步涉入教育领域，开始参与高师院校的专业设置。在竞争日益激烈的高教发展生态中，地方高师院校处于巨大的生存压力之下，坚

① 顾明远主编：《教育大辞典》，上海教育出版社 1988 年版，第 22－23 页。

持探索转型发展，努力向综合性、多科性大学的方向发展，在办学理念、培养目标、学科专业设置与结构调整、课程与教育模式、师资队伍结构等方面实施全面的转变，这是地方高师院校发展的出路所在。地方高师院校的发展转型之路，不论是外部动力的驱使还是内部需求的推动，其逻辑目标应该是为了实现自身的又好又快发展、不断提高人才培养质量，为社会输送更多、更好、更符合发展需要的优秀人才。鉴于高师院校的学科专业结构调整已经日益成为学校教育综合改革的重点和社会关注的焦点，学校上下必须强化发展意识、加强内部治理，合理配置资源，做到责权分明、各司其职，为深化教育综合改革保驾护航，确保学校实现转型升级。

第一节 加强条件建设 完善保障机制

从高师院校成长、发展的过程来看，由单科型院校努力向多学科类院校发展转型，其学科专业等各个方面必将面临大幅度的建设与调整。除对学科专业进行优化整合外，学校管理等方面都要进行规范化建设，各种配套设计要同步进行，其组织结构与制度建设必然要与学校的转型发展战略相适应。地方高师院校，在长期的发展中既立足地方，又以“师范”为传统和优势，故其学科专业的转型发展，要在“地方”“师范”“应用”等方面做文章、找出路，一方面推进传统的优势学科专业持续发展，强化特色，走出精品之路，另一方面，围绕自身的学科专业，积极面向地方支柱产业、高新技术产业、服务业，逐步培育、设置一批应用型学科专业，并从外部环境中获取更多的资源，不断更新和完善自己，提高专业建设的水平。因此，地方高师院校要适应我国高等教育不断变革的趋势，积极推动并深化学校的教育综合改革，不断完善学科专业布局，推动学校转型发展，努力为地方基础教育和各项事业的发展提供高素质应用型人才，为区域经济社会发展积极提供相关咨询、科研服务，使得高校成为推进地方社会、经济、科技、政治、文化等各方面的全面发展的力量源和智力库。然而，无论是通过综合改革促进转型发展还是在转型发展中强化学科专业的内涵，其前提均要加强硬件建设，在师资队伍、学科平台、经费投入等方面提供基础性保障。

一、强化传统学科专业的基础建设

每所学校在长期的发展过程中必定会形成若干优势学科和特色专业。特别是学科的建设与成长，不会是一朝一夕间完成的，而要经历较长时间的积累和沉淀，这就意味着，地方高校的优势学科多数是在传统学科中孕育而成的。以传统的优势学科为基础培育、发展若干特色专业，符合学科专业生长的规律，更是切实可行的做法。地方高师院校要在学科专业方面首先实现转型，其基础即是强化传统的优势学科建设，并以此筑牢专业生长、发展的基础。如果把高校的转型发展看成是一个矛盾运动过程，那么，强化传统优势学科专业的基础建设就是事物运动变化的内因，而加强硬件设施建设及经费保障等就是外因，两者互相协调、共同作用，推动并保障地方高师院校的转型发展。

（一）切实加强学科专业基础设施建设

加强学科基础设施建设，既是学科专业建设的基础性工程又是学科专业发展的保障性工程，它主要包括硬件建设和软件建设两个方面。从硬件方面来看，主要包括实验室、科研平台、研究中心以及专业实践基地等。高校的学科平台或科研平台建设以及专业实践基地建设作用重大。通过科研平台的科学研究和院系组织的专业教育，能够有效培养学生的创新精神和创新能力；通过专业实践基地的实习实践活动，能够有效提升学生的实践技能和操作水平。

第一，加强学科平台建设。“科研平台一般是指基于共享、公用机制的科学研究技术支撑体系，这一虚实结合的公共支撑体系在促进学科交叉融合、提高科学研究水平、推动创新体系建设、加强创新人才培养等方面，均发挥了极其重要的作用。从这个意义上说，科研平台即为学科平台。”[①] 实验

---

① 房正宏、李本友：《构建以学科交叉为核心的研究生培养体系》，《国家教育行政学院学报》2017年第3期。

室、研究中心以及文献资料中心和专业数据库等不仅为学生提供了广阔的学习科研平台，而且还是产教融合的实践基地。因为学生的产、学、研只有通过学科平台才得以孵化并应用于社会。通过科研平台，能够有效促进高校学科、人才、科研与产业的互动，打通基础研究、应用开发、成果转移与产业化链条，从而实现高校人才培养与社会需求的无缝对接。建设形成具有特色的高水平学科创新平台，有利于学科团队获取和承担高水平的科研课题，产生有影响的重大科研成果；有利于促进多学科的交叉渗透与融合，产生新的学科生长点和新的学科领域；有利于高水平人才的汇聚整合，紧紧围绕学科建设领域培养高素质人才。构筑高水平的学科创新平台，可以将现有的学科优质资源和特色研究领域转化为学校的竞争优势，是实现学科可持续发展的必要条件。学科研究基地建设，也是学科基础设施建设的重要内容，它是开展科学研究的重要载体，是学科人才培养的重要基地，尤其在基础研究与重大科技攻关等方面，更离不开研究基地的支撑。平台与实验室一直是单科性、教学型高校的薄弱环节，转型发展中的地方高师院校要集中学校资源，创造条件，重点建设一批高水平的研究基地，包括重点实验室、重点工程（研究）中心、重点人文社科研究基地、重点实验教学中心和重点产业化基地等，为推动重点学科的发展提供平台和保障。除平台与实验室外，专业性的学科图书文献、专业数据库和基础数据库等内容，也是现代科学研究不可或缺的条件，同样是学科基础设施建设的重要内容。要把学科图书资料与数据资源的建设作为基地建设的重要内容，加大投入，提高文献资料管理水平和信息化水平，改进教学与科学研究的手段和方式，以促进学科建设上水平。在学科平台建设的同时，还要重视培养一支优秀的实验技术队伍。一支热忱服务、安心工作、默默奉献且具有一定研发能力的实验技术队伍，是搞好平台建设的另一个重要基础。要从学科建设的战略高度，重视实验技术队伍的建设问题，通过多种形式提高实验人员的业务水平，开设专业技术职务晋升的发展通道，在待遇方面也要有所倾斜，激励他们为学科基地建设勤奋工作、做出成绩。实验设备是开展教学与研究工作的必要辅助，因此还要发挥实验室的教学演示和科学研究的辅助功能，重视提升实验设备的质量，为吸引、稳定高层次人才以及提高教学和科研水平奠定基础。随着科学技术发展，高校的实验等基础设施建设要紧跟科技发展的步伐，注意实验设备的更新、改进实验设备质量，同时要加大图书实验等专项经费的投入，不断加强图书资料和数据库建设。

第二，拓展建设实践基地。综观世界上一些发达资本主义国家的高等师范教育，都极为重视教学期间的实习工作，认为这是提高学生实际工作能力的必要途径。德国要求获得大学学士学位的毕业生在担任教师前，一般要先经过 18 个月明确的教师职业培训：一是教育理论，二是教学实习。在 18 个月的培训期间，2/3 的任务是实习。20 世纪 80 年代中期以来，美国在教育改革中特别开展了一项计划，组建教师专业发展学校。它作为大学与中小学伙伴关系的产物，把美国教师教育改革同公立学校（义务教育）的改革紧密联系起来，使教师的培养和中小学教育生成一种“共生关系”，格外突出师范生的教育实习比重。[①] 借鉴其经验，高师院校要大力加强校外专业实践基地建设，这也构成专业基础设施建设的另一个重要内容。学校的教务部门和就业创业指导部门要多方联系、积极主动建立并拓展学生的专业实习实训基地。对于师范类专业而言，主要是建立教育实习基地；对于非师范类及应用型专业而言，校外各级各类公司、企业、园林、农场以及科技园等都可以建设或共建成专业实践基地。特别是师范类专业学生的教育实习，需要创新方式方法，充分利用实践基地的资源，培养、锻炼学生的师范技能和教学能力。到实践基地——中小学校顶岗实习支教就是一个切实可行的模式，学生到农村中小学顶岗支教尤其具有实践价值。组织大学生到农村学校进行顶岗实习支教，不仅能深入农村教育一线进行广泛的调查研究，充分了解农村和农村教育现状，而且在教学技能及解决教学和管理中的问题方面都能得到充分的训练，从而有利于培养其热爱农村、扎根基层的理想，树立服务基础教育、力争改变农村落后教育面貌的远大抱负，有利于其职业理想的巩固；它不仅为农村基础教育解决了师资不足和学科失衡的难题，还是师范类专业学生实践能力养成的一个切实可行的途径。

第三，重视加强软件建设。在软件建设方面，最重要的是加大培育学

---

① 《国外高等师范教育的特色》，《人民日报》（海外版）2001 年 3 月 13 日。

科的特色、凝练学科方向，这是保障学科持续差异发展的关键。地方高师院校传统的单一学科性，在转型过程中必然面临由单科院校向多科院校转型，其学科建设要关注学科之间的跨学科特征，根据学科发展趋势和现有学科特点，以优化学科结构、促进学科交叉、促进优势学科群的形成目标，整合现有学术研究机构，组建跨学科研究中心或具有跨学科特征的特色研究基地。在组建新兴学科或交叉学科科研机构时，学校需要集中和整合有限的学科资源，加大研究机构的投入力度，以提高机构承接国家和地方重大科技攻关项目的承载能力。同时，鼓励、支持校内各院（系）、各学科根据学科发展态势及区域经济社会发展需求，拓展思路，整合学校和区域内科研院所及相关实践基地的科研资源，搭建多学科发展平台。对于一所扎根地方办学的单科性院校，要在全面服务区域基础教育、推进经济社会发展的进程中才能实现转型发展；要不断创新思路和举措，积极利用区域内的一切资源，加强学科平台和专业基地建设。除了在校内建立高水平的实验室、工程（研究）中心、文科研究基地、教学实验基地以外，还应突破“围墙”，走出校园建立政府、高校（科研机构）、企业相结合的协同创新中心；要结合自身的优势与特色，紧密对接与学科服务面向相关的高新技术产业、特色产业及支柱产业，构建区域内“政、产、学、研”相结合的学科基地新框架。

（二）重视协调学科专业发展环境建设

长期以来，地方高师院校的教师关注教育教学方面的科研工作，但大多采用“书斋式”的研究方式，与行业、企业的联系不多，教师、系（部）对学校与企业实现“产学研”合作的信心并不足，平台与抓手也不多。因此，地方高师院校要努力扩大学科专业服务与发展的范围，应当设立必要的专门组织机构，专职推动“产学研”工作的开展。在推动学科专业建设与当地产业进行对接的过程中，地方高师院校可以通过加强与地方科技部门的联系而实现，通过科技部门搭建的平台而实现与相关的企业与行业开展“产学研”合作。一般而言，地方科技部门负责地方企事业单位的科研立项、申报等工作，地方企事业单位开展科研立项，通过实现技术创新提高生产经营效益。由于地方科技部门掌握当地的产业发展状况和技术人才的分布情况，对于科研项目的承接具有重要的指导作用，地方高师院校应当重视与地方科技部门建立良好的合作关系，加强与地方行业和企业的联系，实现科研成果转化为生产技术，推进地方高师院校与企业、行业的“产学研”合作，发挥地方高师院校服务地方的职能。因此，拓展学科专业的发展环境就显得十分重要。努力拓展学科专业的发展外围可以强化其优势和特色。拓展发展外围，指的是高等院校与社会环境相互作用的边界，是高等院校发挥社会功能所涉及的边界。高等教育发展史上备受推崇的“威斯康星思想”所彰显的，就是“服务应该是大学唯一的理想，学校的边界就是州的边界”等观念。高等教育进入大众化阶段后，地方师范院校在高等院校类型、结构、功能的分化中，寻求生存与发展空间，走一条与地方经济社会共同发展的道路，应是地方师范院校发展的必由之路。地方高师院校要改变学科专业设置陈旧、结构不合理、人才培养规格单一等现状，就应当主动调整师范院校的服务领域和范围，以人才市场需求为导向，充分利用学校的人才、知识、信息、技术资源，主动服务地方，整合并培育建设新的学科专业。学校拓展其发展的外围空间，能够产生贴近地方经济社会发展的新兴学科，能够形成具有地方特色的应用专业。学科专业与其发展环境发生联系，首先是和学术系统内的外单位发生联系，其次是和学术系统外的同领域成员加强联系，并以专业为基础，搭建与外单位产生密切联系的桥梁。地方高师院校可以通过与区域内产业联盟单位、专业的科研机构、驻地的其他科研院所、研究型大学的科研机构等开展学术科研交流，开拓视野，取长补短，不断提升研究能力和科研素质。

此外，加强学科专业建设既要考虑其基础建设，还要充分考虑到规模与结构的辩证关系；而规模与结构的变动关系又和社会需求发生着千丝万缕的联系。这个社会需求，是构成学科专业发展环境的重要变量。一方面，高师院校要在一些传统学科专业中“避其短，取其长”，遴选并开展重点学科建设、优化组合各学院中专业类型相似或互补的专业，整合优势资源打“组合拳”，更好地挖掘传统学科的潜力，不断开发优势专业、培育特色专业；另一方面还要合理规划学科专业的设置及规模。这里的规模，既指学科专业的布点数量，也包括学科专业下的人才培养数量。合理的规模要以需求来确定，有社会需求才能发展，没有社会需求则不能盲目发展。近年来，随着我国高等教育快速进入大众化阶段，多数专业规模迅速扩大，一些专业供大于求的问题已然显现。对此，必然做出相应的控制、调整，否则势必造成巨大的资源浪费。在适应社会需要的同时，还要保持一定的独立性，一些学科专业在市场上的供求变化要放在一个较长的时间来看待与评估，并平衡好学生的报考率与社会实际需要之间的关系，同时，要不断优化学科专业结构。规模与结构必然相辅相成，没有规模的结构难成效益，没有结构的规模难上层次，仅注重扩充规模而不优化结构，规模的存在与扩大就没有意义，也会失去高等教育发展的目的性和人才培养的针对性。学科专业结构体系的实质是人才培养结构体系，某一科类、专业到底应该招收多少学生、培养多少人才，不同科类、学科专业所培养的学生应该保持一个怎样的结构和比例等，既取决于高等教育自身的培养条件和培养能力，更主要取决于经济和社会发展的需要以及提供给高等教育的资源条件。任何一个国家的高等教育，不能仅仅注重规模而不考虑结构，否则结构性失业的情况就不可避免。处于大发展时期的高等教育和高等学校，必须辩证地处理好上述关系。一些发达国家在第二次世界大战后期出现的高等教育规模急剧扩张的现象，由于未能充分注意结构问题，就出现了大学生毕业即失业的情况，教训极为深刻。近年来，我国高等教育大众化发展过程中也出现了大学生就业难问题，虽然成因是多方面的，但一些学科专业的结构性矛盾也是导致问题的间接因素。比如某些学科专业呈现教育资源过度，而另一些学科专业却供给不足，说明一些地方高校的学科专业结构未能与社会需要协调同步。因此高校学科专业规模的扩大应该以结构的合理分配与结构的优化为前提条件。

二、分类推进师资队伍专业化建设

20 世纪以后，世界上发达国家和地区的教师教育，先后经历了从中等教育水平的师范学校教育到高等教育程度的师范学院教育，从师范学院的独立培养到综合大学的本科教育加大学后专门的教育课程训练的转变，并逐步形成了教育学士、教育硕士、教育博士的教师教育体制。这一转变的实质，既是教师教育的质量升级，也是教师专业水平的规格提升。众所周知，现代教师职业是一种要求从业者具有较高的专业知识、技能和修养的职业。但对“教育工作或者说教师是一个专门的职业”这一认识，则是一个不断深化的过程。1966 年，联合国教科文组织和国际劳工组织提出《关于教师地位的建议》，首次以官方文件形式对教师专业化做出了明确说明，提出“应把教育工作视为专门的职业，这种职业要求教师经过严格的、持续的学习，获得并保持专门的知识和特别和技术”①。1993 年 10 月我国颁布了《教师法》，规定“教师是履行教育教学职责的专业人员”，第一次从法律角度确认了教师的专业地位；1995 年 12 月国务院颁布《教师资格条例》、2000 年 9 月教育部发布《〈教师资格条例〉实施办法》，标志着教师资格制度开始在全国全面实施；1999 年 5 月，劳动和社会保障部、国家质量监督检验检疫总局和国家统计局联合组织编制的第一部对职业进行科学分类的权威性文件《中华人民共和国职业分类大典》初审通过并正式颁布，首次将我国职业归并为八大类，教师属于“专业技术人员”一类。教师既然是一个专业职业，那就必须进行专门的学习和训练，提高其专业化水平。

（一）形成学科人才特色引进及稳定之路

当今世界，经济全球化深入发展，科技进步日新月异，国际竞争日趋激烈，知识越来越成为提高综合国力和国际竞争力的决定性因素，人才资源越来越成为推动经济社会发展的战略性资源，教育的基础性、先导性、全局性地位和作用更加突出。激烈的国际竞争主要是科技的竞争，最终体现为人才的竞争。人力资源是关键资源，决定着一个国家的核心竞争力。高校要增强核心竞争力，关键在于建设一支优秀的教师队伍，正如梅贻琦先生 1931 年 12 月在出任清华大学校长的就职演讲中所说，“所谓大学者，非谓有大楼之谓也，有大师之谓也”。因此，学校、学科之间的竞争主要是教师队伍的竞争、人才队伍的竞争；学校、学科之间的差距主要是教师队伍、人才队伍的差距。众所周知，地方高师院校身处地方没有区位优势，加之长期的单科性发展，造成其在学科建设、人才引进等方面存在众

---

① 刘微：《教师专业化：世界教师教育发展的潮流》，《中国教育报》2002 年 1 月 4 日。

多劣势，吸引人才的“硬件环境”无法与一些综合性高校，尤其是重点高校相比；有的学校虽然在人才引进方面出台了一系列优惠政策，但总体而言人才引进政策的效果不尽人意。而且，部分地方性院校在人才政策上存在“重引进，轻培养”的急功近利思想，将人才工作的中心放到学科带头人的引进，忽视了学科队伍人才，尤其是中青年学术骨干的培养，导致学术队伍后备力量不足、梯队难以形成。

优秀人才对事业发展的贡献度人所共知。一流水平的学科队伍至少具备两个重要表征：一是学科带头人具有一流水平的学术造诣和学术声望，二是学科团队应具有相对合理的结构，包括学历、专业、职称、年龄、学缘结构，还应具有一定的学术水平和实力。因此，地方高师院校加快推进转型发展过程中，要尤其重视学科队伍建设，既要重视学科带头人的选拔和培养，还要加强学科队伍整体素质的建设和学术水平的提高。要加强学科文化建设，倡导讲团结、讲奉献、讲协作的精神，强化团队观念，增强团队凝聚力；在重视权威专家地位作用的同时，也要充分发挥学科内及相关学科学术骨干及其他梯队人员的积极性。按照严格的选拔标准和遴选程序选好学科带头人。学科带头人是学科发展的“领头羊”，其作用主要体现在：一是在学术上起带头和指导作用，能够站在学科前沿及时准确地指明研究方向及领域；二是在教学、科研活动中起组织领导作用，充分发挥学科的整体功能。一个合格的学科带头人，应具备的条件和素养包括学术造诣高，视野开阔，能够全面把握世界学科发展趋势，开展高水平的学术研究，带领本学科始终走在学科发展的前列；德高望重，具有较强的组织管理能力，能够团结带领大家开展协作攻关，围绕其能够快速聚集形成团队；善于选拔、扶植与培养学术带头人和学术骨干。在学科团队建议方面，还应在优化人员结构的基础上注重中青年教师的培养。其中，优秀的中青年教师是学术团队的生力军，是学科发展和学校发展的基础和希望。因此，学校要高度重视师资队伍建设，特别是优秀人才的培养和稳定工作。

地方高师院校面对艰巨的转型发展任务，要下功夫做好人才工作，要加大人才工作的改革力度，采取一切有利于优秀人才脱颖而出的超常规措施，稳定、培养、吸引一批优秀的人才。一方面，学校加大引进力度，可以采取“一人一议，一人一策”的柔性方式重点引进应用型专业和紧缺专业高水平人才，不受资历、工作年限等条件的限制，直接聘任到相应的专业技术岗位，享受相关待遇；另一方面，要通过提供住房补贴、设立科研项目加大科研经费投入、适当修订职称评审条件、设置科研平台、改善实验室条件设施等系列措施，做好人才稳定工作，保障并激励优秀人才谋事创业、为实现学校的转型升级发展做出贡献。

（二）努力打造结构合理的学科专业团队

地方高师院校师资结构不尽合理，师资流失问题长时间难以有效解决，必然不利于学科专业建设、不利于学校升级发展，所以，地方高师院校必须切实加强学科专业团队建设。高校的学科建设任务，现象上看，就是根据自己的学科特色建设学科团队。地方高师院校由于长期沿袭单学科办学传统，学科团队的学缘结构也相对单一，其学科方向也相对单纯，其教学与研究工作多是围绕基础教育类学科专业展开，故而其科研能力的形成总体规范性不够、规模不大、层次不高，普遍存在“有团队无能力”、团队成员有的个人能力强但团队整体能力弱的现象。多数地方高师院校的师资长期处于教学一线，有丰富的教学经验，但科研能力有待加快提升；虽然教学能力对学科建设是必需的，但一流学科的形成更加离不开团队整体的学术能力，而且学科群的形成需要学术大家的带动与引领。另外，单科性院校中，学科队伍往往单兵作战的多，所形成的团队有时有其名无其实，所以地方高师院校在转型发展过程中要学习借鉴综合性现代大学的发展规律和经验，深化团队建设的认识、不断加强学科团队建设，凝聚形成有效的团队战斗力，以明确的团队方向形成强有力的团队总体能力。在团队能力建设形成过程中，要采取措施调动发挥团队成员的特长与优势，激发其潜能，依靠整体力量，实现组织目标、成就个体价值。

众所周知，学科是专业的基础，专业发展离不开学科建设水平的提高。在人力资源自由流动的当下，需要稳定并依托科学科团队，保证学科专业建设的延续性。在转型发展中，地方高师院校要善于在自身传统优势学科的基础上，通过优化团队的知识结构、能力结构、素质结构以及开展必要的培训学习、建立科学的评价体系和运行有效的竞争激励机制等途径来提升团队能力，进而实现学科队伍及专业团队的延伸发展。坚持“引进”与“培养”并举，加大引进学科带头人力度，不断挖掘开发自身人力资源，形成学校特色的学科专业梯队。理想的学科梯队一般包含四个层级，即一个学术带头人居于顶层，负责制订梯队的发展规划；若干个主要学术副手居于第二层，负责执行学术带头人的意图；有一批青年教师或学术骨干居于第三层，具体负责各个研究项目；一批研究生处在第四层，协助完成各种研究工作。这样的团队，既能有效发挥整体战斗力，又能有效保持学科队伍的稳定性，比较好地解决师资队伍青黄不接和师资流动造成的结构不合理的问题。为提高学科团队素质，地方师范院校还应出台相关的政策激励、保障学科成员外出进修访学，以扩展理论基础，提高科研水平；对于中青年教师的培养工作，可以采取境内外在职进修访学、学历提升、教学实践锻炼、争取科研项目、新老教师传帮带等方式，加强培养，补充团队血液；同时，还应加强成员之间的合作，努力营造一个互相激励、互相支持和互相帮助的科研氛围，以提升团队的整体水平、凝聚团队的集体智慧，研究、探讨和解决学科建设与专业发展中的问题。

此外，还要重视建设交叉学科师资队伍。没有学科交叉就不会产生交叉学科和新兴学科。学科的产生与发展有赖于深刻的社会实践基础和飞速发展的科学技术，在这些综合因素合力基础上产生的新兴、交叉学科，需要也必然引领着大量的探索者与研究人员，高校教师和科研机构研究人员首担其责。作为高素质专业人才培养主体的高校，必须适应学科交叉融合的趋势、必须适应经济社会发展对复合型人才的需求，有计划、有步骤地建设一支致力于新兴交叉学科教学与研究的指导教师队伍。建设交叉学科师资队伍，其重要途径之一是引导教师向新兴、交叉学科领域探索，采取措施优化中青年教师成长发展的制度环境，培育跨学科、跨领域的创新团队，增强教师队伍可持续发展能力。教师个体也必须认识到学科交叉融合对某些研究领域的突破性作用，也必须思考如何主动加强相关学科的交叉与融合，以提升对学生特别是研究生的指导能力。更重要的是，在交叉的学科专业团队中，师生双方均可以有效利用学科交叉平台，打破若干学科割据现状、突破学科壁垒，实现跨学科群内不同学术思想的交流碰撞甚至交锋、不同研究方法的相互借鉴，从而产生创新思想火花，为复合型创新型人才的培养创造协同创新的环境。[①]

（三）分类加强“双能型”教师队伍建设

从教师培养的国际化经验来看，一般被概括为六种范式：知识范式、能力范式、情感范式、“建构论”范式、“批判论”范式和“反思论”范式。无论采取何种范式对教师进行培养，都是为了提高其从事教师教育的综合能力，包括知识表达与传递的能力、教学与（学生）沟通能力、处理课堂事务的能力、激发学生兴趣与发掘潜能的能力，等等。事实上，学校在推动学科专业转型的转型过程中，必然要大力培植应用型学科、发展应用型专业、培养应用型人才，这就需要加强“双能型”师资队伍建设，使教师既能胜任理论教学又具备指导学生实践的能力，既具有应用型人才培养能力又具备产学研合作能力。加强“双能型”教师的培养，一方面可以通过“产学研”结合来实现，强调“双能型”教师的应用性和实用性能力培养，鼓励和组织专业教师到企业相关岗位进行实践锻炼，既满足了企业对学科专业人才的需求，也让教师深入到一线掌握实践知识与技能，有助于提高教师的教育教学与实践操作能力。另一方面，可根据“双能型”师资建设的特点，有针对性与差别性地引导部分教师加强自我培育与发展；要根据教师的技术革新成果、应用性项目研究成果、教材实物、教学课件与模型等教学研究成果，开展“双能型”教师资格的认定工作，让“双能型”教师有身份上的归属感；根据应用型人才培养的需要及“双能型”教师的特点，制定有针对性的教学奖励措施，并在工资、奖金、津贴上向“双能型”教师倾斜，提高教师学习掌握专业实践技能的积极性；也可邀请优秀的行业企业骨干到学校进行周期性的培训活动，根据各个专业的实际，采用集中授课、讲座、讨论、竞赛等多种形式，从观念、形式和制度上落实对专业教师的实践技能培训。聘请行业企业的专业人才、能工巧匠、退休工程师到学校担任兼职教师，既可以充实学校“双能型”教师队

① 房正宏、李本友：《构建以学科交叉为核心的研究生培养体系》，《国家教育行政学院学报》2017年第3期。

伍，也可满足应用型教学的短期需要。至于兼职教师的授课形式可以多样化安排，例如，可以专门负责某一门课程的讲授，也可以通过讲座的形式就某一专题进行探讨，还可以将课堂带到本行业、本部门以提高实训课程的教学效果。

地方高师院校在转型发展过程中，要有计划、有步骤地推动一些传统的且已不适应经济社会发展需求的“师范类”专业向应用型专业转化，对于一些特色的优势学科专业，则需要加强建设，这也是学科专业分类建设和管理的基本思路。在此前提下，学校可以制定专业分类建设计划并出台政策措施，选派教师外出访问学习、单科进修等，通过产学研合作等跨专业进修，鼓励部分教师教育专业的教师主动转型；同时，学校鼓励教师通过到企业挂职锻炼、调查研究、科研合作、科技咨询、业务培训和带学生参加生产实习完成社会实践任务等形式，深入政府部门、企事业单位进行社会服务和社会实践锻炼，提升业务能力和社会服务能力，从而推动部分教师教育专业的教师向“双能型”教师转型。

总之，地方高师院校为了转型发展而进行学科优化、专业调整，最终都为了提高人才培养质量，可以更好地服务于地方经济社会发展。决定这一成败的关键因素之一在于教师的转型。地方高师院校教师的专业背景多数属师范类，其教学理念和教学方法多承袭传统师范类专业的教学理念和教学方法，重理论轻实践的现象较突出，不利于培养学生的实践能力、创新能力和创业能力。为培养既有理论基础又具实践能力的综合性人才，高校教师相应地必须具有扎实的理论知识和较强的实践指导能力。要实现地方高师院校的转型升级，教师要从理论教学向理论教学和实践教学相结合转型，从知识传授向知识传授和实训操作相结合转型，努力建设“双能型”师资队伍。但是，地方高师院校传统意义上的基础学科和教育心理等学科的教学目标设定，直接影响着实践和实用型专业的发展，与此相关的是导致实践型和应用型师资匮乏，这无疑会弱化学生实践能力的培养。而且，地方高师院校由于受到区位环境、发展空间，甚至教师的待遇、绩效等条件的限制，在引进双师双能型师资时受到影响。近些年新引进和招聘的一批青年教师，他们当中的多数已经不是师范类专业“出身”，重理论知识传授、轻实践教学倾向仍然明显。更有一部分教师因为已经熟悉自己所教的课程，习惯了自己的教学方式方法，不愿意主动转型，这使得这部分教师的实践指导能力不强，多数时候是“纸上谈兵”。① 所以，在地方高师院校面临转型发展的时期，这部分教师必须确立专业转型的意识以服务学校发展大局，主动转型。作为学校，则要采取多方举措，在引导、鼓励部分教师实现转型的同时，还要加大特色学科专业教师的分类建设，不断提升其专业化水平。

三、拓宽经费渠道以加强保障能力

对地方高师院校来说，由于受到自身条件、实力、服务面向等限制，在争取科研项目和科研经费时往往处于相对不利的地位。一种可行的思路和策略，是进行先期培育，通过培育、建设努力形成大项目。那么，在进行项目建设时，可以从校内立项做起，从小项目做起；也可与企业联合申报、与其他高校及科研院所联合攻关，从其他大项目中承担子项目，以锻炼队伍，形成特色与优势，逐渐扩大影响。要善于在承接项目中培育学科团队，注重发挥团队的力量，联合攻关，抱团发展；要善于通过项目建设，打造一批骨干力量，培育若干学术带头人；并围绕特定的科研方向和科研项目，发挥学术带头人的优势，带动一批教师和研究人员共同攻关，建设形成一支有特色的学科团队，使本学科团队成员相互促进、共同提高，从而实现整体发展，不断提升学科水平。

（一）申报学科专业建设载体项目

一些重大的教学与科研项目，能够有效地促进学科的内生发展，它除了给学科发展提供有效的资源支撑外，还能够锻炼队伍、形成梯队，有助于培育形成特色与方向。总结世界一流大学的发展经验可以发现，一流学科之所以成为一流学科，很重要的一点，就在于学科内始终包含了大项目、大平台、大师、大成果、大奖。大项目是学科建设的依托，以大项目

---

① 周霞：《地方高师院校学科专业转型发展的困境及对策》，《淮南师范学院学报》2015年第5期。

为集约地，形成大平台、汇集大师、产生大成果、获取大奖，是学科持续发展的关键。如果脱离大项目，则大平台无大宏图可展，大师无用武之处，大成果无产生之地，大奖无缘以生。[①] 项目是学科建设的突破口，也是学科建设的得力“抓手”，它包括各级各类科研项目，以及专业、学位点、重点实验室、重点学科、精品课程、国家教学名师、优秀博士论文等。2017 年 9 月，教育部等三部委组织遴选并公布的国家“双一流”建设高校及建设学科名单，按照规定，中央高校开展世界一流大学和一流学科建设所需经费由中央财政支持；中央预算内投资对中央高校学科建设相关基础设施给予支持。纳入世界一流大学和一流学科建设范围的地方高校，所需资金由地方财政统筹安排，中央财政予以引导支持。无论是“双一流”建设高校还是建设学科，其资金支持的力度都是巨大的。有消息称，北京大学和清华大学此次将分别获得 50 亿元的“双一流”建设经费，而清华大学和北京大学 2017 年的“双一流”预算经费更是高达 223.35 亿元和 193 亿元。另据“财新”记者统计，除港澳台外的中国 31 个省级行政区目前公布的“双一流”建设计划支持资金总额已超 550 亿元。一般而言，项目建设的基本思路是以学科带头人和学术骨干为核心，组织团队申报和承担国内外重大项目，协同研究、产出成果。所以，一定意义上说，项目获取的过程，实际上也是学科水平得到国内外同行专家认可、学科团队和实力不断发展壮大的过程，而承接项目的过程也是学科建设影响力不断扩大并接受检验的过程。重大项目的申报和争取，将提供学科建设经费、发展平台并拓展研究方向，能有效促成各层次学科之间的交叉、融合以及学科资源的优化配置。同时，在项目申报和评审过程中，还可以获得有关学科研究方向和突破点的合理性评价信息，可以在更广泛的范围内传播和扩展学术影响。

对于专业建设来说，本科教学质量工程项目作用重大。教育部、财政部 2007 年 1 月颁布了《关于实施高等学校本科教学质量与教学改革工程的意见》(教高〔2007〕1 号)，指出高等教育肩负着培养数以千万计的高素质专门人才和一大批拔尖创新人才的重要使命。在高校实施质量工程，是

---

① 徐小洲、梅伟惠：《论世界一流学科建设的战略起点》，《高等教育研究》2007 年第 11 期。

坚持科学发展观，全面落实党中央、国务院战略决策和部署的重要举措，是落实科教兴国战略和人才强国战略的重要组成部分。质量工程以提高高等学校本科教学质量为目标，以推进改革和实现优质资源共享为手段，按照“分类指导、鼓励特色、重在改革”的原则，加强高校的内涵建设，不断提升我国高等教育的质量和整体实力。其具体建设目标包括：通过质量工程的实施，使高等学校教学质量得到提高，高等教育规模、结构、质量、效益协调发展和可持续发展的机制基本形成；人才培养模式改革取得突破，学生的实践能力和创新精神显著增强；教师队伍整体素质进一步提高，科技创新和人才培养的结合更加紧密；高等学校管理制度更加健全；高等教育在落实科教兴国和人才强国战略，建设创新型国家、构建社会主义和谐社会中的作用得到更好的发挥，基本适应我国经济社会发展的需要。到2010年，以提升教学质量、创新人才培养为根本目标的本科教学质量工程以项目化形式在全国展开。仅以安徽省为例，近几年一所省属普通高校每年获得的本科教学质量工程系列项目（包括教育振兴计划项目），经费总额一般都在1000万元左右，再加上学校配套投入的数百万元的校级项目经费，均有力地支持并保障了普通高校的专业建设、教学改革及研究。

（二）规范经费使用强化保障效果

对任何一所高校而言，经费投入的数量与保障水平基本上都是正相关的。事实上，多数地方性高校的经费投入都不能达到理想化目标，这也决定了地方高校在改革发展过程中，学科专业不可能平衡发展，必须有所侧重，分轻重缓急。根据“凤凰财经”统计：从2009年至2013年的数据显示，“211”和“985”高校拿走了全国七成的政府科研经费，其中“211”高校拿走19.3%，为510.66亿元，“985”高校拿走52.7%，为1394.94亿元，其他高校只拿走28%，为742.1亿元；而“211”和“985”高校只占全国高校总量的14.3%。可见，对于地方高师院校来说，经费短缺使得它不可能均衡地在所有学科专业中分配经费及相关资源，有所侧重地发展优势学科专业及薄弱学科专业就成为其发展的必然选择。以新老专业的发展路径为例，一般而言，新专业都要依托老专业而生成。地方高师院校建设新专业，多是在学校现有的传统优势专业的基础上，围绕自身优势以及区域社会的发展急需，而新建一批目录内或目录外的高新技术和第三产业的专业，并且这些专业多是边缘、新兴学科的专业，以非师范类专业为主。虽然地方高师院校在转型发展中新办的这类专业，发展前景一般都比较好、生源相对充足且毕业生就业前景好，但是其专业基础往往又比较差。大力发展这些专业是学校转型发展的重要工作，那么，就需要各级政府加大经费投入与扶持的力度，完善此类专业的师资、教学、实验场地等基础办学条件，挖掘其发展潜力，充分发挥其优势资源，不断提高其专业建设水平。也就是说，要通过增加经费投入，将这类专业做大、做强。而对一些老的专业而言，既是传统专业也是优势所在，它们承载了学校长期的办学积淀，所在学科往往多汇聚了大量的优势师资，因而在转型过程中这些专业的优势与传统要保持，要固本强优与改造升级同步实施，并要予以稳定的经费投入。特别是一些传统专业，从学科专业平台到学科团队都要加快升级步伐，使专业的服务范围从基础教育扩展到社会发展所需要的各个方面，以增强专业发展的适应性与发散性，从而进一步提高专业人才培养与社会服务的适应性。这种适应性在“以人为本”理念的指导下，由以往的单一适应社会发展提出的要求演进为将社会、学校的发展需求和学生个体未来的持续性发展需求有机结合起来，形成“厚基础、宽口径”的长线发展思路。通过新老专业的新建和升级，着力打造一批特色鲜明且体现自身办学水平的品牌专业和特色专业。

一般而言，新办专业办学基础薄弱，一直是制约地方高师院校专业发展的掣肘。虽然为学科专业建设提供充足的经费，能够有效地保障其转型升级发展；但是新办专业的办学基础等问题，并不完全是通过投入大量经费就能够快速解决，这更是一个长期办学积淀而提升的过程。所以，地方高师院校要在积极服务地方经济及产业发展的过程中，不仅要通过扩大对外交流等渠道来改善自身的办学条件，提高人才培养质量；还要善于借助外在的力量，以弥补自己的不足，加强学科专业基础建设。地方高师院校还可以充分利用“产学研”机制的积极功能，拓展企业管理和技术人员的在职学习与技能培训提升项目，在服务当地经济社会发展的同时，拓宽资金渠道，为各新办专业锻炼队伍、开发课程、编写教材案例创造条件。积极与工厂、企业、事业部门开展科研合作，努力承接各项项目，既能争取经费支持也能在“产学研”方面有所突破、把服务地方经济发展落在实处；通过与企业合作、通过积极申报专利，既产生人才培养效益，又能产生企业发展效益。如此，地方高师院校在服务区域经济社会发展方面，可充分利用现有的师资和实验设备，为区域基础教育提供多元的师资培训。比如在地方教育行政部门的组织下，针对当地基础教育较为薄弱的中小学，开展农村中小学教师学历提升项目、农村中小学校长培训项目、教育人才小高地培训项目、以信息技术为重点的地方中小学教师继续教育培训项目，以争取经费支持。通过项目申报与建设，在争取经费支持的同时也提升了学科专业建设的水平，扩大了社会影响。近几年，一些“国培”和“省培”教师项目，均为地方高师院校争取到了为数不菲的建设或项目经费，都在一定程度上保障了师范类骨干专业稳定而持续地发展。

当然，加大经费投入与规范经费使用是两位一体的。一方面要拓宽经费投入渠道、加大学科专业经费力度，另一方面要完善经费投入机制，加强专项经费管理，以规范学科建设经费的使用。学校应充分发挥学科建设专门委员会和二级学院学术委员会等学术性组织的作用，认真地制定学科专业的建设规划、科学编制经费预算，加强对学科专业建设经费使用的指导和监督，确保学科专业建设经费专款专用、合理使用，以发挥出最大的保障力。

第二节　健全管理制度　优化系统机制

学科专业的改革转型离不开学科体系的构建与发展，需要学校内外创新的体制机制作为保障，如此，创新动力才有绵延不绝的持久性和明确的合力方向。在新的学科方向拓展方面，学科之间更要做到相互支持、协作攻关，这就要求具备一定的学科资源并形成具有内在联系的学科体系，能够引领学科发展、发挥其促进经济建设与科技进步的导向性作用。开放的学科体系要有引导和集合各学科力量向着符合时代发展方向前进的能力，能够激发学科团队开拓新的学科方向或拓展新的学科领域的创造力，并为其提供充分的发挥功能的条件与空间，能够在保证重点、照顾一般的原则下，促进相关学科之间的协调配合，包括人力、物力与财力等资源的合理调配，以实现不同学科方向或不同项目间的协作，课题内容的相互呼应与互补等。上述各个机制的综合，能够在促进原有学科不断进步的基础上，通过开拓新的学科方向或学科领域形成先进的、完善的、富有进取精神的学科体系。地方高师院校转型发展过程中，必然面临对其现有和新建的学科专业实施改造或调整，既需要对学校有限的资源进行合理规划，也需要学校管理的各个层面进行改革创新，以形成符合改革创新和转型发展精神的体制和机制。这个体制机制应当是开放的，必须关注到学科专业的结构优化与调整设置的特色优势，既贯通学校教学科研及管理工作的各个层面，也连接学校与政府的政策、社会的期待和市场的需求；必须以全面推进学校转型发展和全面提高教育质量为核心，以强化学科专业内涵建设、打造特色优势专业、培育增长新兴专业为导向，遵循高等教育和人才成长规律，立足学生发展和地方经济社会发展对人才的需求，通过培优汰劣，逐步建立与社会经济发展相适应的专业结构自我调节机制；并通过整合和拓展学科领域，调整和改造相关学科专业，形成既能适应社会发展又能引领社会经济、文化与科技进步的，层次完整、结构合理、比例适当、特色鲜明、学术水平高的学科体系和学科发展创新机制，达到既突出重点又共同提高的目的。

一、建立健全组织管理制度体系

高校要建立相应健全的学术组织和管理机构并切实发挥其职能，完善学科专业管理制度，推进学科建设与人才培养的制度化、规范化。包括建立科学、公平、规范的学科评价指标体系、考核评价机制和激励约束机制；建立开放流动的学科专业发展机制，加强校内、校外学科之间的交叉融合；健全专业建设系列管理制度，不断完善培养方案，逐步形成有助于学科专业转型、快速发展的制度体系。在这个制度体系中，不仅处于管理层的领导和部门，而且包括全体教职工，必须人人强化发展意识，加强组织协调；要不断强化学科的内涵式发展、学科专业的可持续发展意识，明确学科建设在学校发展中的重要性和战略地位，加大对学科专业结构优化调整的力度，推进学科专业团队优化组合，推进人才培养模式改革，服务于转型发展大局。

（一）建立学科专业生长调整的组织机构

强有力的组织保障是开展学科专业建设工作的重要条件。学科建设对一个高校的转型发展至关重要。对于地方高师院校而言，一般都有自己的学科建设机构，但由于单一性特点以及长期的惯性思维，其管理模式与思维可能与转型发展不相适应，不能很好较快地促进学科专业的快速生成，从而难以快速实现综合化。从目前国内高校学科建设的实际运行看，高校学科建设的管理机构的设置做法不一，有的高校由发展规划处负责管理学科建设，有的高校在研究生院（处、部）成立学科建设办公室负责管理学科建设，有的挂靠在学校科研处；还有的高校则是多头管理，学科建设发展规划由某一职能部门或相应的研究机构如发展规划处、政策研究室或高教研究中心负责制定，专项学科建设由相应的部门负责管理，如“211”办公室负责“211 工程”重点学科建设项目，科研管理部门负责省部级重点学科建设，研究生院（处、部）负责学位授权点申报，学科建设的重大事项则由校领导牵头召集相关职能部门分工落实。专业建设的职责，几乎无例外的由学校教务部门负责、院系配合。

高校学科建设管理部门设置具有多样性特征，表明高校学科建设具有系统性和复杂性，反映了不同高校的特色与传统做法。值得思考的是，围绕学校长远转型发展需求的学科建设应当如何规划、如何实施，需要有专门的学科建设管理机构进行设计与统筹，同时还要遵循学科专业生成培育的一般规律。因为学科建设是一个系统工程，涉及教学、科研、学位管理、人事管理、实验设备管理、图书资料建设、学术交流等众多方面和环节，涉及学院和学校各个管理职能部门，而学科建设的各项工作又相互关联，具有内在的规律，这就要求建立专门的职能部门和管理人员，使各部门在统一的学科建设目标的指引下，协调一致地工作。

学校的转型发展首要是学科专业的发展转型。地方高师院校要将学科培育、改造等工作置于推进转型发展的重中之重的位置，要比照一流的综合性大学、着眼高师院校长远转型发展的需要，成立专门的学科建设机构负责学科建设管理工作，推进学科建设快速发展提升。实践中，地方高师院校可以根据学科建设的需要，组建由校长直接领导的发展规划与学科建设办公室，在学校和学院两个层次设立学科建设领导小组。校级学科建设领导小组由校领导、部门领导和相关学科的带头人或领军人物组成，主要制定学科建设规划并贯彻实施学校有关学科建设的方针政策，负责全校学科合理布局及学科结构的调整与优化配置，促进各学科协调发展，保证学校学科建设总体目标的实现。院（系）级学科建设领导小组由院（系）领导及有关学科带头人或学科负责人组成，接受学校学科建设领导小组的领导和工作指导，制定本院（系）学科建设规划并组织实施，协助校级学科建设领导小组做好有关的协调工作。学科建设办公室是主管学科建设的职能部门，主要制定学校学科建设的目标和分阶段实施方案，并组织有关单位实施各学科、专业点的评估工作，定期检查计划和各项任务的执行情况。只有建立健全学科建设的组织机构及相应的管理制度，明确职责，层层落实，齐抓共管，学科建设工作方能抓出实效，方能更好地服务于学校的转型发展。

（二）健全学科专业生长调整的相关制度

第一，建立学科专业设置定期研究制度。毋庸讳言，高校专业结构与市场需求的适应性问题一直没有很好地解决，这是一个长期、动态的问题。为寻求问题解决之道，需探索建立相应的制度，定期对专业结构的适应性做出跟踪及调整。转型发展，是各类高校在面对经济社会快速发展变化以及自身改革发展的需求时所产生的共同愿望，为避免高校转型的随意性以及相关资源在转型改革中的浪费，主管部门应当认真研讨、建立相关制度，形成相应的机制，对高校的转型发展等多方面的情况进行研究分析，提供宏观的政策指导。具体到学科专业的优化调整与转型发展，则需要研究、出台有针对性的政策予以指导。由于市场是动态发展的，劳动力市场的需求也在不断变化，这两对需求不断变化的关系，导致高校专业结构调整工作必然是个动态过程，新专业的产生、老专业的淘汰都要紧随劳动力市场结构需求的发展而变化。地方高师院校需要转型，学科由单一型向多科型转变，发展什么类型的学科专业、限制什么类型的学科专业，应当有一定的规划和部署。如果各个高校无计划性发展，在自己的狭隘视野中转型，其学科专业设置与调整必定带来一定的学科资源和人才资本的浪费。因此，教育主管部门需要设立专业的专门机构加强统筹，通过对高校专业结构的设置原则、设置标准与条件、调整方法等进行定期的专门研究，并对劳动力市场上的需求状况进行长期跟踪调查，定期对专业结构的适应性作出研究评估，定期发布调研成果及相关信息，为学校制定政策、为高校的学科建设及专业结构调整提供依据和参考。

在我国，这类国家层面的机构成立较早并运行良好，在学科专业建设与评估等工作中发挥着越来越重要的作用。最重要的两个机构是国务院学科评议组和教育部高校教学指导委员会。国务院学科评议组是国务院学位委员会领导下的专家组织，从事学位与研究生教育的指导、审核、监督、研究和咨询等工作。其主要任务包括贯彻实施《中华人民共和国学位条例》及其暂行实施办法；根据学科发展趋势和国家发展要求，就学位与研究生教育发展和改革的重大问题进行研究，向国务院学位委员会提供咨询或提出建议；对新增、调整和撤销学位授予单位及其学位授权学科进行评议，提出审核意见；对调整、修订学位授予和人才培养的学科目录进行研究，提出意见或建议；参加质量检查和监督，对本学科领域学位授予和人才培养的质量进行调查研究，向国务院学位委员会和教育部就学位授予单位的学科建设、人才培养和学位授予等工作提供咨询或提出建议等。2014年11月，国务院学位委员会第31次会议审议通过了第七届国务院学位委员会学科评议组成员名单，该名单于2015年1月公布。本届学科评议组共设99个小组、共1091位成员。教育部的文件表明，教学指导委员会是教育部聘请并领导的专家组织，具有非常设学术机构的性质，接受教育部的委托，开展高等学校本科教学的研究、咨询、指导、评估、服务等工作。其主要任务包括组织和开展本科教学领域的理论与实践研究；就高等学校的学科专业建设、教材建设、教学实验室建设和教学改革等工作向教育部提出咨询意见和建议；制订专业规范或教学质量标准；承担有关本科教学评估以及本科专业设置的咨询工作等。2013年4月，教育部发布了2013－

2017 年教育部高等学校教学指导委员会成员名单，分为 109 个大类、多达 4800 名专家成员。从其工作任务和职能看，这两个机构都能够有效、权威地针对高校学科专业建设情况制定评估指标、确定评估的标准与实施方法、建立学科专业评估抽查制度、及时检查出不符合条件要求的专业并责令整改。在高等学校层面，有条件的地方高校可以探索建立学科专业专家指导委员会一类的机构，参与学科专业建设、评估全过程。该指导委员会也应吸纳市场指标体系，即应由相关行业、高校和科研单位的专家学者组成。此外，政府还应加快建立和培植一批民间机构、社会中介机构以及行业协会，通过这些中介机构组织开展高校学科专业的第三方评估，将评估所反映出来的学科专业水平、教育教学质量与政府经费拨款、社会捐助等有效挂钩，从而不断规范高校办学行为，引导学科专业的改革调整、促进学科专业的稳定发展。

第二，建立学科专业需求信息发布制度。高校学科专业建设及结构调整等工作要想正确、有效开展，经济社会发展与市场需求等有效信息的跟踪调研是不可忽视的。实际上，有些地方高校在进行内部学科专业布局与建设时，及时感知外在环境信息变化的能力和水平并不高，因而时常导致学科建设及专业结构布局工作中的信息不对称、甚至信息缺陷现象较为严重，这又会导致专业建设滞后于市场需求。针对学科专业建设的有效信息需求，有必要运用信息技术平台，搜索建立学科专业设置调整数据信息库，为学校实施学科专业布局与建设优化时提供重要参考。在数据信息库建设过程中，要注重收集以下信息：一是各年的招生录取信息，主要是考生的报考志愿情况、第一、二等志愿录取及调剂志愿情况；二是毕业生就业率统计，包括专业对口就业、非专业对口就业统计；三是区域产业结构及其转型升级有相关数据，以及毕业生对所学专业知识在实际工作中应用的适用程度的市场调查信息；四是社会对专业人才需求信息；五是专业教学的基本情况。数据信息库建设，能够为专业评价管理系统提供信息支撑，能够从历年统计数据的变化分析各行业人才需求市场变动情况，预测未来人才需求，从而使高校的专业调整具有一定的前瞻性。

高师院校除了要及时掌握地方经济社会需求变化情况外，也有义务和责任向社会特别是广大考生呈现自身的学科专业建设情况。一般而言，由于考生只能通过由高校单方面发布的信息去决定报考志愿，而这些单方面发布的信息，多是带有宣传性质的材料，往往对学科专业发展的历史、师资力量、职业发展情况、教育管理等内容都做了选择性处理。甚至有个别高校，为了吸引生源，在通过各种媒介介绍专业信息时，往往会夸大宣传效果，从而影响考生正确选择院校及专业。从引导考生的角度出发，如实、全面地发布学科专业的公共信息十分必要。在这方面，教育主管部门要应发挥监督职能，建立统一的发布渠道和信息发布规范，可以开设专门发布学科专业信息的平台，或建立一定区域内学科专业结构信息的专门网站。以媒体和信息发布等机构为代表的相关社会机构，应当适时对高校的学科专业结构情况进行第三方评估，或者对高校的学科专业信息发布情况进行社会监督；政府相关部门也要及时公布市场中人才需求的变动情况，不定期对劳动力市场情况、人才需求及专业人才培养的问题进行公告，从而为考生在专业志愿填报以及学校学科专业结构调整时提供参考。

第三，形成学科专业生长调整常态机制。学科专业的生长与调整，离不开经过科学设计的制度体系予以保障，在一个较长、相对固定的周期内进行常态化建设，方能形成满足学校转型发展需求的学科专业体系。这些保障性的常态化生成与调整制度，要进行重新论证、设计，要改变过去单维度的、缺乏与学校整体转型配套的制度安排，要体现长期性与系统性、能够调动学校各方面的资源与力量，以确保学科专业建设的有效性。一些地方高师院校由于前期发展基础较为薄弱，在转型发展的过程中，容易急功近利，好贪大求全，急于上规模，追逐规模与数量的扩张。有的学校虽然不具备条件，但仍然坚持上新专业、上规模，规模的发展一定程度上超越了学校的承受能力。如果不从学校实际出发、不尊重学科专业建设与发展的规律而盲目设置新专业，缺乏系统规划与预测，就有可能是需要的上不了、上的都是不需要，这反映出学科专业动态调整机制的活力不足。实践中，一些地方高校刚刚获批若干新专业，还没有进行系统建设之时，就已经面临着学生招不进来、毕业出不去等困境，导致学校骑虎难下，专业建设处于两难境地，浪费了巨大的学科专业资源，同时也背离了学校转型的总体设计。因此，学科专业建设必须要在一个专门管理机构的管理之下实施，并且在科学的规划指导下，形成常态化的制度体系，辅之以强制性的制度保障，方能有效组织实施学科专业的生长、培育与调整工作，确保学科专业生长与调整等建设工作的系统性、必要性、可行性和科学性。

在地方高师院校的学科专业转型发展过程中，既要加强制度设计，不断完善校内专业建设的整体规划，还要进一步加强与地方行业、企业的联系，聘请热心高等教育事业的行业企业专家作为专业建设顾问，增强学科专业建设的前瞻性与可操作性，保证专业设置更合理、人才培养目标更明确。在一些具体问题上，要根据学校的发展实际，结合学科专业的建设基础与特色优势，创新制度设计，推进学科专业的优化调整与培育生成。如果学科基础整体较弱，学科专业资源有限，根据未来转型需要，需要对一些已有的传统学科专业进行整合，那就需要确保既有利于为地方经济社会和基础教育提供合格的多样化专业人才，又有利于未来学科专业的拓展和延伸生长。同时，要加强对专业设置的申报管理，建立学科专业常态化预警与退出机制，避免盲目性。

此外，还要完善学科专业生长调整的配套制度。学科专业生长与调整的配套制度，主要是指为检验和配合学科专业生长与调整等工作而设计的实施制度。学科专业的优化调整与生成设置，最终效果要落实到教学科研上，因而在教学和科研的相关配套制度上，要同步进行改革调整或创新设计，以满足学科专业转型生长与调整的需要。对于地方高师院校而言，其转型的根本目的是为了进一步提高服务能力，努力为地方经济社会提供更好、更多元的服务，而其中最重要的服务内容就是提供人才支撑和智力支持。

在转型发展中，地方高师院校除为地方基础教育输入优质毕业生充实基础教育师资外，还要为地方经济社会发展培养生产、建设、管理和服务一线的各类应用型人才。这方面正是地方高师院校需要加强建设的领域，要建立学科专业培育建设的对接与融入机制，善于从企业行业一线中吸纳资源、培育生成自己的学科专业，结合若干学科专业传统优势，在与地方行业企业全方位对接的前提下形成学科的拓展方向，进而生成新的应用性专业。要形成与地方企业行业优势资源的共建共享机制，既要加强校内实训实验室建设，同时要积极改变传统实验室管理体制，健全实验室开放制度，增加跨学科、跨专业、跨院（系）的多功能的综合实验室，以适应培养复合型人才发展的需要。要加强“政、产、学、研、用”一体化建设，不仅强化学科在校内教学科研中的龙头作用，还要发挥学科在区域企业行业生产与实践中的智力支撑作用，从教学科研到学生实践实训、从企业行业到就业市场等，实行全面对接。此外，不断完善实践活动管理制度，积极发挥第二课堂的作用，增加学生实践机会；要保证学生实践活动有专业教师指导，通过有组织的专业实践活动的开展，提高其实际操作能力。学科专业建设成效的一个重要检验之处是人才培养领域。因此，教学领域的相关制度的设计，既要保障人才培养目标的有效实施，也要围绕学科专业的转型发展而进行配套设计，体现与人才培养规律的相辅性，体现与区域发展需求的一致性，体现教学工作与学科建设之间的相互支撑性。同时，教学层面实践环节的设计，还有利于提升师范类专业的“师范性”。

二、构建高校内部动态调控机制

高校专业结构调整根本上要适应市场的变化。除政府进行宏观调控外，高校也要从完善自身学科专业发展机制的角度进行自我调控。高校在拥有了相当大的办学自主权后，扩大了发展空间，这无疑为高校的学科建设与专业发展创造了有利条件。但也要清醒地认识到，更大的自主权意味着更大的责任，为了加速和推进高等教育的发展，高校必须肩负起对社会发展及学生成长成才的责任，谨慎、准确地行使办学自主权。其中，高校行使专业设置及结构调整方面的自主权，其前提是必须关注并研究经济社会的发展趋势，这是高校进行动态调整工作、实现转型发展的外部环境；同时，要建立相应的内部管理制度、构建一套运行良好的内部调控机制。与其他的综合性大学相比，面对基础教育师资需求的相对收缩以及教师准入制度不断开放，加之地方经济社会对人才的多样化和综合化需求日益加大，地方高师院校的毕业生在就业方面的压力明显加大。如何在竞争中取得优势，学校需要针对需求进行深入研究，要主动走在需求的前面、而不能被动跟着需求走。要充分利用现代信息技术手段，如大数据技术研究分析当前社会需要什么样的人才及若干年后人才需求的类型和结构，这与世界经济、国家经济的宏观政策、地方经济发展政策是密切相关的。对于定位于向地方经济发展提供多样化服务、坚持走转型发展的地方高师院校而言，地方经济宏观政策与规划的研究分析更具参考价值，因为它将间接反映出区域内特定的产业对专业人才的需求。只有准确分析、预测出人才需求量及人才的专业结构需求状况，才能准确定位未来学科专业建设的趋向及人才培养规模。

（一）建立学科专业的培育与常态评估机制

第一，建立学科专业的培育生长机制。高校学科专业建设最重要的两项措施，一是新增、二是优化；新增是拓面、优化是提质。在增设方面，不同学科基础和专业布局的学校会从不同的方面着手进行。有的直接申请新设专业，然后围绕新增专业培育形成团队和学科方向。当然，申报设置新专业是根据学校发展目标和专业发展规划而来，是学校的专业结构和体系构建的重要内容。有的学校则先培育学科，从已有的一些优势学科中凝练区域经济社会发展需要的学科方向，进而通过学科的汇聚与交叉融合，以强有力的学科基础支持申报新设专业。一般而言，这些专业因其学科基础好、人才培养的能力较强，因而人才培养的质量也较高、与社会的吻合度也很强。在优化方面，主要是加强学科专业内涵建设并调整学科专业结构，使之能够适应经济社会发展的需要。高校只有拥有足够的自主权，才能依据自身的学科优势创办有特色、适应需求的专业，找准自己的定位、确定目标，实现差别化发展。所以，办学自主权的下放，是促进专业和院校的分化、避免院校之间专业设置雷同的重要举措；也只有这样，才能根据人才市场需求的变化，调整专业课程、专业方向，增强专业人才培养的社会适应性。对高校而言，新增专业在很大程度上决定着未来一定时期内有限资源的分配与流向，同时也影响到未来相关学科发展的趋势与走向，因此，各高校在新增专业时必须严格准入制度，审慎申报新专业。

学科专业是高校办学的命脉，不论是增设，还是调整，都是学校发展中的大事，都关乎人才培养。但学科专业的设置与调整，其影响及效果往往具有滞后性，其增设和调整的效果——人才培养的质量往往在多年以后才能显现。所以，稳妥调整与慎重设置，首先要考虑到市场的需求状况，以及所需人才的类型。高等教育要紧紧围绕社会经济的发展，不能只追求学科专业的数量而忽视了市场的需求，应当根据经济和社会发展对各级各类高级专门人才的需求进行中长期预测，使专业设置具有一定前瞻性，同时更要在培养规模基础上提升质量；要坚持以市场为导向，以创新型复合型人才培养为根本出发点，协调学科专业设置调整工作中各主体间的关系，促进专业结构的设置与调整更加科学化、规范化。相应地，还要进行科学论证，对社会的人才需求状况进行深入调查和全面分析，有明确的人才培养目标，并制定较为完善的专业建设方案与人才培养方案，要注重强化学科建设和发展的基础，包括加强高水平的师资队伍建设、改善实验室及图书馆条件、积极建设学科专业平台、创新人才培养模式、大力拓展专业实践基地等。在传统的优势学科基础上，进一步凝练学科方向、打造学科特色、发掘学科专业生长点；通过一系列保障措施的跟进，不断培育新的学科方向和专业生长点；再通过对学科（方向）重点建设和专业的试点建设，申报增设新专业，努力建成特色专业。如此，校内学科专业的培育与生长机制将逐渐形成。

第二，建立学科专业的评估激励机制。学科专业的发展转型，不仅需要围绕地方经济社会发展需求，更需要根据学校转型发展的长远规划对学科专业实施评估，以评估促进建设、推动转型。科学合理的学科专业评估机制是实现学科专业调整优化和培育生长，以及可持续发展的重要措施。通过评估可以促进各专业遵循教育规律，围绕办学定位，明确转型发展的目标及路径，加强教学基本建设，强化教学管理，深化教学改革，并能够推进学科专业资源实现优化组织，全面提高专业教学质量。

为保证学科专业建设和评估有的放矢、常态进行，国家已经建立起一套比较完善的评估指标体系。其一，全国高校的学科评估，主要包括一级学科整体水平评估。这是由教育部学位与研究生教育发展中心（简称学位中心）组织开展的学科评估，是按照国务院学位委员会和教育部颁布的《学位授予和人才培养学科目录》，对具有研究生培养和学位授予资格的一级学科进行的整体水平评估。对评估结果进行公布，旨在为参评单位了解学科现状、促进学科内涵建设、提高研究生培养和学位授予质量提供客观信息；为学生选报学科、专业提供参考；同时，也便于社会各界了解有关学校和科研机构学科建设状况。2016 年 4 月，学位中心启动了全国第四轮学科评估工作。二是专业学位水平评估。这是由教育部学位中心组织实施，按照国务院学位委员会和教育部颁布的《专业学位目录》，对我国具有专业学位研究生培养和学位授予资格的学位授权点进行整体水平评估，并根据评估结果进行排名。专业学位水平评估只是从一个侧面反映学科的整体水平，此项工作于 2014 年首次在全国开展，各高校和科研单位自愿申请参加。三是学位授权点专项评估。专项评估由国务院学位委员会办公室负责，委托国务院学位委员会学科评议组（简称学科评议组）和全国专业学位研究生教育指导委员会（简称教指委）组织实施，对获得学位授权、刚完成首届培养任务的学术学位授权点和专业学位授权点（简称参评点）实施评估。该评估仍以一级学科或专业学位为参评点，按照《学位授予和人才培养学科目录（2011 年）》及学科评议组和教指委制定的评估指标体系来实施。四是学位授权点合格评估。评估工作分为学位授予单位自我评估和教育行政部门随机抽评两个阶段，其中自我评估为诊断式评估，是对本单位学位授权点的全面检查，着眼于发现问题，办出特色，由各学位授予单位按照《学位授权点合格评估办法》《学位授权点自我评估指南》的要求和程序自主组织实施。教育行政部门的随机抽评又分两类情况，即具有博士和硕士学位授权的学位授权点随机抽评由国务院学位委员会办公室组织实施；未获得博士学位授权的硕士学位授权点随机抽评由各省级学位委员会组织实施。该项评估每 6 年进行一轮，获得学位授权满 6 年的学术学位授权点和专业学位授权点，均须进行合格评估。其二，针对普通本科高校开展的专业评估，主要是纳入普通高校本科教学工作评估之中，因为专业建设是构成教学工作的一项非常重要的内容。1994 年初，国家教委开始有计划、有组织地实施对普通高等学校的本科教学工作水平进行评估。从发展过程来看，高等学校本科教学工作评估相继经历了三种形式：一是始于 1994 年的合格评估；二是 2002 年教育部将合格评估、优秀评估和随机性水平评估三种方案合并为一个“水平评估”方案，即水平评估；三是根据高等教育发展形势的变化而组织的“审核评估”。2013 年 12 月教育部印发了《关于开展普通高等学校本科教学工作审核评估的通知》（教高〔2013〕10 号），指出审核评估是在我国高等教育新形势下，总结已有评估经验，借鉴国外先进评估思想的基础上，提出的新型评估模式。审核评估范围主要包括学校的定位与目标、师资队伍、教学资源、培养过程、学生发展、质量保障以及学校自选特色等方面，涵盖学校的办学定位及人才培养目标，教师及其教学水平和教学投入，教学经费、教学设施及专业和课程资源建设情况，教学改革及各教学环节的落实情况，招生就业情况，学生学习效果及学风建设情况，质量保障体系的建设及运行情况等；其重点和核心是对学校人才培养目标与培养效果的实现状况进行评价。其中，涉及“专业设置与培养方案”的具体指标为专业建设规划与执行；专业设置与结构调整，优势专业与新专业建设；培养方案的制定、执行与调整。

根据评估工作的要求，高校应根据教育部制定的专业建设质量标准，结合学校的办学定位、培养目标和服务面向，制定符合学校实际的评估指标体系。根据指标体系，加强学科专业建设，提高学科专业建设质量，推动学科专业科学发展。建立学科专业评估机制，学校要做到树立模范、增加投资、自我检查、常规管理。高校的专业评估工作应该纳入日常管理工作范畴，在专业评估过程中，各高校可以评选出有特色及其优势的若干专业，树立专业结构建设工作的模范，增加专项经费加强建设。对新专业的评估，遵循教育周期的规律、假以时间检验。在日常管理工作中，高校专业自查、自评估体系能够发挥重要作用。可以设置专业评估指导委员会和专业设置（调整）委员会，根据学生报考的第一志愿率、就业率等情况及时向专业设置（调整）委员会反馈信息，专业设置（调整）委员会则根据反馈信息，结合学校优势学科和特色专业等，完成全校专业的设置、撤销、合并、调整、新专业的审评和专业发展规划的制定等工作任务。杨保河等人在其论文《郑州市属高校专业设置及动态调整机制研究》中，[①] 运用 ASP. NET 技术，结合 SQL Server 数据库，后台编程采用 C＃语言，建立 B/S 结构的专业评价管理体系，从多个维度对专业进行评价，主要有“专业年度新生第一志愿报考率、录取率、报道率以及毕业生就业率、毕业生专业对口就业率”等指标。其中，第一志愿报考率＝（学生报考该专业第一志愿人数÷招生计划人数）×100％；第一志愿录取率＝（第一志

① 杨保河、孙陆鹏、关黎丽：《郑州市属高校专业设置及动态调整机制研究》，《河南教育》（高教）2015 年第 4 期。

愿录取人数÷实际录取人数）×100%；报到率＝（实际报到人数÷录取人数）×100%；毕业生就业率＝（签就业协议形式就业＋签劳动合同形式就业＋其他录用形式就业＋科研助理＋应征义务兵＋国家基层项目＋地方基层项目＋自主创业＋自由职业＋升学＋出国出境）÷毕业生总人数×100%；毕业生对口就业率＝（所学专业与实际从事工作相关程度高或一般的毕业生人数）÷毕业生总人数×100%。第一志愿报考率、录取率和报到率的高低一方面反映考生或社会对学校开设专业的认可度，另一方面在一定程度上也反映出社会对该专业人才培养的需求，对专业设置的调整起着重要作用。毕业生专业对口就业率的高低，实际上反映了该专业所对应行业就业形势的好坏，一定时期内还反映该专业人才培养质量在该行业中的受欢迎程度。这种指标体系的设置具可操作性，某种程度上看，地方性高校可以把该指标作为专业设置和调整的重要依据，其评估结果也有效地检验了专业人才培养的质量好高低。

（二）建立学科专业的监管与预警退出机制

第一，建立学科专业有效监管及运行机制。在大学与政府间保持一种必要的张力，是使大学得以正常发展、发挥其作为学问之府、人才基地功能的重要保证。我国现行的专业管理制度，对高校专业设置的规范性约束过强，对目录外专业的严格控制等，使得高校过多地被规制在较为严格的学科框架里，难以开设出符合市场需要，且不在现在学科目标之内的专业。学科专业目录一旦形成，必然要拥有一定的稳定性和指导性，而高校的具体办学行为是动态的，是需要因经济社会变化而变化，所以免不了要根据经济社会发展变化而设置一些专业。目录的刚性与稳定性，与市场对人才需求的多变性以及知识经济时代知识发展的快速性往往构成矛盾，限制了高校应对市场需要的积极性和快速反应能力。越来越多的地方高校在追求自己长远发展之路时，通过课程的安排、教育资源的组织、课程结构的优化、硬件设施的完善、体制机制的优化来培养符合经济社会发展需要的各种规格的人才，这不仅是地方类高校科学发展的必然路径，也是时代变迁赋予的主要职能定位与使命安排。在高校具体的办学过程中，对专业的设置与调整，高校应充分发挥主观能动性，积极作为、敢于探索，通过学科专业资源的重组与优化，培育新增一些专业，不断增强人才培养的针对性与适应性。当然，这需要主管部门逐步扩大高校的专业设置权力。《教育发展规划纲要》明确指出，高等教育领域下一步的工作重点是“加快简政放权进程。加强省级政府教育统筹，落实和扩大学校专业设置等权限”。但要注意，高校的专业设置权也要审慎使用，要加强科学论证，避免盲目性。

长期以来，受管理体制等多种因素影响，多数地方高师院校无论是专业设置还是人才培养模式，都缺乏明显的特色，专业设置雷同、培养模式单一。如何办出自己的特色，形成自己的风格，是高校长远发展的需要，也是高校自身使命使然。面对高校之间同质化发展倾向日益严重的当下，通过转型来突围，走出差异化的发展道路，进而重塑自己的办学特色，是很多地方高师院校所面临的必然选择。故转型发展成为当下诸多地方高校的现实目标。转型首先从学科专业开始，其次才是办学层次与办学类型的变化，如何处理这两者的关系，是一个值得探讨和研究的课题，既不可贪大求全，也不可裹足不前。转型之难，首先表现在学科专业优化与调整的任务比较艰巨，这也是转型的关键所在。转型期的学科专业管理，需要对学科专业布局及宏观走向进行精准把握，要对学科专业近期、中期发展进行全面规划，多方施策进行建设。学科专业管理与优化的质量如何，直接决定着学校转型的成功与否，所以要坚持“管理出质量，管理出效益”，建立合理的学科专业组织机构和管理机制，将以往由行政权力主管学科专业发展的管理模式，转变为由学术权力主导、行政权力控制的双向运行机制，并将管辖权和监督权加以有效区分，进而形成科学的、有利于学科专业不断培育生成的管理模式。一方面，管理机制不能停留在虚体层面，要实施跨院系的决策协调机制，在学科专业现有的规模基础上，注重学科专业创新能力的提升。通过对学科专业平台建设和运行的控制与协调，确保高校内部与外部的各项资源得以有效自用、机制功能得以有效发挥，形成“事前控制，事中监督，事后反馈”的良性运行机制。另一方面，还要理顺校院两级学科专业管理的交互关系，要充分发挥学院层面对学科专业建构的主导地位，要让学科在学院里培育与生长，可尝试以大的学科组建学院，以相近学科专业组建学科群，从而统筹教育教学和科研资源，加强学科专业建设的协调与合作，避免重复建设，实现学科专业资源的共享，提高资源建设与使用效益，促进学科专业协调发展，不断提升人才培养质量。

第二，建立学科专业预警及退出机制。建立专业动态调整机制的一项核心工作是强化就业导向作用和招生计划调控引导作用，实行就业情况、招生计划与专业动态调整“三挂钩”。为此，高校需建立专业预警与退出机制，在明确预警与退出条件的基础之上，定期公布预警和退出的专业名单。实施专业预警与退出机制不仅事关学校和所在学院的学科专业发展，也与专业教师、学生的切身利益和发展前途密切相关。落实专业预警与退出机制，不仅仅需要高校教务部门发挥主导作用，更需要人事、招生、就业、科研、国资等多个部门通力合作。

随着经济社会的快速发展，有些传统专业在课程体系、培养目标、教学内容、教学方法上已不能适应时代的要求。有两个指标已成为人才市场及高校公认的信号：一是某专业报考人数持续下降。不同层次和类型的高校都会有始终处于各专业招生末端的专业。对此，学校必须建立一种机制，对连续几年第一志愿报考人数、录取平均分数均在末端的专业，要求所在学院、系和专业提交分析报告，提出专业改造的方案。二是某专业毕业生就业率持续下降。每所高校每年度各专业的就业率中，总有几个专业的毕业生就业率处于末端。因此，要建立专业报告制度，系统分析四年专业教育情况及就业所遇到的问题，提出专业改造方案。这样的机制和制度能够有效促进高校各个专业的建设和发展。

关于学科专业的淘汰问题，需审慎待之。因为这不仅会导致教育资源的重组甚至浪费，也牵涉到院系和部门的利益以及特定专业教师的切身利益。而对于高校学科专业的建设和发展而言，建立相应的淘汰机制是必要的，这是高校学科专业自我调整机制的一个重要组成部分。教育主管部门可以设立专业淘汰机制并分级实施，设立一些评价因子（如报考人数、毕业生就业率等），用这些因子对各专业的设置效果进行评估，并对处于不同阶段的学科专业进行不同等级的警示，最终确定拟淘汰专业名单。这方面，教育部组织的专业评估结果更具参照价值。程序化、规范化的学科专业淘汰机制必然会推动资源重组，这也促进相关专业的建设和发展。当然，专业的设置与退出，也要主动契合地方的多样需求，并密切关注市场的变动情况。市场经济最基本的特征就是按照市场的供求规律进行人力、物力、财力等各方面资源的配置，社会主义市场经济条件下高等教育运行机制的逻辑起点不是行政机构制定的计划，而是反映社会经济发展客观需要的劳动力市场的需求与供给，特别是与高等教育的人才培养功能密切相关的高级专门人才的需求与供给状况。作为“产品”生产单位，在供给竞争日益激烈的状态下，高校必须时刻关注人才市场的供求变化，并利用地缘优势积极联系地方企业，了解行业企业对人才产品的需求，并努力打造适合行业企业需求的专业化“人才产品”。市场需求的不断变化，导致了热门专业的不断转换；经济社会发展对人才的需求状况、不同专业毕业生的就业情况都影响到了高校专业的设置与调整。通过市场的引导，市场机制能够根据社会职业及用人单位对某些专业的偏好和需求来调配各类专业，通过专业就业率的上下波动和毕业生就业市场供求的变化，直接引导高等教育资源的输出方向和输出速度，从而在高等教育系统中合理地配置有限的教育资源，满足高校专业变化的多样化需求。所以，地方高师院校专业的设置、调整与专业人才的培养，既要遵循高等教育规律，又要遵循市场经济规律，注重市场的引导作用。高师院校通过把握区域经济发展和产业结构对专业人才的需求，通过招生和就业两个信息通道来把握人才市场的需求，结合国家和地方产业结构调整的需要，契合社会热点，淘汰一些专业，扶持若干新兴、边缘、交叉学科，增设与科技前沿领域及地方经济建设紧密结合的应用型专业，势必能够让专业设置与调整工作较好地适应经济社会发展的快速变化，增强其在大众化教育进程中的竞争力和适应力。

此外，地方高师院校要对自身的学科专业结构与建设状况及其与地方经济社会需求的符合度和差异度进行深入研究，有针对性、有计划地进行学科专业优化整合与新增培育工作，改革并创新人才培养模式，优化课程体系、更新教学内容、推进产学研合作等，在持续加强内涵建设的过程中实现转型发展。其中，课程体系的框架建设也很重要。“没有规矩，不成方圆”，没有合理的课程体系很难培养出优秀毕业生。课程体系的建设与优化不能“闭门造车”，也不能邯郸学步，而是要结合人才市场的反馈信息，充分吸纳行业企业的参与。在课程体系建设与优化过程中，要邀请多方面人才需求单位的加入，使课程体系能够真正适应行业企业对各级各类高层次人才的需求。而且，教学内容的更新也同样需要企业的参与。可以直接聘请工程师等企业高端人才作为兼职教师，或引导部分专业教师深入企业一线进行实践锻炼，在优化知识体系、更新教学理念与方法的过程中实现自身的转型。

第五章

地方高师院校转型发展的愿景

综观高等教育的整体发展趋势，地方高师院校由单一学科向多科型发展、在精办教师教育专业的基础上推动师范类专业向应用型专业转变，其发展趋势是必然的。但这个“必然”也是“自然”的过程，因为高校学科专业的结构状况直接或间接反映出产业结构的变动关系，即反映出社会各生产要素在各产业间的构成比例以及相互关系。地方高师院校的学科转型拓展，就要遵循国家以及区域产业结构的发展而自然发展，其学科增长与消减也要主动反映产业结构的调整变化。单科性院校因其学科单一导致培养的人才专业面过窄，不能适应社会对复合型人才的需要，难以满足现代社会发展的进一步要求，这种状况必然要求单科性院校拓展原有学科领域，向综合性大学发展。高师院校向综合化转型发展，就是回应并服务多样产业结构的一个“必然”。当然，如同产业结构的升级优化，国民经济产业结构的丰富与完善是生产长期发展与积淀的结果，高校的学科专业生长也不能一蹴而就，而是在各种因素的共同作用下，与一定社会发展阶段所需要的人才相对应，顺应单科到多科再到综合的自然发展过程。一般而言，单科性院校在创立之初，都是以某个领域的学科专业为主，经过多年的发展成为学校的主体学科和强势学科，再发展若干特色专业。学科结构是一个有机生命体，一个学科可为另一个学科发展提供动力和营养，强势学科是学科生成的源头，是单科院校综合化的基础。在此基础上结合学校的发展定位布局若干重点学科领域，合理配置学科结构。多学科的组合、专业结构的调整，是向综合化转型的开端；在后续转型发展中，组建更多学科群，使各学科有机组合，形成一个系统。在这个系统中，多学科间的链状关系和网状关系构筑起学科生物网，丰富了专业的生长点，增强了学科间的共生效应。学科的关系通过学科相互作用而实现，学科群可以涵盖基础、应用、开发等整个科学技术研究转化过程的各种层次的学科。因而，大学学科的综合化发展离不开学科群的建设。地方高师院校向综合化转型发展，同样要遵循这一建设规律和发展路径，即依据原有特色与传统，在加强并突出基础学科和传统学科的基础上，选定与之相关、容易互相促进的重点学科，培育新兴交叉学科，不断促进学科间的交叉融合，由近及远地组建优势学科群，使学校真正走上综合化发展道路。

第一节　地方高师院校转型发展的目标展望

转型发展必然涉及学校的发展定位。学校的发展定位涵盖了学校的办学类型、办学层次和学科专业的设置，它既要考虑国家和地区对各类高素质人才的需求，又要根据国家产业结构和就业结构的调整、变化状况，还要考虑学校在整个高教系统中的位置。因此，是否准确定位就成为成功转型的关键所在。综观前些年地方性高校转型发展的实践，地方高师院校的转型展发主要呈现四类形态：一是以高师院校为主体，通过与其他专科学校合并组建成新的综合性大学；二是以其他类型的大学为主体，将高师院校合并其中，组建成新的综合性大学；三是师范学院在坚持教师教育基础上更名或升格为综合性师范大学；四是师范学院通过深化教育改革向多科型、综合型转型，直接更名或升格为综合性大学。无论希望实现哪种形态的转型，高师院校首先必须对自己的办学层次认真审视、科学定位。这种定位包括两个层面：一是服务面向，二是大学职能。从服务面向层面来看，可定位为全国性高校和地方性高校。地方性高师院校通过人才培养、科学研究和社会服务等职能，为地方或区域经济社会发展服务。从大学职能层面上看——这里不强调其共性职能，大体分为研究型、教学科研型、职业技术型三类。不同层次的高校在科学研究、人才培养、对社会服务贡献及其在高等教育体系中所发挥的功能、作用不尽相同。实践中，也有一些不具备条件的高师院校盲目“跟风”，片面追求综合性，无视自身的硬件和软件条件而设定向综合性大学发展的目标。在这一目标驱使下，这类学校会盲目增设新专业、片面追求专业数量，反而逐渐淡化或削弱了因有的教师教育优势，这对于高师院校本身乃至教师教育的发展都是不利的。所以，在制定转型发展战略时，地方高师院校要根据办学传统、资源条件、特色优势，以及地方经济发展对学校的要求，来进行科学定位，既要摒弃盲目贪大求全、片面追求综合化以及“去师范”等不正确认识，又要合理布局学科专业结构、充分优化资源条件及科学规划培养规模，推动学校的转型升级。

一、多重目标引领地方高师院校转型发展

地方高师院校在保障基础教育的师资来源、不断提高基础教育的质量，以及服务地方经济社会全面发展进步等方面，发挥了不可替代的作用。当下，面对经济和社会建设领域中不断发展变化的人才需求状况，高师院校要创新思路，勇于探索，努力适应新形势的变化，实现转型发展。近年来，随着教师教育的逐步开放，各类综合性高校越来越多参与师范生的培养，且师范院校所享受的政策保护在逐步消失。师范院校的毕业生谋求基础教育工作岗位时，与综合型高校毕业生共同参与竞争，甚至有不少毕业生在专业知识方面表现出了综合性不够的缺点。高师院校学科专业结构的形成有其历史的特殊性和复杂性，既受到高师院校自身发展境遇的规约，也受到社会、经济、科技、文化、教育改革等诸多因素的影响。当地方高师院校面临基础教育和区域经济社会的两重诉求和压力时，其学科专业结构设置科学合理与否、如何设置、如何应对基础教育及地方经济社会发展的变化进行优化整合，是地方高师院校必须直面回答的问题。为此，需完善顶层设计、强化目标引领、切实采取措施强化基础和硬件设施建

设，加快推进高师院校的转型。

（一）政府宏观教育政策的引领

自20世纪90年代以来，我国制定的一系列高等教育改革政策和措施，对高等师范院校的改革与发展产生了重大而深远的影响。1993年颁布的《中华人民共和国教师法》在第18条规定："各级教师进修学校承担培训中小学教师的任务。非师范学校应当承担培养和培训中小学教师的任务。"而地方高师院校作为特定区域未来教师的重要培养基地，仍在我国高等教育事业中发挥着不可替代的重要作用。到20世纪90年代后期，随着我国高等教育管理体制的不断改革深化，各高校之间合并重组的力度不断加大，且我国高等教育正式开始了扩招之路。在这个背景下，1999年中共中央、国务院颁布了《关于深化教育改革，全面推进素质教育的决定》，要求"加强和改革师范教育，大力提高师资培养质量。调整师范学校的层次和布局，鼓励综合性高等学校和非师范类高等学校参与培养、培训中小学教师的工作，探索在有条件的综合性高等学校中试办师范学院"。2001年，国务院《关于基础教育改革与发展的决定》指出，"完善以现有师范院校为主体、其他高等学校共同参与、培养培训相衔接的开放的教师教育体系。加强师范院校的学科建设，鼓励综合性大学和其他非师范类高等学校举办教育院系或开设获得教师资格所需课程。支持西部地区师范院校的建设。以有条件的师范大学和综合性大学为依托建设一批开放式教师教育网络学院。推进师范教育结构调整，逐步实现三级师范向二级师范的过渡"。政府一系列宏观政策的出台，使得1952年以后形成的由中级师范学校、师范专科学校和师范大学构成的三级师范教育体系过渡到二级教师教育体系。伴随着非师范院校参与到教师教育培养体系中来，师范院校长期以来的世袭领地受到威胁并由此引发了一些师范院校纷纷向综合性大学转型。面对原属领地不断被吞噬的境况，未来如何定位、怎样发展成为众多高师院校需要深入思考的头等大事。同时，平等竞争、双向选择、自主择业等一系列毕业生就业政策代替了传统的"统招统分"政策，使得高师院校毕业生在就业市场上处于不利位置。于是，如何培养学生的宽口径与厚基础以应对市场多元多样的需求，又成为众多高师院校必然要研究的课题。在这种形势下，众多地方高师院校以国家宏观政策为指引，不断加大学科优化和专业建设的力度，力争实现由传统的单科性高师院校向多科性、综合性大学发展。

（二）社会多样教育需求的引领

我国高校自1999年实施扩招以来，高等教育实现了跨越式发展，全国各类高校在校生人数逐年提高。数据统计显示，中国高等教育实现了“井喷式”飞速发展。以高等教育在学总规模为例，中华人民共和国成立的1949年，全国有大学生11.7万；决定改革开放的1978年，全国有86.7万大学生；到2015年，中国大学生在校人数已达到3700万。与中华人民共和国成立时相比，高等教育的规模增长超过310倍，位居世界第一；全国各类高校达到了2852所，位居世界第二，这意味着全世界平均每5个在校大学生中至少有1个是在中国高校学习的。以高等教育毛入学率为例，中华人民共和国成立的1949年为0.26%；决定改革开放的1978年为1.55%；到2015年已达到40%。与中华人民共和国成立时相比，高等教育毛入学率增长超过150倍。预计到2019年，将达到50%以上，进入高等教育普及化阶段。根据美国学者马丁·特罗的观点，当一个国家高等教育入学人数达到适龄入学人口的15%后，便进入了大众化高等教育阶段。高等教育大众化是增强我国综合国力，全面建设和谐社会的必然选择，也是满足人们日益增长的高等教育需求，提高全民素质的战略选择。以高师院校的数量和规模来说，1999年，全国有普通高等师范院校87所（其中，教育部属高校6所，地方普通高等师范院校81所）。经过合并、调整、升格与重组，到2011年，全国有普通高等师范院校156所（其中，教育部属高校5所，地方普通高等师范院校151所）。① 目前，全国共有各类师范类院校共181所。与其他高校一样，高师院校的办学规模也呈现出逐年逐步上升趋势。这一方面表明基础教育对优质师资需求量的不断增大，另一方面也表明社会发展进步对高学历人才需求激增。高师院校通过专业结构调整，培养的人才多元化趋势明显，高师院校的生源渠道不断拓展、招生规模稳中有增。高师院校发展的重要性已不仅仅表现在对我国基础教育的影响上，更表现在为地方社会经济发展输

① 数据来源：根据教育部网站“全国教育事业发展统计公报”统计。

送大批高素质人才，在推进我国高等教育大众化，尤其在促进社会进步和经济繁荣过程中发挥的重要性等方面。高等教育大众化带来教育的多样化，以及国家允许综合性大学参与教师教育培训工作，打破了高师院校单独承担基础教育师资培养、培训的垄断地位，使高师院校面临的压力越来越大，逐步意识到只有“转型”才能适应形势的变化。前一段时间，有教育部官员通过网络媒体非正式表达了一种观点：为了让师范院校聚焦教师培养主业，他提出我国目前的181所师范院校一律不更名、不脱帽。然而，不更名与不脱帽只是保持了师范院校的形式，如何保障其持续健康发展才是关键。事实上，无论更名与否，地方高师院校都需要遵循教师专业化的规律，通过综合改革调整并优化其传统体制，适度扩展职能，以适应社会变革，尤其是市场经济发展对专业人才的需求。

（三）基础教育改革发展的引领

1999年，国务院批准实施《基础教育课程改革纲要（试行)》，指出：“师范院校和其他承担基础教育师资培养和培训任务的高等学校和培训机构应根据基础教育课程改革的目标和内容，调整培养目标、专业设置、课程结构，改革教学方法。”基础教育的变革牵扯面比较大，既回应了经济社会对人才的根源性诉求，也回应了社会关切，势必带来整个高等教育体系的变化，这给高师院校提出了更高的要求、带来了新的挑战。为了顺应基础教育改革潮流，高师院校主动作为、积极落实，在教育改革、课程改革等方面几乎都走在了基础教育改革的前面；同时，各高师院校纷纷调整优化学科专业结构，着力建设高素质的教师队伍，以期为基础教育培养用得上的优秀毕业生。根据《教育规划纲要》关于基础教育实施素质教育的要求，高师院校必须对其教师教育发展战略进行重新规划、部署，以适应不断变化的新局面。站在基础教育改革与发展新的历史起点上，作为基础教育师资主要培养基地的高师院校尚需不断探索、在改革中前行；特别是要着力解决新课改中关于教学模式及教学理念等一些变化和教师不能完全适应新课改及全面实施素质教育对高水平教师迫切需要两者之间的矛盾。在推动基础教育由“应试教育”向“素质教育”转变的过程中，涉及的各项改革都取决于基础教育师资的整体素质水平，这就要求地方高师院校必须通过转型，完善自身的学科专业设置，办精办强教师教育，建立更先进、科学的教师教育以及人才培养模式。这既是高师院校的转型发展之路，也是满足基础教育诉求的必然之路，更是高师院校应当承当的历史责任。

（四）院校自身发展诉求的引领

经济社会的全面发展，为高等教育提供发展机遇的同时也带来了巨大挑战。面对专业人才类型及人才规格的多样化需求，高师院校深化综合改革、创新人才培养模式、提高人才培养质量均责无旁贷。在全国高等院校中，地方高师院校占有很大的比例。地方高师院校与区域经济社会的发展紧密相连，办好地方高师院校，就意味着能够为地方经济建设和服务培养出更多更合适的人才。特别是在一些经济社会欠发达的地方，其后发崛起的任务相对较重、对高素质人才的需求相对较大，而这些区域的高等学校布局相对较少，往往区域内的高师院校就是该区域的最高学府。面对区域多行业、多产业的发展，如何充分发挥高校的职能、如何有效提供产品供给与服务、如何实现和区域全方位融入与全面对接，是地方高师院校无法回避的问题。所以，对于众多地方高师院校而言，不能局限于传统的培养基础教育师资的单一模式，应根据社会环境的变化，大胆改革、大胆转型，努力适应区域经济社会发展的要求，不断提升服务水平。

二、阶段目标的规划以及核心目标的设定

转型发展是一种理念、一个战略举措，更是一种趋势。地方高师院校通过转型实现发展，主要涵盖两个层面内容：一是通过学科专业结构调整与优化实现单科型院校向多科型大学发展，二是通过管理体制机制改革与优化实现“师范性”高校向综合型大学发展。因此，高校的转型发展必须制定出清晰的路线图，必须规划出明确的战略目标。

（一）宏观愿景

地方高师院校在向综合化转型发展的道路上，既要培育生成新兴、交叉学科以加强学科门类建设，使其尽可能齐全，更要科学规划学科结构形

成一个合理的学科群，促进学科间的交叉、渗透与融合，这反过来会有助于形成新的学科生长点，为培育新的学科、构建学科群打下基础。

第一，齐全与综合。在从单一学科向综合学科的发展过程中，不少地方高校追求学科门类的齐全，并把它当成衡量是否成为综合性大学的重要标志。大学的综合化确实离不开学科的齐全和多样化，但追求学科齐全只是大学综合化发展的初级阶段，学科门类齐全并不等于学科综合，多科性并列也不等于学科融合和协调发展，多学科只是为学科的融合提供了可能。反过来，学科门类的综合化也不等于其学科门类就必须齐全，更不是多门学科的简单拼凑。学科门类的综合化强调的是学科之间的关联性，是在学科门类逐渐增多、学科覆盖面不断扩大的基础上，学科间的交叉、渗透日益增强，学科之间相互依存、相互促进的共生关系日益突出。学科的综合化又往往通过合理的学科群来体现。在一个或若干个学科群中，各学科间关系既相互交叉又密切相关，共同构造成一个有机整体。学科群的整体性越突出，学科间的共生效应越明显，就会形成学科的总体优势，而不是学科之间的简单叠加。考察一些国内一流大学的基础学科，一般是主体齐全；有的学校虽然学科门类并不齐全，但其学科综合性强且拥有一些突出的学科群，因而学校的综合性很强。有的高校即使学科门类趋于齐全，但不是所有的学科都齐头并进、全面超越，而是在不同的领域展现不同的优势。综合化发展固然表现在学科门类趋于齐全，但若不同学科间壁垒森严或“老死不相往来”，缺乏学科间的交叉融合，那也只是空有综合发展之形而无其实，并不能推动学校真正走上转型发展之路。可见，对一所高校来说，学科之间的齐全与综合并没有必然的联系。齐全了也可能没有形成融合、没有形成有特色的学科群，门类齐全也并不意味学科布局就是合理且富有特色。

追求学科专业门类齐全只能是理论上的一个目标愿景，建设综合性学科集群则可能成为多数地方高校学科建设的规划目标。在高校，学科是教育教学与科学研究的共同载体，学科群就是多学科集合而成的群体。“一组特色鲜明、具有竞争力的学科群，已成为衡量学校学科建设最显著的标志。学者何刚（2006）认为，‘学科群’是指由若干个学科系有机结合而成的跨学科群体，是学术领域的组合，它的发展脉络是：学科点—学科系—学科群。学者凌永明（2000）认为‘学科群’是在科学研究从高度分化走向交叉综合的背景下产生的新兴事物，它是为适应社会科学与技术高速发展对高层次人才的需求和科学研究向多学科、综合方向发展而形成的学科建设模式。学者吕改玲（2007）提出，‘大学的学科群’是指为适应现代社会、科学技术及经济发展的需要，由若干相关学科围绕某一共同领域（如重大教学项目、重大科研项目等）以一定形式结合而成的学科群体。一般来说，其框架由带头学科—支撑学科—相关学科递进构成。带头学科是学科群建设的龙头，体现了学科群的总体发展。”[①] 地方高师院校首先可以尝试建设“教师教育学科群”，包括教育学、心理学、中国语言文学、外国语言文学和数学等主干学科，为教师教育发展提供理论和实践的支持；面向学校教育中校长、教师和学生这三个群体，建设教师教育学、教育领导学和儿童学三大新兴基础理论学科；涉及物理学、化学、历史、艺术学、体育学、地理、思政和生物学等 8 个支撑学科；以及与中小幼特学校各学科教育联动的相关学科。[②] 其次，贯彻转型发展战略，地方高师院校需着力建设适配地方产业发展的、适应地方重大需求的特色学科群。其生成机制大致包括：“一是以多维互动的协同式学科发展合力拓扑单一维度的学科点建设内涵。地方省属高校则更应该从理论成果、学术特色、科研团队、交流平台和创新人才培养等层面协同对接于来自地方优势产业和区域经济发展的横向需求，以地方企业的用工需求修正人才培养模式，以地方产业的发展为导向来组建科研团队、搭建交流平台，并在理论支撑层面上形成方向稳定的学术特色并积累理论成果……使学科发展在对接地方产业和区域经济的同时不断丰富自身，进入区域内部高效协同的发展轨道。二是以地方产业和行业背景引导学科群发展的学术特色和分布适配格局。当区域内的高校进入到多维协同互动式的学科建设轨道后，多数地方省属高校在学科建设层面都已经具备了服务地方企业（产业）的初步科研基础。这一阶段，组成区域学科群的各个体之间，亦即各地方高校之间应在学科建设的交流平台维度内加大信息交互效率，并结合各高校自身的行

---

① 范明、刘滔：《跨学科与学科群建设研究》，《北京教育》（高教）2013 年第 4 期。

② 舒志定：《对创建教师教育学科群的一点思考》，《教师教育论坛》2014 年第 8 期。

业隶属背景，扬长避短，发挥特色，在学科建设的学术特色和科研团队维度内明确分工，以形成特色学科对接特色企业群、特色学科群对接特色产业链的分布式适配格局。三是以战略性新兴产业的发展为契机促进特色和优势学科群的交叉发展。这一阶段，各地方高校内部及区域学科群之间，应积极围绕新能源、新材料、先进制造技术等战略性新兴产业发展的需求，依托优势和特色学科群，加强学科内部的互动交流和学科群之间的协同创新，培育新的学科增长点。进而，着眼于国家与区域产业结构调整、相应学科所依托的工业结构调整、相关产业科技创新和人才需求结构的变化，强化特色学科的重点发展，相关学科在突出大学科特色的引领协调发展，新兴学科依托重点学科和辅助学科的互动发展战略，形成基础宽厚、主干突出、相互支撑、特色凸显的区域性特色学科群。”①

第二，综合与特色。深厚的学科文化底蕴和强有力的学科综合是大学发展不可或缺的基本条件，但大学的综合化进程不能抛弃原有的特色。从本质上来说，“综合化”与“特色化”并非矛盾。“综合化”强调的是如何充分利用外部环境支持，充分挖掘和运用学校的现有资源，整体推动学校的发展，其核心是学科的综合化，其特点是通过学科的综合化拓展高校的办学领域和发展方向，提高现有学科专业的人才培养能力和科研能力。“特色化”则是实现大学定位、使学校长期稳定发展并不断获取和形成竞争优势的手段，其核心也是学科与专业的特色化。“综合化”更侧重于发展型战略，“特色化”则更侧重于竞争型战略；两者分属大学发展战略中的两个层面，综合要以特色为导向，特色又要以综合为基础，二者相互协调、共同推动高校整体发展。地方高校在转型发展过程中，尤其要处理好综合与特色两者之间的关系。对于高师院校而言，由于传统因素导致其单科性特色，且单科性院校的特色学科多为强势学科、多数又是主体学科，而综合化又可能会要打破这一特色。如何处理好两者关系？宜于充分发挥学科的内生性功能、强化学科的拓展式发展，在推动学科综合化发展过程中保持特色，而绝不能单纯追求学科的综合而抛弃学科的特色，否则就是抛弃学校的竞争力。因此，在由单科走向多科的转型发展过程中，地方高

① 霍影：《适配地方产业发展的高校学科群发展机制研究》，《当代教育科学》2013 年第 9 期。

校要注重综合化与特色化相结合，要在强化特色学科的基础上综合发展其他学科，又在推进综合化过程中突出特色学科与专业。

其实，努力追求特色发展之路是更务实的目标思路。特色是在与他者的比较中产生与形成的，是人无我有、人有我强、人强我优的一种状态。学科专业的特色凝练首先要基于传统，其次要在加强对外合作中培育。当下，经济全球化趋势为高校提供了难得的发展机遇，但也带来未曾有的严峻挑战。对于地方高师院校而言，必须拓宽视野、开门办学，善于借鉴吸收国内外一切有利于自己发展的先进理念和办学模式，在借鉴吸收中不断强化特色、丰富特色内涵。一方面，学科专业的优化整合要体现出特色，必须有正确的办学定位，要考虑到学校性质、发展方向和重点，而不能机械地增加专业数量、扩大专业规模。不结合实际盲目调整，其结果是必然带来学科专业结构性失调，最终损耗了大量的人、财、物等资源，当然无法形成特色。所以，应将学科规划和专业布局纳入学校整体定位中予以考量，统筹考虑高师院校在整个教育系统中的地位、所在地区经济文化发展背景与需要、学校的传统与优势等，在此前提下遴选重点学科、建设优势学科、发展特色专业；或者通过学科专业调整优化来形成优势学科和特色专业，而不是相反——调整后反而破坏或削弱业已形成的优势与特色。

（二）阶段目标

高等教育领域中的学科及学位制度与研究生教育两者关系密切，其工作对象、活动范围、研究领域和事业发展既相联系又有所区别。其中，研究生教育是实行学位制度的基础，学位制度是研究生教育发展的重要标志。正是基于两者的密切关联性，“学位与研究生教育”往往被看成一个概念。但从学科制度的角度来看，其中内隐了一层含义，即学科建设也服务于学位制度，不过是通过与学位（授权）点而建立起两者间的联系。首先因为学科是学位点的前提和基础。在我国，大学要想在博士、硕士学位授予单位和博士、硕士学位授权点方面取得突破与收获，就必须有优势和特色学科作为支撑，充分发挥学科建设在学位点建设中的基础性作用；就需要切实加强学科建设，充分发挥学科在上水平、凝方向、聚人才、出成果、作贡献等方面的关键性作用。学科决定学位点的基本形式。只有先有特定的学科，才会有相应的学位点，而不存在没有学科的学位点。不能适应社会经济需要的学科，就难以生成具有较强适应性的相应学位点，甚至造成学位点逐渐萎缩消失的情况。学科水平还决定学位点的水平。我国博士、硕士学位点的审核往往以考核学科的社会需要、特色优势、学科方向、学术团队、科学研究、平台基地等实力与水平为主要标准，学科发展达到相应水平才可增设学位点。只有一流的学科，才会有一流的学位点。其次，学位点是学科发展的内在要求、重要平台和阶段性成果。[①] 鉴于其三者间的关系，地方高师院校加强学科建设的两个现实目标，一是获得学位授权或申报新的学位点，二是实现大学更名。能够成功增列更多、更高一级的学位点，既是学科建设的成效显现，又能为实现学校更名提供直接的条件支持；地方高师院校成功实现学校更名则是转型升级发展的重要标志，这是一个互为逆反的命题。所以，一定意义上说，地方高师（本科）院校转型发展的阶段性目标也是现实的目标，就是通过强化学科建设获得学位授权或争取增列更多的学位点、实现学校更名，而绝不是向纯应用型大学转型或向职业技术型大学发展。

第一，获得博士、硕士学位授予权或增列更多学位授权点。因为学位点是学科发展的内在要求、重要平台和阶段性成果显现。“现实中，如果某个关键性学位授权的空白点长期无法实现突破，将成为制约学科建设发展乃至学校建设发展上层次上水平的因素，直接影响到该学科的人才引进、团队成长和教学培养。从学位授权审核的角度来看，学位授权点的申报与授权是国家对学科学位授权资格的鉴定性评估，是对多年学科建设成果的总结和检阅。特别是对一些地方院校而言，某个学位点获得授权，是该学科建设取得成效的标志，也是该学科下一步建设与发展的新起点，同时还对其他学科建设起到了一定的示范、带头作用。”[②]

2017 年 3 月，国务院学位委员会印发了《博士硕士学位授权审核办法》，并委托国务院学位委员会学科评议组制定了《学位授权审核申请基本条件（试行）》，对“新增博士学位授予单位申请基本条件、新增硕士学

① 王顶明：《学科、学位点的关系及其建设思路》，《云南电大学报》2012 年第 4 期。

② 王顶明：《学科、学位点的关系及其建设思路》，《云南电大学报》2012 年第 4 期。

位授予单位申请基本条件、自主审核单位申请基本条件、一级学科博士硕士学位授权点申请基本条件”都作了非常具体、相对于地方高校近乎苛刻的规定。国务院学位委员会要求所有拟申请新增学位授权单位或学位点，均须严格按照《学位授权审核申请基本条件（试行)》执行。《基本条件(试行)》对“新增博士学位授予单位申请基本条件”和“新增硕士学位授予单位申请基本条件”进行了具体规定。

以“新增硕士学位授予单位申请基本条件”为例。“基本条件”规定有八项，包括：已列入省级学位委员会新增硕士学位授予单位立项建设的普通高等学校（第1条)；应具有一定的科学研究基础，目前承担多项省部级及以上科研项目，以及若干产教结合的横向科研项目。近5年，师均年科研经费不低于4万元（文科单科性高校和艺术体育类高校不低于1万元)。一般应获得多项省部级及以上科研奖励，有多项科研成果直接服务经济社会发展，取得较好的经济社会效益（第6条)；具有支撑硕士研究生培养所必需的实验室、基地等教学实践平台；拥有充足的教学科研仪器设备、图书文献资料；国内学术交流与合作活跃，与行业、企业等有实质性合作成果；学校生均经费收入不低于3万元（艺术体育类高校不低于4万元)(第7条)；学校研究生教育管理机构健全，专职管理人员配置合理，规章制度完善，执行情况较好。有完善的研究生奖助体系，公共服务体系完备（第8条)。“申请条件”对“一级学科硕士学位授权点申请基本条件”的规定，均已细化到各一级学科和专业学位类别。具体再以“中国语言文学”“数学”两个一级学科以及“教育”硕士专业学位为例。

中国语言文学（0501）一级学科硕士学位授权点申请基本条件

一、学科方向与特色

1. 学科方向。主干学科方向较齐全，设置合理，有一定特色。至少拥有中国语言文学8个学科方向中的5个，且学科方向必须包括“文学类”与“语言类”。

2. 学科特色。有较突出的学科特色，在人才培养与学术研究上有一定影响和良好声誉，为地方发展与社会发展做出过较大贡献。

二、学科队伍

3. 人员规模。有一定规模的教师队伍，其中专任教师不少于30人，高级职称教师不少于15人，正高级职称教师不少于5人。每个学科方向师资分布较均匀，高级职称教师不少于3人，拥有博士学位的教师不少于1人，正高级职称教师不少于1人。

4. 人员结构。有年龄结构和学缘结构合理的学术梯队，能持续开展教学和科研活动。拥有博士学位的教师占教师总人数的50%以上。有在国内外学术机构进修、访学经历，或在国外获得博士学位的教师占教师总人数的20%以上。

5. 学科带头人与学术骨干。学科带头人要有正高级职称，获得博士学位，长期从事本专业的教学与科研工作，有明确的研究方向和研究领域，学术造诣高，学术业绩突出，学术声誉良好。主持过国家社科基金项目或教育部人文社科基金项目，发表过高水平学术论文，出版过高水平学术专著，有指导硕士研究生的经历。学术骨干应具有副高级以上职称，长期从事本专业的教学与科研工作，学术造诣较高，学术业绩较突出，学术声誉良好。

三、人才培养

6. 课程与教学。原则上应开设过研究生课程，课程体系完善，教学力量充足，教学质量良好。拟开出的硕士研究生专业核心课程不少于15门，每个学科方向不少于3门，课程有学术性和前沿性。

7. 培养质量。至少有8年以上本科生人才培养的历史。原则上至少有1个学科方向完整培养过1届硕士研究生。社会认可度较高，就业形势良好。有一定比例的毕业生继续攻读国内外硕士学位。教师作为第一完成人身份的教学成果获得过省级教学成果奖。

四、培养环境与条件

8. 科学研究。近5年，在本专业二级学科及以上代表性专业学术期刊发表学术论文10篇以上，承担省部级以上科研项目15项以上，获省部级社科成果奖5项以上。在读学生参与过省级以上科研项目的研究工作，获得过省级以上奖项。

9. 学术交流。近5年主持召开或承办全国性学术会议2次以上，师生年均参加各类学术会议10人次以上。

10. 支撑条件。较充足的用于硕士研究生学术训练和实践教学的条件、场地、设施。所在单位图书馆与资料室可为硕士研究生培养提供所需要的专业期刊、图书、数据库。拥有中国语言文学类相关图书30万册以上，订阅中国语言文学类学术期刊70种以上，能够提供充足成熟的实习基地。所在院校有完善的研究生培养的管理制度与运行机制，研究生奖助制度完善、奖助类型丰富，有健全的学风教育及学术不端行为查处的措施制度和专门机构。

数学（0701）一级学科硕士学位授权点申请基本条件

一、学科方向与特色

1. 学科方向。学科方向不少于2个，其中至少包括1个特色学科方向或1个交叉学科方向。研究内容不少于4个。

2. 学科特色。围绕地方经济、生活、文化建设，发展应用型、与地区发展需求高度契合的特色学科，并在当地具有良好的社会声誉。

二、学科队伍

3. 人员规模。专任教师队伍规模、年龄与职称等结构合理，不少于

24人，其中每个学科方向至少含正高级职称人员1人，高级职称教师至少3人，总人数不少于4人。

4. 人员结构。专任教师中45岁以下的比例不低于60%，35岁以下的比例不低于20%。专任教师中拥有硕士学位的比例不低于70%，其中45岁以下教师中拥有硕士学位的比例不低于90%，拥有博士学位的比例不低于40%，拥有高级职称的比例不低于50%。

5. 学科带头人与学术骨干。主要学科方向至少有1名学科带头人及2名学术骨干。学术带头人应在本学科国内同行中具有一定的学术影响力，主持过国家自然科学基金等国家级研究项目或获得省部级以上科研奖励，或已在本学科或相关学科担任硕士生导师，且至少指导过1届硕士毕业生。学术骨干在本专业方向国内外核心期刊发表一定数量的学术论文，主持省部级以上科研项目或获得省部级以上科研奖励，并具有指导研究生的经验。

三、人才培养

6. 课程与教学。完整培养至少3届数学学科专业（数学与应用数学专业，信息与计算科学专业）的本科生，或已经有数学专业学科方向硕士点并完整培养1届硕士研究生。拟开设的硕士专业学位课程应该由正高职称的教师讲授，各门课程应分别由不同的教师讲授。应安排一定数量的社会实践活动或教学实践活动。

7. 培养质量。已培养的毕业本科生或相近学科硕士生获得社会的良好评价，有一定数量的在校学生参加本学科和相关学科学业竞赛并获奖或参与科学研究活动。

四、培养环境与条件

8. 科学研究。主持5个在研的科研项目，包括国家级研究基金项目、省部级研究基金项目，或超过10万元的横向研究课题。近5年，科研项目经费达到100万元，每位导师至少主持1个以上的科研项目；获得过省部级及以上级别的科研奖励。

9. 学术交流。专任教师参加过国际学术会议或全国学术会议并做学术报告；开展过学术交流与合作项目。

10. 支撑条件。有必要的文献资料或通畅的共享渠道；保证研究生培养经费；具备完善的研究生管理机构和制度。

教育（0451）硕士专业学位授权点申请基本条件

一、专业特色

1. 专业特色。教育硕士专业学位教育的目标是造就具有现代教育理念、较高理论素养和较强实践能力的基础教育学校和中等职业技术学校的专任教师和教育管理人员。培养工作的重点是发展学生的教育教学和管理实践能力、理论指导实践的能力和自主专业发展的能力。应具有扎实的教师教育办学基础和良好的社会声誉，能准确理解和把握教育硕士专业学位教育的基本特性，与基础教育和中等职业技术教育具有密切联系。学校办学定位、发展目标和教师队伍结构符合教育硕士专业学位研究生培养的基本要求。

二、学科队伍

2. 人员规模。从事教育学、心理学教学研究的专任教师不少于10人，其中教授不少于3人；各申请招生专业领域的专任教师不少于5人，具有高级职称的教师不少于3人；各申请招生专业方向的专任教师不少于3人，具有高级职称的教师不少于2人。上述教师不得重复计算。行业教师占专任教师的比例不低于20%。

3. 人员结构。专任教师中，45岁以下的比例不低于30%，在外单位获硕士以上学位的比例不低于20%，具有高级职称的比例不低于60%，具有博士学位的比例不低于30%，有行业经验的比例不低于50%。

4. 骨干教师。近5年，骨干教师发表高水平学术论文不少于5篇；主持省部级及以上基础教育或中等职业技术教育研究的课题不少于1项，出版本专业学术著作不少于1部。骨干教师中拥有省级及以上教学名师、省级专业带头人等学术称号的不少于1人，在省级以上相关学术团体或行业协会兼任常务理事及以上职务者不少于1人。骨干教师在其他单位同类专业学位担任导师并招收培养硕士研究生的比例不低于20%。

三、人才培养

5. 课程与教学。有5届及以上师范专业本科毕业生且年均毕业人数不少于50人；或有2届及以上教育学、心理学一级学科相关学科毕业研究生，毕业人数总计不少于15人。制定的培养方案应符合教育硕士培养目标的要求，开设课程及其结构应符合全国教育专业学位研究生教育指导委员会制定的指导性培养方案的基本要求。课程教学应注重理论与实践的结合，突出综合性和实践性，注重培养学生的教育教学和管理实践能力，通过理论学习进行实践反思的能力以及自主专业发展的能力。

6. 培养质量。相关专业本科毕业生就业率高，就业质量高。毕业研究生培养质量较高。学生任职单位评价良好。有一批综合素质高、已成为相关工作岗位业务骨干的优秀毕业生。近5年，相关院系获得省部级及以上相关教学成果奖不少于项。

四、培养环境与条件

7. 科研水平。近5年，批准立项的基础教育、中等职业技术教育研究项目人均不少于2项，其中专任教师主持省部级及以上基础教育、中等职业技术教育科研项目人均不少于1项，行业教师主持地、市级以上（不含校级）教育科研项目人均不少于1项。专任教师基础教育、中等职业技术教育科研项目经费人均不少于5万元；发表基础教育、中等职业技术教育的高水平学术论文或出版教育类著作人均不少于3篇（部）；

获得的专利授权、被地市级及以上党政部门采纳的实验或咨询报告、主持制定基础教育、中等职业技术教育的技术规范或行业标准等应用性成果不少于2件（份）。近5年获省部级及以上教育科研奖不少于3项。

8. 实践教学。有数量充足、稳定的本科生和研究生专业实践基地，有较为完备的实践教学规章制度和分工明确的管理机制。有一定数量适合教育硕士专业学位研究生开展实践教学或专业实践的基地，或校一企一校实践教学基地，与行业具有长期合作的有效机制。有满足开展案例教学需要的空间和条件。行业兼职教师和兼职导师能实际参与教学工作。

9. 支撑条件。设有教育学、心理学等相关专业院系；有不少于3个联合培养基地，每个基地每年可接收开展实践活动的学生人数不少于5人。有不少于5个微格教室，有专用案例讨论室。有足够数量的图书资料，其中，教育类专业期刊不少于30种，专业图书不少于2万册。有满足教育科研需要的数字化资源。有创新创业激励制度和管理办法。有完善的学风建设规章制度。有专门的管理机构、专职的管理人员、完备的奖助体系和管理制度与办法。

认真研读文件和上述条件，也许可以分析国务院学科评议组和全国专业学位教指委制定申报标准的初衷，那就是凸显学科方向、学科特色和专业特色的重要地位，强调科学研究、师资队伍建设的成果显现，并对实习实践基地、经费保障等条件建设提出了非常高的要求。也正是这一系列近乎苛刻的条件规定，才凸显出地方高校学科建设任务的艰巨性和地位作用的重要性。因而，能否成功增列学位点或获得学位授权，将成为地方高校看得见、够得着的目标。

第二，实现学校更名。师范学院更名为师范大学或其他综合性大学——这里不讨论高等师范专科学校升格为师范本科院校，既是地方高师院校现实的目标愿景，也是广大教职工孜孜以求的心愿。因为更名“大学”不仅体现了学科专业等综合实力的提升，扩大社会影响，更能带来项目及经费数量的增加、人员编制及招生规模的扩大，所以，近些年来，不少地方高校都把“实现大学更名”作为五年发展规划的重点工作，对照本科院校设置以及更名“大学”的条件，加强建设、着力推进。

早在2006年9月，教育部印发了《普通本科学校设置暂行规定》（教发〔2006〕18号）（以下简称《规定》），对“办学规模”的规定是：“称为学院的，全日制在校生规模应在5000人以上。称为大学的，全日制在校生规模应在8000人以上，在校研究生数不低于全日制在校生总数的5%”；《规定》将“学科专业”设置标准定为：“1. 在人文学科（哲学、文学、历史学）、社会学科（经济学、法学、教育学）、理学、工学、农学、医学、管理学等学科门类中，称为学院的应拥有1个以上学科门类作为主要学科，称为大学的应拥有3个以上学科门类作为主要学科。2. 称为学院的其主要学科门类中应能覆盖该学科门类3个以上的专业；称为大学的其每个主要学科门类中的普通本科专业应能覆盖该学科门类3个以上的一级学科，每个主要学科门类的全日制本科以上在校生均不低于学校全日制本科以上在校生总数的15%，且至少有2个硕士学位授予点，学校的普通本科专业总数至少在20个以上。”对“教学与科研水平”的要求共有2大项，强调称为大学的学校还应达到的标准至少包含“一般至少应具有10个硕士点，并且有5届以上硕士毕业生”。[①]《规定》还对“师资队伍”“教学与科研水平”“办学经费”“领导班子”等都作了具体规定。其中，《规定》所要求的本科生在校生规模，几乎所有地方本科高校都早已达到；但是，对“学科与专业”建设特别是学位建设的规定和要求，则使众多地方性高校望尘莫及了。一方面，学科建设是学位点建设的前提和基础。在一些综合性大学，甚至可以说学科建设的近期目标就是为了建设学位点。另一方面也表明，学科学位建设如果没有达到足够高的水平——没有一定数量的硕士点及一定数量的研究生教育规模，是不具备更名“大学”基本条件的。因此，地方高师院校确定“实现大学更名”的目标，符合国家对高等院校的整体布局安排，不仅是自身转型发展的现实需要，也是学科学位建设的逻辑结果。

从近几年我国的大学更名情况来看，2008—2013年全国共有257所高

---

① 《普通本科学校设置暂行规定》，教育部网站：http://old.moe.gov.cn//publicfiles/business/htmlfiles/moe/s181/201006/88612.html.

等院校获得教育部批准而顺利更名。其中，有30所高专学校变成学院、59所学院升为大学，大部分教育学院已改制为师范学院，并逐步转型为本科教育；有30所地方名的本科高校上升为省级名或区域名，因更名“高升”了。教育部网站公示2016年拟批准设置的高等学校名单，39所高校申请获得通过，其中：中东部地区高等学校29所（14所学院更名为大学，14所专科升为本科，1所合并调整），独立学院转设为独立设置民办本科学校9所，经过筹建“去筹”正式设立高等学校1所。① 在这批根据教育部有关文件规定于2015年申报、2016年审批通过的更名学校中，中东部地区高等学校由“学院”更名“大学”的有14所，而由“师范学院”更名为“师范大学”的比例超过1/5。其中，安庆师范学院更名为安庆师范大学、赣南师范学院更名为赣南师范大学、湖北师范学院更名为湖北师范大学。

（三）核心目标

高校承担着人才培养、科学研究、社会服务、文化传承创新的功能。对于任何类型高校而言，人才培养都是核心，科学研究是做好人才培养工作的前提条件，人才培养是服务社会、传承和创新文化的直接表现。科学研究、服务社会、文化传承创新都应该围绕人才培养而开展，不能脱离人才培养；而人才培养又必须通过科学研究、服务社会、文化传承创新来实现。因此，地方高校在推进转型发展过程中，务必围绕人才培养这一核心，调整学科专业布局、优化其结构，不断提升人才培养质量。

第一，要适应人才培养方式转型。为适应区域基础教育和经济社会发展对人才的多样化需求、特别是对高校毕业生综合素质全面提高的普遍诉求，高师院校必须更加注重人才培养的质量与水平。为此，地方高师院校转型发展中的一项艰巨任务，就是要不断深化教育教学改革，不断创新人才培养方式，努力构建新形势下复合型人才培养模式，以确保人才培养能够全面适应经济社会和基础教育发展的需要。一直以来，我国的高等教育都致力于深化教育教学改革，人才培养质量与水平稳步提升。但不可忽视的是，在一些地方性高校依然受到传统人才培养模式的影响，不同程度地

---

① 注：数据采集自教育部网站信息公开的文件和报道。

存在重知识轻能力、重智育轻德育、重专业教育轻全面发展、重科技教育轻人文教育、重统一要求轻个性发展等现象，影响了人才培养的整体水平，而不能适应不断发展变化的社会需求。地方高师院校作为未来教师的培养基地，要更加注重学生的综合素质培养，促进学生在知识、能力和品德等方面的全面发展。《教育规划纲要》提出基础教育要大力实施素质教育，首先要对未来的教师实施素质教育才能贯彻这一要求。素质教育是要求受教育者在各方面能实现和谐统一的现代教育理念，它能够有效克服专业教育与通识教育分离、科学教育与人文教育相左、社会需要与个人全面发展要求矛盾等弊端，所以，高师院校的学科专业优化整合要围绕这一理念努力实现人才培养方式的转型。实践中，众多的高校在调整学科专业结构方面，坚持从素质教育的角度出发，提出了“宽口径、厚基础、强能力、高素质”的思路和要求，并在教学改革中予以贯彻，其结果使得学生的专业基础更加宽厚，不仅有利于专业交叉和知识整合，更有利于切实提高学生的综合素质。在这一思路的指导下，高师院校加快改变学科专业结构布局，不断打破过去那种过于狭窄、封闭办学的模式，不断加强校际的合作交流，实行跨校选课教学、互认学分，共享实验设备、图书资源等。在具体的人才培养模式方面，高师院校的教学管理人员更新观念，不断创新思路和方法，探索“项目化教学”“订单式培养”等人才培养模式改革，完善“培养分类、学程分段、方向分流”的大类培养模式，探索师范类专业人才培养“211学制”模式，实施创业教育的“教学＋实训”模式等，都取得了不错的成效。

第二，建立转型期的培养模式创新机制。高师院校的课程设置及专业设置与人才培养模式紧密联系，而专业结构调整的目标需要通过课程结构的优化来实现，学科专业调整优化的效果需要通过人才培养的质量来体现。在推行学分制的教学管理制度背景下，为了使学生有充足的发展潜能，高师院校可根据学科专业布局等具体情况，建立科学的专业课程体系，明确专业定位，突出人才培养特色，不断完善专业课程体系。围绕知识内容、技能与实际运用三方面的需求将专业课程和通识课程的建设结合起来，保持二者适当的平衡。从当前毕业生就业需求的角度看，高师院校的专业课程设置仍应占据人才培养体系的首要位置。因此，需结合课程体系改革不断创新人才培养机制，着力培养富有创新精神和实践能力的创新型、应用型、复合型优秀人才。从学生长远发展的角度看，高师院校的课程设置中通识课程的比重应适度调增。由于社会的发展变化日新月异，学生求职意向的不确定性及入职后个人职业变动的频繁性，高师院校四年间的专业学习内容不可能与职业完全对口，尤其是口径过窄的专业，毕业生职后迁徙或工作专业的选择范围很小，这些都增加了学生潜在的就业风险；因而，高师院校开设综合化的通识课程、拓展通识教育，能够给学生提供一个较为“完整的世界图景”，并适度降低前述风险。在通识教育基础上努力培养具有专业适应性的专业型人才，这种培养目标的实现既可以通过一个学科或专业内部教育资源的整合，也可以将跨学科的若干相关专业的师资力量联合起来，以“组合拳”方式寻求专业发展的新突破口。其中，后一种方式在学校专业结构调整中应发挥主导作用，因为当下许多新型职业都是在跨越、打破并重组原来职业分工的基础上发展起来，高师院校传统的专业设置很难快速适应社会职业分工的新动向和新要求。因此，高师院校需要探索培养模式的创新机制，通过课程模块的改进弥补专业设置的缺陷。如此，学生在修完规定的基础课程的基础上，可以在学业导师的指导下选择多元但有系统的课程模块，譬如社会学专业可以选择法学专业的课程模块，教育学专业可以选择在非教育学专业的课程模块等。同时，开展与各有关课程配套的教学大纲修订、教材建设工作，尽快将本学科领域新的、前沿的优秀学术成果反映到教学内容中去，并加大力度建设重点学科、重点课程和重点实验室，保障转型期的课程调整及培养模式的创新能够取得实效。

第二节　基于现代大学功能而推进转型发展

国务院印发的《统筹推进世界一流大学和一流学科建设总体方案》，明确提出“双一流”建设的总体目标，是“推动一批高水平大学和学科进入世界一流行列或前列……提高高等学校人才培养、科学研究、社会服务和文化传承创新水平……在支撑国家创新驱动发展战略、服务经济社会发展、弘扬中华优秀传统文化、培育和践行社会主义核心价值观、促进高等教育内涵发展等方面发挥重大作用”[①]。作为地方性高校，地方高师院校同样承载着“人才培养、科学研究、社会服务、文化传承创新”的功能。这四个方面功能相辅相成、构成一个有机整体，应该齐头并进，而不能将其割裂和对立。当前，新的发展机遇和挑战，赋予了高师院校新的历史发展使命，地方高师院校作为地方基础教育的中坚，承担着为地方基础教育培养合格师资的重任，因此，有责任根据经济社会的发展和教师教育发展的需要，积极探索以新的理念、新的思路、新的步伐，迈向新的发展目标。要完成这一重大历史使命，地方师范院校转型发展必须以科学的教育思想为指导，开展教育综合改革，扩展并提升学科专业内涵，不断彰显在人才培养和服务社会方面的功能，履行地方高师院校的历史使命。

一、深化教育综合改革

我国高等教育的调整工作是随着 1961 年中共八届九中全会确定对国民经济实行“调整、巩固、充实、提高”而展开的。如果把这次调整与提高看成我国高等教育改革探索及高校专业设置调整走出的第一步，那么，1985 年 5 月《中共中央关于教育体制改革的决定》的颁布，则标志着我国社会主义教育事业进入全面改革的新时期。这次的高等教育管理体制改革，主要是明确并实施中央、省、中心城市三级办学的体制，扩大高等学校办学自主权，积极进行联合办学的探索，拓宽高等教育投资渠道，支持社会力量举办高等学校，建立教学、科研、生产三结合的联合体，推进高等学校内部管理体制改革，实行高等学校自学考试制度，推动高考招生和毕业生分配制度的改革，等等。[②] 随着教育体制改革形势的发展，国家教委于 1992 年 11 月召开了建国以来第四次全国高等教育工作会议，大会讨

---

① 《国务院关于印发统筹推进世界一流大学和一流学科建设总体方案的通知》，国务院门户网站：http：//www. gov. cn/zhengce/content/2015－11/05/content _ 10269. htm.

② 郝维谦、龙正中：《高等教育史》，海南出版社 2000 年版，第 397 页。

论并通过了《关于加快改革和积极发展高等教育意见》（以下简称《意见》），这个《意见》会后由国务院于1993年1月转发。《意见》认为，高等教育的改革和发展，体制改革是关键，教学改革是核心，发展规模、提高质量和效益是目的；并指出高等教育改革和发展的主要任务是坚持社会主义办学方向，改革高等教育办学和管理体制，转变政府管理部门职能，扩大学校办学自主权，改革学校内部管理体制和运行机制，深化教育和教学改革，探索高等教育发展的新路子。此后，中共中央、国务院于1993年2月13日颁布了《中国教育改革和发展纲要》（以下简称《纲要》）。《纲要》在第3条明确提出必须坚持党对教育工作的领导，坚持教育的社会主义方向，培养德智体全面发展的建设者和接班人；要求"教育体制改革要采取综合配套、分步推进的方针，加快步伐、改革包得过多、统得过死的体制，初步建立起与社会主义市场经济体制和政治体制、科技体制改革相适应的教育新体制"①。《纲要》的颁布，有力地推动了高等教育的深化改革，使我国高等教育的改革和发展进入了一个崭新阶段。2014年5月4日，习近平总书记在北京大学师生座谈会上指出，"全国高等院校要走在教育改革前列，紧紧围绕立德树人的根本任务，加快构建充满活力、富有效率、更加开放、有利于学校科学发展的体制机制，当好教育改革排头兵"②。习近平总书记的重要讲话，对高等院校的教育改革提出了明确的希望和要求。

（一）必须坚持党的领导，保证依法治校

高校的综合改革主要涉及职称评审、分配制度、绩效评价、岗位管理、人员退出机制等内容和方面，重点是人才培养模式和科技体制机制改革。通过深化综合改革，着力破除体制机制障碍，加快构建充满活力、富有效率、更加开放、有利于学校科学发展的体制机制。其前提是坚持学校党委的统一领导，依法依规推进、逐步实施。

高等学校必须坚持党的领导，这是我国高等教育事业发展的重要保

---

① 《十四大以来重要文献选编》（上），人民出版社1996年版，第69页。

② 《习近平谈治国理政》，外文出版社2014年版，第175页。

证，也是高校党建工作的基本经验。高校党委对学校的领导，是在执行党和国家政策法规的前提下，统筹学校的改革发展，积极探索中国特色的教育体制改革之路，为实现学校的发展目标提供坚强的思想保证和组织保障。高校坚持党的领导，包括两层含义：第一，高校中要确立党的领导地位。我国是中国共产党领导的社会主义国家，党对国家和社会主义事业的领导首先是由《中华人民共和国宪法》规定和确认的。1958 年 9 月，中共中央、国务院发布《关于教育工作的指示》，明确提出："党的教育工作方针，是教育为无产阶级的政治服务，教育与生产劳动相结合；为了实现这个方针，教育工作必须由党来领导。"党对高等教育事业的领导，是通过高校党组织的领导来实现的。高校党委是中国共产党在高等学校中的基层组织，是学校工作的领导核心，对学校工作实行统一领导。第二，坚持党委领导下的校长负责制。党对高等学校的具体领导方式、模式和程序，是实行党委领导下的校长负责制。高校的校长是学校的行政负责人，对外代表学校，对内主持校务委员会和学校的经常工作。《高等教育法》在第 39 条规定："中国共产党高等学校基层委员会按照中国共产党章程和有关规定，统一领导学校工作，支持校长独立负责地行使职权，其领导职责主要是：执行中国共产党的路线、方针、政策，坚持社会主义办学方向，领导学校的思想政治工作和德育工作，讨论决定学校内部组织机构的设置和内部组织机构负责人的人选，讨论决定学校的改革、发展和基本管理制度等重大事项，保证以培养人才为中心的各项任务的完成。"

从 1985 年起，根据《中共中央关于教育体制改革的决定》（以下简称《决定》）中关于"学校逐步实行校长负责制"的要求，北京师范大学、北京工业大学、华东化工学院、辽宁大学、成都科技大学等学校先后开始进行校长负责制的试点工作。据统计，到 1988 年底、1989 年初，全国约有 200 所高等学校试行校长负责制。在大多数试点学校，一般很快建立了教职工代表大会制度，发挥了民主管理和民主监督职能，推进了学校的民主建设。但是，期间存在的问题也是很明显的，那就是不少高校实行单纯的"校长负责制"，高校党委的领导一度弱化，高校党建工作相应地受到削弱，从而放松了对教职工及大学生的思想政治教育；加上改革开放初期国际国内一些不利因素的诱导，导致了一系列消极后果，学潮泛滥等，危害了高教事业的健康发展。因此，中共中央及时听取各方面的意见，于1989年7月下发了《关于当前高等学校工作中几个问题的意见》(以下简称《意见》)，要求各级党委、政府和教育行政部门要切实加强对高校工作的领导，并明确规定，“在今后一个相当长的时期，高等学校仍应实行党委领导下的校长负责制”。此后，各高校党委进一步认真落实中央的《决定》与《意见》规定，支持校长行使职权，领导学校广大干部和师生员工努力工作，高校的政治面貌发生了稳定向上的变化。

坚持党对高校领导的另一个要求是保证依法治校，这是保障高等教育事业健康发展的一体之两面。党和国家的一系列法律规定及规章制度，为高等学校依法治校提供了依据和保障。1998年颁布、2015年12月修订的《中华人民共和国高等教育法》在第39条规定：国家举办的高等学校实行中国共产党高等学校基层委员会领导下的校长负责制；中共中央1996年3月印发、2010年8月修订的《中国共产党普通高等学校基层组织工作条例》(中发〔2010〕15号)在第3条规定，“高等学校实行党委领导下的校长负责制。高等学校党的委员会统一领导学校工作，支持校长按照《中华人民共和国高等教育法》的规定积极主动、独立负责地开展工作，保证教学、科研、行政管理等各项任务的完成”；2010年7月颁布的《教育规划纲要》也强调“公办高等学校要坚持和完善党委领导下的校长负责制”。可见，这一系列法律法规及党中央的文件规定，本质上都是一致的。因为在当代中国，坚持党的领导、人民当家作主和依法治国是有机统一的。党的领导是人民当家作主和依法治国的保证，人民当家作主是社会主义民主政治的本质要求，依法治国是党领导人民治理国家的基本方略。同样，在高等学校，坚持党委的领导、保证依法治校、保障广大师生员工的民主权利同样是统一的。这种辩证关系的一个潜在要求，是高校党委要把自己从包揽一切的状态中解脱出来，把精力集中到加强党的建设和加强思想政治工作中来，支持校长独立负责地行使职权；学校则要建立健全以教师为主体的教职工代表大会制度，加强民主管理和民主监督，在学校党委的领导下，切实贯彻依法治校。

（二）落实办学自主权，完善内部治理

就高校的办学自主权落实和内部治理结构问题而言，“完善高校内部

治理结构与扩大办学自主权是共存的，办学自主权须由规范的治理结构来保障和约束，要通过依法治校、按章管理使每一所学校都能有效行使自己的办学自主权和承担相应责任。只有当高等学校既有自我发展的自主权，又有适当的自我约束机制，并能适应和推动社会的发展时，学校的科学发展才能真正实现”①。强调高校在转型发展时期要积极落实办学自主权、不断完善内部治理结构，乃是因为制度性建设和保障对地方高师院校的转型发展尤为重要。招生就业、职称评审、绩效分配等自主权的落实不仅能够有效促进且保障学校的转型发展，而且也会带来内部治理结构的优化。

第一，完善高校内部治理结构。照海良指出，“大学治理结构分为外部治理结构和内部治理结构，大学内部治理结构主要是指大学内部利益相关者之间各种权力的分配、制约和利益实现的制度规定、体制安排和机制设计，集中体现大学管理的结构、运行及其规制的主要特征和基本要求。大学治理结构的目标和方向是现代大学发展目标与功能的体现与实现。培养学生成长、成才是大学一切工作的出发点和落脚点，任何时候都是大学的根本任务，而教学、科研、社会服务和引领社会则是现代大学的基本功能。大学根本任务是大学功能的中心坐标，大学功能是实现大学根本任务的必要路径。完善大学治理结构，必须围绕‘培养什么人、怎样培养人’的根本问题展开，必须有利于推进教育教学改革，有利于激发教师的积极性和创造性，有利于学生的全面发展和素质提高，有利于学科的交叉融合，有利于营造良好的学术氛围，有利于形成优良的学风、校风和作风”。并提出完善大学内部治理结构，应着重把握和处理好四个基本问题：一是坚持和完善高校党委领导下的校长负责制，明确大学治理结构的基本指向；二是推动“教育家办学”和管理队伍建设，凸显大学治理结构的体制特色和机制活力；三是探索教授治学、坚守学术自由，建立和完善以学术委员会为核心的学术权力体系，营造大学治理结构的宽松氛围和良好条件；四是坚持依法治校，完善大学章程，构建大学治理结构的科学民主的保障机制。②

① 马陆亭：《完善高等学校内部治理结构》，《现代教育管理》2014 年 7 期。
② 顾海良：《完善内部治理结构　建设现代大学制度》，《学习参考》2010 年第 8 期。

有学者认为，经过高等教育体制改革和现代大学制度建设的长期探索，当前完善高校内部治理结构面对的问题是明晰的，而如何解决问题却不清楚。如大的改革方向有理顺高校内部领导决策体制、推进教师学术权力的有效行使、改革学术评价方式、探索多样化的治理模式、发挥群众团体的作用、加强章程建设等。进一步具体归纳，问题集中为以下三类：一是权力关系问题。如学术权力和行政权力，书记、校长的职责分工，大学与其二级学院的职权界限，教师、员工权力和学生权力等。这类问题看上去容易解决，其实特别难，关键是权力边界很难界定，常常交叉、交织在一起，而且还有利益纠纷。解决问题的出路只能是尽可能让职责边界清晰，甚至可以人为规定。二是行政效率问题。如议事规则、决策程序、工作运转、岗位责任等，也包括利益相关群体的参与治理。这类问题比较好解决，关键是保证规矩、公平、正气、监督，避免好处都要、责任推诿现象。三是积极性激励问题。这类问题关乎质量和创新，涉及评价方式和机制，技术含量很高，不能简单处置。需要关注的重点是让学术人员有成就感，让每个岗位都有成就感，工作要细致和有针对性。① 总之，高校要推进综合改革，完善内部治理结构，建立健全高校理事会制度，健全与理事会成员之间的协商、合作机制；建立健全学校章程落实机制，加快形成以章程为统领的完善、规范、统一的制度体系；加强学术组织建设，充分发挥其在学科专业建设、学术评价、学术发展和学风建设等方面的重要作用；完善民主管理监督机制，积极探索师生代表参与学校决策的机制；并要加快建立健全社会支持和监督学校发展的长效机制，不断推进依法治教、依法治校的进程。

第二，落实高校办学自主权。“高校办学自主权”是西方“大学自治”(University Autonomy) 精神在我国的本土化演绎，是指高等学校或机构为保障自身办学活动符合客观规律和自身特点，依法充分享有独立自主的实现人才创造、科学研究和社会服务三大职能所必需的一切资格与能力，也有人将之转译为“legal definition about university's independent right of

---

① 马陆亭：《完善高等学校内部治理结构》，《现代教育管理》2014 年 7 期。

running itself"[①]。在西方，“学术自由”或“大学自治”，从大学产生的中世纪开始，一直到今天，始终为大学信奉和追求，也是近现代西方国家处理政府和大学关系的基本原则。[②] 西方国家的大学素有悠久的“自治”传统。从1636年美国第一所高等教育机构建立到19世纪中期，大学自治经历了从产生到确立的过程。在此期间，大学的决策权从完全掌握在外部社会力量手中，逐步发展为教师群体争取到了有限的权力参与大学决策。19世纪晚期到20世纪初期，大学自治获得充分发展，行政人员和教师群体发展迅速，教师权力制度化。[③] 在德国，从1694年海勒大学的创办到1736年哥廷根大学的建立，大学自治开始萌芽。这个时期的大学倡导“研究与教学的统一”，要求“学术研究生活的自由”，但未能使大学从国家等外在的权威支配中解放出来；到1810年柏林大学建立，无论是在行政管理和学术科研方面都实现了极大程度的“自治”。大学自治最为核心的是教学研究方面的自治，即学术自由，它的自治为德国独特的大学自治奠定了基础。一方面确立了大学独立自主的法人地位，实行教授治校，提倡学术自由；另一方面，大学也作为国家机关受到了国家的监督。[④] 1988年9月，联合国在《关于高等教育机构学术自由和自治的利马宣言》中把大学自治定义为，大学自治是高等教育机构在国家和其他社会力量面前的独立性，在其内部管理、财务、行政方面作出决定，并制定其教育、研究、附属部门工作以及其他相关活动方面的政策。[⑤] 当然，大学自治一定是相对的而非绝对，“大学自治不是一个‘全无全有’的概念，即大学既不是一个完全自治也不是一个完全受控制的组织”[⑥]。

在我国，1984年10月，党的十二届三中全会通过了《关于经济体制改革的决定》(以下简称《决定》)，总结了建国以来特别是党的十一届三

---

① 张振华、刘志民：《高校办学自主权评价指标体系构建及落实现状分析》，《南京农业大学学报》(社科版) 2012年第3期。

② 阮李全、蒋后强：《高校办学自主权：由来、要素、涵义、走向》，《国家教育行政学院学报》2014年第8期。

③ 于杨、张贵新：《美国大学治理变革及其发展趋势》，《黑龙江高教研究》2008年第5期。

④ 韩永红：《美国与德国的“大学自治”发展研究》，《教育理论与实践》2014年第27期。

⑤ 徐小洲：《论博克的学术自由和大学自治观》，《浙江大学学报》(人社版) 2002年第6期。

⑥ 眭依凡：《大学校长的教育理念与治校》，人民教育出版社2001年版，第323页。

中全会以来的经济体制改革的经验，比较系统地提出和阐明了经济体制改革中的一系列重大理论和实践问题，是全面进行经济体制改革的纲领性文件。《决定》同时指出，“随着经济体制的改革，科技体制和教育体制的改革越来越成为迫切需要解决的战略性任务。中央将专门讨论这方面的问题，并作出相应的决定”①。在这一政策背景下，高教系统要求进行教育体制改革的呼声越来越强烈，其中最重要的是提出扩大学校办学自主权问题。当时的教育部长何东昌提出，当前在高等教育方面可以采取的改革措施包括：(1) 扩大学校的办学权。(2) 给学校更多的人事权，进行校长负责制的试点。(3) 扩大学校经费使用权。(4) 扩大学校对基建投资的审批权。(5) 简化学校参加国际学术活动的手续。(6) 改革毕业生分配制度，扩大学校参与分配毕业生的权限。(7) 尽快破格提拔一批中青年骨干教师的职称。(8) 加速校内管理改革的步伐。② 1985 年 5 月，中共中央、国务院在北京召开了改革开放以来第一次全国教育工作会议，会后颁布了《中共中央关于教育体制改革的决定》，明确提出“改革高等学校的招生计划和毕业生分配制度，扩大高等学校办学自主权”。1998 年颁行的《高等教育法》首次以法律形式对高校办学自主权进行了规范。《高等教育法》第 30 条规定，“高等学校自批准设立之日起取得法人资格”。这意味着从法律上确立高校的独立办学主体身份，而法人主体资格的确立，就为高校作为办学者与政府作为管理者身份的区分和独立自主办学提供了法律依据。《高等教育法》并在第 32 条至 38 条依次规定了高校办学自主权的基本内容，包括招生权、学科专业设置权、教育教学权、科研权、境外高校交流合作权、内部机构设置权、人事管理权、财产管理权。这些规定涵盖了办学自主权的核心部分，为高校自主办学提供了基本法律保障。与之相关，《高等教育法》中一些规定，还规范了政府的办学干预权。

因此，高校完善内部治理结构，就应不断优化内部机构设置、人事管理和财产管理等权力运行机制，积极履行《高等教育法》赋予的招生权、学科专业设置权、教育教学权、科研权、境外高校交流合作权、内部机构设置

---

① 《十二大以来重要文献选编》(中)，人民出版社 1986 年版，第 583 页。

② 郝维谦、龙正中：《高等教育史》，海南出版社 2000 年版，第 399 页。

权、人事管理权、财产管理权，加快推进依法治教、依法治校的进程，加快构建充满活力、保障公平、更加和谐、有利于学校科学发展的体制机制。比如当前绝大多数高校都进行了绩效工资分配改革。一套科学的绩效工资分配改革方案能够有效调动广大教职工的工作积极性，激励师生员工投身于学校的教育综合改革事业中，认真教学、潜心科研，积极探索人才培养的创新机制、不断提升人才培养质量。如何形成科学的绩效工资分配改革方案？必须经过深入的调研论证、交由教职工开展大讨论后，提交教职工代表大会审议、表决。其间，学校党委要召开专门会议研究，加强对学校重大决策的领导。反之，如果单纯为提高奖励性绩效工资水平而未进行广泛深入的调研论证、甚至为了照顾教学人员或管理人员中某一方利益而强行出台一个方案——这就有违民主管理的本质，就有可能造成教职工意见很大、怨言很多，客观上制造了教学人员与管理人员之间的重重矛盾，其结果必然不能发挥出绩效工资分配方案的激励作用。这类自主权的行使一定要和民主管理结合起来，否则会造成内部治理的混乱与无序，最终当然很难凝心聚力、引导教职员工积极投身到学校的教育改革和发展事业中去。

二、推动管理体制转型

高等教育的管理体制改革，主要是改变政府对高等学校包得过多、统得过死，中央部门和地方政府分别办学并直接管理造成学校“条块分割”的局面，逐步建立起与社会主义市场经济体制和政治体制、科技体制改革相适应的教育新体制，建立在国家宏观政策指导下高等学校面向社会依法自主办学的新体制。《教育规划纲要》指出：“适应国家行政管理体制改革要求，明确政府管理权限和职责，明确各级各类学校办学权利和责任。探索适应不同类型教育和人才成长的学校管理体制与办学模式，避免千校一面。完善学校目标管理和绩效管理机制。”[①] 高等学校要深化教育综合改革、促进转型发展，就要完善内部治理结构、推动管理体制转型，包括改革教学管理制度和科研激励政策、招生就业制度和人事管理制度、绩效分

① 《教育规划纲要辅导读本》，教育科学出版社 2010 年版，第 37－38 页。

配制度等，在推动管理体制转型的同时，不断健全各项民主制度、完善现代大学制度建设。2015 年 10 月，教育部、发改委、财政部联合发布《关于引导部分地方普通本科高校向应用型转变的指导意见》，指导部分地方高校的类型定位和转型路径，要求确立应用型的类型定位和培养应用型技术技能型人才的职责使命，以产教融合、校企合作为突破口，根据所服务区域、行业的发展需求，找准切入点、创新点、增长点，制定改革的时间表、路线图。转型高校要结合“十三五”规划编制工作，切实发扬民主，通过广泛的思想动员，将学校类型定位和转型发展战略通过学校章程、党代会教代会决议的形式予以明确。

（一）健全现代大学制度

《教育规划纲要》对完善中国特色现代大学制度作了专门规定，强调要“完善治理结构。公办高等学校要坚持和完善党委领导下的校长负责制。……充分发挥学术委员会在学科建设、学术评价、学术发展中的重要作用。……加强教职工代表大会、学生代表大会建设，发挥群众团体的作用”[①]。虽然《教育规划纲要》并没有对现代大学制度的主要精神进行概括，但从国内大多数学者的研究来看，一般都认同“党委领导、校长负责、教授治学、民主管理”的表述，其中，民主管理是核心内容。对于高校而言，民主管理的实质是广大师生自己当家作主、自主管理学校事务并对之进行有效的监督。

现代大学制度的核心是在国家宏观调控政策指导下，大学面向社会，依法自主办学，实行科学、民主管理。现代大学制度对外涉及规范和理顺大学与政府、大学与社会的关系，对内涉及大学内部治理结构的完善和改革，它一般包含两方面的含义：一是宏观层面的大学制度，亦可理解为一个国家的高等教育制度。它包括国家层面的办学体制、投资体制和管理体制，是国家整个高等教育系统的总称。二是微观制度，主要指一所大学的组织结构和体系，是维系一所大学正常运行和发挥其职能的制度保障。大学制度的最初指向主要是微观层面的含义，即是指特定大学的制度构建。

---

① 《教育规划纲要辅导读本》，教育科学出版社 2010 年版，第 38 - 39 页。

在此前提下，现代大学制度建设的主要精神有时又被表述为“党委领导、校长负责、教授治学、民主管理、依法治校”。

目前，我国高校存在“教代会”和“党代会”两种主要民主制度形式。高校实行教职工代表大会（简称教代会）制度和党员代表大会（简称党代会）制度是为了适应学校民主建设及民主管理的实际需要，即体现大学的民生管理。这两个民主制度及形式不仅有利于加强高校的民主建设、为高校党的建设和高等教育事业发展提供坚强的政治保证，而且能够有效回应我国高校管理“行政化”的社会声音，从而对现代大学精神进行制度性诠释。

第一，高校教代会的组织运行。作为教职工行使民主权利、参与学校民主管理和监督的基本形式的高校教代会制度，是从1979年在部分高校试点开始的，至今已走过近40年的历程。设立教代会制度，是保障教职工依法行使民主权利的需要，也是落实中国共产党依靠工人阶级和知识分子方针的体现。依据2011年12月颁布的《学校教职工代表大会规定》的相关规定，教职工代表大会代表以学院、系（所、年级）、室（组）等为单位，由教职工直接选举产生，凡是享有公民权的教职工均有选举权与被选举权；代表的构成，既要照顾到学校各方面人员，又要充分体现学校以教学为主，其中教师代表不得低于代表总数的60%；代表实行任期制，任期3年或5年，可以连选连任；代表受原选举单位教职工的监督，必要时原选举单位可以依照规定的程序更换和撤换本单位的代表。至于教职工代表的权利和义务、教代会组织制度等方面，《学校教职工代表大会规定》都作了较详细的规定。其中，教代会行使的职权主要包括：（一）听取学校章程草案的制定和修订情况报告，提出修改意见和建议；（二）听取学校发展规划、教职工队伍建设、教育教学改革、校园建设以及其他重大改革和重大问题解决方案的报告，提出意见和建议；（三）听取学校年度工作、财务工作、工会工作报告以及其他专项工作报告，提出意见和建议；（四）讨论通过学校提出的与教职工利益直接相关的福利、校内分配实施方案以及相应的教职工聘任、考核、奖惩办法；（五）审议学校上一届（次）教职工代表大会提案的办理情况报告；（六）按照有关工作规定和安排评议学校领导干部；（七）通过多种方式对学校工作提出意见和建议，监督学校章程、规章制度和决策的落实，提出整改意见和建议；（八）讨论法律法规规章规定的以及学校与学校工会商定的其他事项。[①] 此外，校长要定期向教代会汇报工作、听取意见；教代会则要尊重和支持校长及行政系统行使指挥权，教育教职工遵守规章制度、努力完成各项工作任务。

第二，高校党代会的组织运行。前些年，为推进高校的党内民主建设，部分高校进行了党代表大会常任制度（简称“党代会常任制”）的试点工作。如中共安徽省委教育工委早在2010年1月就制订了《中国共产党安徽省省属普通高等学校代表大会常任制实施办法（试行）》，印发安徽省6所试点高校执行。“党代会常任制”的提出最早可上溯到1956年4月毛泽东在中共中央政治局扩大会议上的总结讲话，当时毛泽东提出“是否可以依照人民代表大会的办法，设党的常任代表”[②]。随后，党的八大把党代会常任制写入了党章。由于历史的原因这一制度并未真正施行，只到党的十一届三中全会后，才开始在一些县（市、区）进行了党代会常任制试点。党的十六大肯定了党代会常任制的方向后，为党代会常任制的实践注入了新的活力；党的十七大以来，党代会常任制在党的地方各级代表大会中得到不断推行；《高等教育法》《党章》《中共中央关于加强和改进新形势下党的建设若干重大问题的决定》和《中国共产党全国代表大会和地方各级代表大会代表任期制暂行条例》等为高校党代会常任制提供了法理依据。依据前述法律和规章的规定，高校实行党代会常任制，是以完善高校党代表大会制度和党代表大会代表任期制度为重点，深入推进党内民主建设和现代大学制度建设，为高校党的建设和教育事业发展提供政治保证。可见，高校的党代会是师生党员充分行使民主权利、推进高校党内民主建设及管理的根本形式。

高校的党代会常任制主要包括党代表任期制和党代会年会制两项制度内容。其中，高校党代表大会每5年召开一次换届大会，每年召开一次党代表大会年会。在党代表大会闭会期间，由它产生的委员会统一领导学校

---

① 《学校教职工代表大会规定》，国务院门户网站：http：//www.gov.cn/flfg/2012－01/09/content _ 2040254.htm.

② 《毛泽东文集》（第七卷），人民出版社1999年版，第54页。

工作。高校党代表大会代表实行任期制，在党代表大会召开和闭会期间，党代表大会代表行使代表权利，履行代表职责。依据中共中央1990年6月印发的《中国共产党基层组织选举工作暂行条例》的规定，高校党员代表大会代表名额的分配根据党员人数和代表具有广泛性的原则确定，名额一般为100～200名，最多不超过300名。代表实行差额选举，代表候选人数应多于应选人数的20%。根据《中国共产党安徽省省属普通高等学校代表大会常任制实施办法（试行）》第12条的规定，高校党代表大会年会的职权和任务包括：（一）听取和审议学校党的委员会、纪律检查委员会年度工作报告；（二）讨论和审议下一年度学校党政工作要点；（三）民主测评和评议学校党的委员会、纪律检查委员会及其成员；（四）讨论学校党的建设和其他重大问题；（五）审议提案提议工作报告；（六）审议年度党费的收缴、使用和管理情况；（七）选举出席上级党的代表大会的代表；（八）讨论和决定其他有关重要事项。

第三，高校教代会和党代会的运行目标共同指向民主建设。高校的民主建设一般可分为学校民主和党内民主两个层次。从教代会和党代会行使的职权或职能划分可以看出，虽然其代表来源及构成范围不同——教代会的代表从学校全体教职工中选举产生，体现了学校的民主；党代会的代表从师生党员中选举产生，体现的是党内民主——但是，两者都讨论决定学校的重大事项：前者主要作用于学校的行政工作和行政事务，后者则作用于学校党的建设和党委的工作。所以，两者的运行目标基本一致，即保障教职工和师生党员的民主权利，实现高校的民主管理。其中，高校教代会的目标指向是学校民主。姚启和教授认为高校的民主管理意味着集思广益，集中大家的智慧，使决策正确。他指出，“在西方，民主管理学校通常是通过董事会、教授会、评议会、审议会或师生代表会等形式，参与制定一系列学校规章制度，按照规章制度来进行管理”①。《学校教职工代表大会规定》第3条规定了“学校教职工代表大会是教职工依法参与学校民主管理和监督的基本形式”，亦即表明，教代会是教职工群众行使民主权利、民主管理学校的重要形式。教代会是全体教职工行使民主管理权力的

① 姚启和：《高等教育管理学》，华中科技大学出版社2000年版，第48页。

代表机构，其权力来源是全体教职工；并且，教代会及其代表必须民主选举产生、必须充分反映教职工的要求和意见，教代会所作出的决定必须符合教职工大多数的意见和利益。如同企业的职工代表大会一样，教职工代表大会属于当代中国基层民主制度的一种行业形式，是高等学校基层群众自治的组织形式。所以说，教代会是学校教职工行使民主权利、参与学校民主管理的一个根本途径。高校党代会的目标指向是学校党内民主。我国的知识分子是工人阶级的一部分，作为工人阶级的先进代表，高校中党员的数量和比例都相当大，所以，加强高校基层党的建设、在学校发展党内民主意义重大。无疑，高校实施党代会常任制就是深入推进高校党内民主建设和现代大学制度建设的一个重要举措。高校党代表参加学校党代会和学校党委组织的活动，其开展工作的主要制度有：（一）代表提案制度。在学校党代表大会召开期间，10 名以上代表（含 10 名）联名，可以向大会提出属于党代表大会职权范围内的提案。（二）代表提议制度。在学校党代表大会闭会期间，代表可以由个人或者以联名的方式，采用书面形式向学校党的委员会提出属于学校党代表大会和党的委员会职权范围内的提议。（三）代表调研制度。受学校党代表大会和党的委员会的委托，代表可在一定范围内，就党的建设和其他有关重点工作、学校党的委员会重大决策和师生员工反映比较强烈的问题开展调查研究。代表在任期内至少参加一次调研活动。（四）重大决策征求代表意见制度。代表应邀可以列席学校党的委员会（常务委员会）、纪律检查委员会全体会议以及党委有关部门的重要会议，参与讨论，发表意见。（五）代表联系党员和师生员工制度。（六）代表参加民主评议制度。根据学校党委安排，参加对本校党委、纪委领导班子及其成员的民主测评和评议。

从一些高校的民主建设和改革实践来看，在推进现代大学制度建设的过程中，一般有三条切实有效的实施路径。第一，坚持党委领导下的校长负责制，完善学校和学院领导体制。学校党委对学校事业发展和各项工作进行统一领导，并支持校长独立行使职权；校长依法独立行使学校各项行政管理职权，从而构建起党政职权明晰、分工协作、结构合理、运行顺畅的管理体制。教学院（部）则要实行党政联席会议制度，党政共同负责。院（部）分党委是学院的政治核心，保证监督党和国家的路线、方针、政策和学校的决策在本学院的贯彻和执行；院长（部主任）依据相关规定行使各项行政管理职权。党政联席会议是院（部）的最高管理机构，依据有关规定行使决策权和管理权。如此，便能建立起党政管理、教授治学、教职工民主管理的“三位一体”的分工协作与联动支持的协调机制。第二，建立教授委员会，充分发挥教授在治学中的作用。建立教授委员会，主要是为了实现教授治学，以充分发挥教授在教学、学术研究、学科建设和学校管理中的指导作用。武汉大学原校长顾海良教授认为，“教授治学”是提高大学治理结构水平和质量的根本。因为，教授是教师中最重要的学术群体，在学校的教育教学、学术研究及管理中具有重要优势；教授对教育教学、学术研究和学科建设的特点和规律有着深刻的理解，这是他们参与学校管理的突出优势和重要基础。不仅如此，“教授治学”也是完善大学治理结构和决策机制的根本。完善高校的管理体制和决策机制同样需要充分依靠和发挥教授在高校民主管理中的作用，实现高等教育管理的民主化、科学化。高校通过设立学术委员会、校务委员会以及教职工代表大会等组织形式，依法保障教师特别是教授参与高等学校的民主管理与监督，提高教授在高校改革和发展中的决策权、管理权和监督权，提高高校决策的民主化、科学化水平，维护教师的合法权益。当然，“教授治学”不能代替党委对高校的领导职责和校长对高校行政管理的全面职权；“教授治学”要以党委统一领导和校长全面负责为前提，只能在党委领导下的校长负责制中运行，并在这一制度和体制背景下发挥作用。[①] 第三，优化教代会、党代会运行机制，构建民主管理体制。高校的民主建设不仅要求完善教代会和党代会制度，而且要探索实行党代会、教代会对学校党委、行政工作的考评机制，以确保教职工代表和党员代表依照相关规定履行职权，合理表达利益诉求，最终实现民主管理、依法治校的目标。

（二）“去行政化”探讨

高等学校要完善内部治理、推动管理体制转型，包括改革教学管理制度和科研激励政策、招生就业制度和人事管理制度、绩效分配制度等等，

---

① 顾海良：《完善内部治理结构建设现代大学制度》，《中国高等教育》2010年第15/16期。

其中最为引人关注的，恐怕是“去行政化”问题。2010 年 3 月，全国“两会”期间时任国务院总理温家宝在回答网友提问时表示，教育行政化的倾向需要改变，最好大学不要设立行政级别，于是引起了全国范围内关于大学“去行政化”的讨论；2010 年 7 月颁布的《教育规划纲要》又指出：“适应中国国情和时代要求，建设依法办学、自主管理、民主监督、社会参与的现代学校制度，构建政府、学校、社会之间新型关系”。提出要推行政校分开、管办分离，“随着国家事业单位分类改革推进，探索建立符合学校特点的管理制度和配套政策，克服行政化倾向，取消实际存在的行政级别和行政化管理模式”[①]。综合众多专家学者的观点，主要有三类：一是主张高校“去行政化”，取消行政级别；二是主张高校“去行政化”，但要审慎分析高校“行政化”涵义，避免认识误区；三是认为高校“去行政化”的内涵并不明晰，提出这个问题不合时宜。

就我国绝大多数地方性高校的治理模式及体制运行实际来看，关于“去行政化”问题的探讨，有必要进一步明确以下几点认识。

首先，高校“去行政化”绝不等同于取消高校的行政级别。对于逐步淡化或取消高等院校的行政级别，有多位著名大学的书记、校长发表了不同观点。其中最有代表性的是天津大学校长龚克的担忧：“目前社会上有一个很清楚的官僚体系，高校里若没有明确的行政级别，就不知道该和谁对话，找不到省里的主要负责人，甚至连厅局长都可能不愿见没有行政级别的教授，令你事难办。”龚克的坦言，涉及了当今中国不容回避而又令人无奈的“行政化”“官僚化”的社会现实。确实，高等院校的“行政化”倾向，仅仅是全社会日益严重的“官本位”问题的“冰山一角”。如果连著名大学校长都会因为没有明确的行政级别而“求见”无门、“对话”无人，更遑论普通教师的建言献策或平民百姓的投诉、辩白了。[②] 美国学者罗伯特·波恩鲍姆认为，学术是大学的核心地带，偏离以学术为核心之根

① 《教育规划纲要辅导读本》，教育科学出版社 2010 年版，第 38 页。

② 龚放：《大学“去行政化”的关键：确立大学行政管理的科学性》，《探索与争鸣》2010 年第 11 期。

本的领导会步入行政化误区，因此大学领导本质上是学术领导。[①] 虽然他的理解符合大学作为学术共同体的组织特征，但在中国，大学校长事实上还是行政领导，管理大学内外部的要务，包含学术行政的事务；我国大学实行党委领导下的校长负责制，大学党委书记也是以政治领导为中心。而且，作为一个独立的法人单位，拥有数万名师生员工及一整套组织机构，必定存在管理行为及相应的管理层级——高校的“行政”权力其实主要就是“管理”权力，而这种管理权力是法定的权力。所以，大学“去行政化”不是不要行政，不是不要行政管理，更不是单纯取消高等院校的行政级别。

其次，高校“去行政化”以现代大学制度的完善为基础。如果说高校必须回归学术本位，“去官僚化”“去衙门化”——这是必须的，但同时也涉及高校内部治理问题，它要求高校制定规章、完善制度，用制度协调行政和学术。有人甚至认为“去行政化”“行政与学术分离”是建设现代大学制度的前提和基础，难道说高校“去行政化”就一定能实现现代大学制度？当然不是！事实上，高校“去行政化”恰恰是以现代大学制度的完善为基础。一方面，现代大学精神中必然包含有“党委领导、民主管理、依法治校”的内容，所以，只有真正实现依法治校与民主管理，少数高校存在的或高校少数管理领域存在的“官僚化”“衙门化”倾向才能真正清除。另一方面，现代大学精神所要求的“校长负责、教授治学”，也意味着高校可以探索校长的职业化、并对副校长的聘任实行“组阁”。任何一项制度设计本身并无好坏之分，至少在形式上，否则“市场经济”就不可能进入到社会主义制度体系之内。“组阁”一词原意是组织建立政府团队，其实质是一种聘任制形式。虽然它最早被资本主义国家英国所使用，但这种制度形式不是资本主义国家所专属。因为适宜的就是好的制度，好的制度形式人类都可以借鉴使用。现代社会，无论是政府的教育管理部门，还是高等院校的行政管理部门，对行政管理工作的专门知识和技能都急剧增加，聘任这些领域的管理专家，包括知识管理、人力资源管理和财务管理

---

① ［美］罗伯特·波恩鲍姆：《学术领导力》，周作宇译，北京师范大学出版社2008年版，第2-7页。

方面的专家，来支持、协助“校长负责”学校的学术事务和管理事务，必定有助于提升大学的治理水平、推进现代大学制度建设。这也许是大学“去行政化”进程中比较关键的一环。

最后，高校“去行政化”以坚持党委的领导为前提。党委对高校实行政治领导和组织领导，高校“去行政化”不能“去”政治领导，否则就有可能偏离社会主义办学方向。高校“去行政化”绝不是西方大学模式的简单复制，更不能因为提倡“去行政化”而企图抵制党委的领导，这种错误的认识或企图是特别要警惕的。

由此看来，有学者认为目前我国高校“去行政化”的条件并不充分，这个判断并不过时。第一，目标不够明确。大学“去行政化”涉及政府和大学内部管理体制的建构问题，而在《教育规划纲要》中并没有很明确的表达。第二，“去行政化”主体模糊。到底是由谁来“去行政化”，是教育主管部门、政府还是大学，主体是不清楚的。第三，变革的路径不清楚。没有时间表，没有具体的实施方法、行动步骤、结果检验。我们唯一能在文本中看到的就是“组织开展改革试点。成立国家教育体制改革领导小组，研究部署、指导实施教育体制改革工作。根据统筹规划、分步实施、试点先行、动态调整的原则，选择部分地区和学校开展重大改革试点”。作为一项政治体制改革，大学的“去行政化”牵涉到各方的利益。改革本来就是要对现有的利益格局做出调整，改革需要动力，更需要配套的制度装备。就目前来看，改革的动力是具备了，包括入学的压力、人民群众对接受高等教育及优质高等教育的需求、国家经济社会发展对人才的需求和高等教育健康发展的内在需求等。可是，在制度装备层面还存在改革的主体不清、目标不够明确和没有具体的实施方案等。这说明大学“去行政化”是一项艰巨而复杂的系统工程。①

当前，有一种认识误区——误读“向应用型转型”。一些地方性高校的教师甚至管理人员认为，地方高师院校的转型就必须一味地向地方应用型高校发展——仅仅定位于以就业为导向的职业教育和技术教育，而完全

---

① 季飞：《大学“去行政化”路还有多远》，《现代教育管理》2011 年第 4 期。

摒弃通识教育和精英教育，表现在培养方面就是轻学术研究、不重视学科建设而偏重应用型和实践型专业技能培养。2014 年 4 月，时任教育部副部长鲁昕在产教融合战略国际论坛上表示，为进一步激发高校的办学活力和转型动力，教育部正在积极推进的几项工作包括：一是加快高校设置制度改革，研究制定应用技术型高校的设置标准，为建立高等教育分类体系创造条件。今后，除少量一开始就定位于研究型大学的高校外，新设本科学校和更名大学都要明确应用技术型高校的办学定位。[①] 这被很多人理解为全国“600 所地方本科高校将实行转型，向应用技术型转，向职业教育类型转”。针对这类声音，2014 年 6 月，在国务院新闻办公室举办的职业教育改革与发展情况新闻发布会上，教育部职业教育与成人教育司原司长葛道凯谈及本科高校转型发展时表示：“大部分媒体都说要推动 600 所本科学校的转型，这个表述是不准确的。”葛道凯进一步表示：要实行分类，先从现有的本科高校划出一部分，推动它们逐步地、更多地培养应用型人才，技术技能型人才。从这一点大家可以感受到，转型的这些学校可以是新建学校，也可以是办学历史非常悠久的学校，可以是学校里的绝大部分专业都转型，也可以是其中一部分专业转型，面向应用型人才的培养。《国务院关于加快发展现代职业教育的决定》里也提出，对于独立学院，如果他们要专设为独立设置的高等学校，鼓励他们定位为应用技术类型的高等学校，当然这就包括了我们 2000 年以后新设的高等学校，鼓励它们转型为应用技术型学校。转型的根本目的是为了实现经济社会发展的需要，使我们高等教育培养的人更加符合经济社会对人才的需求。[②] 可见，至少从教育部有关官员的讲话中，尚不能解读“高校转型”的明确含义。就近些年我国高校的整体布局及发展变化情况来看，首先，大多数地方院校都转向应用技术型或职业教育类型并不符合高等教育发展规律，除非是政策性安排。转型是为了发展、发展是转型中的发展，并且发展始终是不停歇的运动过程。如果学科水平不断提升、专业培养质量不断提高，自然会有

① 《教育部将多措并举支持部分地方本科高校转型发展》，人民网－教育频道：http：//edu. people. com. cn/n/2014/0425/c1053－24944813. html.

② 《教育部：600 所本科高校转型表述不准确》，中国新闻网：http：//www. chinanews. com/edu/2014/06－26/6323066. shtml.

部分优势学科专业会走向学术型并提升学科乃至学校整体学术研究水平——这类学科中的多数已获得硕士甚至博士学位授予权并不断壮大研究生培养规模，难道这类学科专业一定要矮化自身硬要和一些新设本科院校及职业类院校一道去发展“应用型”？其次，强调地方高师院校对学科专业进行分类发展，势必推动一些传统的、不适应市场发展及行业需求的师范类专业向应用型专业转型，这既符合国家的政策导向也符合学校的发展定位，并不意味着必须要求所有专业都转向应用技术型。第三，大学还承载着一项重要功能，那就是文化传承创新。文化是一个国家综合竞争软实力的主要载体，也是产业结构调整和经济转型发展的拉动力量，更为重要的是，人类文明的进步是依托文化的传承和创新来实现的。在高校，学科作为科学研究、人才培养和社会服务三大功能实现的基本单元和有效载体，其发展水平是衡量高校科研水平、教学水平和整体竞争力的重要参照，代表大学的整体办学水平，因而，高校所承担的文化传承创新功能得到何种程度发挥，与其学科特别是人文社科类学科水平成正相关；当然，自然科学类的学科建设直接提升了科学技术水平，这也是推动人类文明进程的重要力量。如果绝大多数地方性大学特别是地方高师院校都向职业技术类型转向，那么文化的传承创新势必只能由少数“985工程”或中央部委所属综合性大学去承担，这必然不利于传统文化的继承、发展与创新，也不利于科技进步，亦即不能有效提升国家的文化软实力、不利于推动生产力的发展。所以，转型发展不应无视大学的功能，在文化传承创新方面，地方性高校是大有作为的且必须有所作为。设若某地方性高校由“师范学院”更名为“师范大学”，这是其科学研究水平特别是学科建设成果显著提升的表现，其人才培养将更加全面、更加有利于培养综合化复合型人才；其学科专业覆盖面更广、与区域行业与产业布局的契合度更高、文化传承创新的功能更加显著。

总之，适应我国经济体制的改革与转型，教育体制和科技体制必须进行相应的改革与转型。在高等教育领域，推进学校管理体制及运行机制的转型、推动学科专业的转型发展是地方高师院校实现可持续发展的必由之路。当然，地方高师院校的转型发展，需妥善处理好规模、质量、效益、结构等方面的关系，在学科培育过程中要体现持久性、连续性和再生性，努力实现科学发展和可持续发展。一方面，要高扬教师专业化的办学特色，精办教师教育；另一方面，要按综合性大学学科建设目标和要求统筹研究型学科、应用型学科及新兴交叉学科的建设，在此基础上巩固传统的优势学科和特色专业并积极发展应用型专业，以形成独具特色的教师教育专业体系和具有综合性大学水平的学科体系。如此，在转型发展过程中及实现发展转型后，地方高师院校方能以综合性大学的师资标准来建设师资队伍、按综合性大学培养学生的水平来培养学生，不断提升人才培养质量和水平，为经济社会发展做出更大贡献。

跋

本书是我主持的2014年度安徽省重大教学改革研究项目“地方高师院校转型发展期非师学科专业培育与生长机制的研究与实践”的最终研究成果。

自20世纪80年代我国经济体制由计划经济转向社会主义市场经济以来，社会生产力得到极大的解放、综合国力明显提升。经济基础决定上层建筑。经济基础的这一变化必然深刻地影响到上层建筑的各领域，教育领域必然会受其影响并作出回应。另一方面，我国高等教育不断发展的形势也要求高等学校必须实现转型发展，以适应经济社会的巨大变革。任何一位教育工作者都不能无视这种社会变化，而必须直面高等教育的发展形势、认真研究这一时代课题。在这一社会背景下，安徽省教育厅制定政策措施、适时引导，于2013年启动“安徽省高等教育振兴计划”，其中包含一批重大教学改革研究项目，阜阳师范学院年均获批6项左右。作为2014年度获批的重大教改项目之一，本课题立足于省内一些地方性高校转型发展的实际，结合课题组成员所在单位的实践探索，特别是对阜阳师范学院学科建设及专业结构调整的实践探索进行了分析、总结，希望为其他地方性本科高校以及同类院校提供经验借鉴与理论思考，窃以为其指导思想符合“质量工程”项目所强调的“研究成果应具应用性、实践性和推广应用价值”。当然，这也考虑到研究项目结题的实际需要。

在本课题完成和本书即将出版之际，我要特别感谢课题组主要成员为此付出的努力。姚江龙博士主要撰写了第四章、范小虎博士主要撰写了第一章，周霞博士发表有阶段性研究成果（论文），房厚信副教授帮助收集了有价值的参考资料。此外，皖江学者特聘教授、亳州学院副院长时伟在课题立项论证时提出了建设性意见，还有研究生处全体同事为课题研究所做的实际工作，在这里要一并感谢！合肥工业大学出版社的疏利民先生为拙作的出版提供了诸多帮助，同样要表达谢忱。

本人从事高等教育及管理工作业经 20 多年。在高校长期的工作实践中，准确领会国家政策方针的精神、依照高等教育发展规律从事教育教学及管理工作，这是我作为一名普通教育工作者的基本遵循。特别是我所在的研究生教育管理部门，全程参与甚至主导了阜阳师范学院学科与学位建设的全过程——在学校党政的领导下，作为亲力亲为者，其间的经验教训及工作甘苦，本人悉数了然心中。考察众多的地方高校，多数于“十二五”期间确立转型发展目标并已初步实现转型。从学科与学位建设的角度看，“十二五”后期是阜阳师范学院确定转型发展的起步期，也是奠定基础的时期，“十三五”则是学校推进转型发展的关键期。身处高等教育转型发展时期的每一位教育工作者，当为推动学校的转型发展、为经济社会发展培养高质量的复合型和应用型人才而努力工作，这是义不容辞的职责。

需说明的是，本人的研究领域主要是中国政党与政治制度，并非专业从事高等教育研究工作。虽然没有系统学习高等教育相关的专业理论，但在长期的教学管理过程中也积累了一点经验、沉淀了一点思考，由是借重大教改项目结题之机整理而成拙作。书中有些观点并不成熟甚至有必要进一步商榷，其理论水平自然有限。之所以敢于呈现出来与大家分享，是希望得到更多专家学者的批评指正。

谨此记之。

房正宏

2017 年 9 月 10 日

图书在版编目（CIP）数据

地方高师院校转型发展的实践探索/房正宏著．—合肥：合肥工业大学出版社，2018.3

ISBN 978-7-5650-3897-6

Ⅰ.①地…　Ⅱ.①房…　Ⅲ.①地方高校—高等师范院校—教育改革—研究—中国　Ⅳ.①G658.3

中国版本图书馆 CIP 数据核字（2018）第 062055 号

地方高师院校转型发展的实践探索

房正宏　著　　　　责任编辑　疏利民

出　版	合肥工业大学出版社	版　次	2018 年 3 月第 1 版
地　址	合肥市屯溪路 193 号	印　次	2018 年 4 月第 1 次印刷
邮　编	230009	开　本	710 毫米×1010 毫米　1/16
电　话	综合编辑部：0551-62903018	印　张	14
	市场营销部：0551-62903198	字　数	215 千字
网　址	www.hfutpress.com.cn	印　刷	合肥现代印务有限公司
E-mail	hfutpress@163.com	发　行	全国新华书店

ISBN 978-7-5650-3897-6　　　　定价：38.00 元

如果有影响阅读的印装质量问题，请与出版社市场营销部联系调换。